Harry Harun Behr

Islamische Bildungslehre

Mit einem Geleitwort von
Prof. Dr. Christoph Bochinger

DÂR-US-SALÂM

Die Deutsche Bibliothek - CIP-Einheitsaufnahme

Behr, Harry Harun: Islamische Bildungslehre /
Harry Harun Behr. Mit einem Geleitwort von Prof. Dr. Christoph Bochinger -
Garching bei München: Dâr-us-Salâm, 1998

Meinem Vater

Dâr-us-Salâm
Verlag und Vertrieb
T. Schaible
Postfach 1733
D-85741 Garching
Tel. 089-3206249, Fax 089-3262048
e-mail: dar-us-salam@t-online.de

Herausgeber: Tilmann Schaible
Umschlaggestaltung: Astrid Aida Franzke
Druck: Ebner Ulm
Garching bei München 1998

ISBN 3-932129-30-X

Inhaltsverzeichnis

Geleitwort

Der Islam ist in Deutschland zu einer eigenständige Größe geworden. Die öffentliche Diskussion und wohl auch die Diskussion unter den Muslimen selbst wird dieser Tatsache noch zu wenig gerecht. Zu sehr ist sie bislang bestimmt von Äußerlichkeiten. Aber nicht das Kopftuch oder Minarett, sondern der Inhalt des islamischen Bekenntnisses und seine Auslegung durch die Muslime müssen in Zukunft die Maßstäbe für Gespräch und Auseinandersetzung bestimmen. Erst wenn das erreicht ist, können aktuelle Fragen, zum Beispiel die Einstellung islamischer Lehrerinnen und Lehrer an deutschen Schulen oder die Einführung eines islamischen Religionsunterrichts, sachgerecht diskutiert und entschieden werden. Oberflächliche Verurteilungen müssen ebenso aufgebrochen werden wie oberflächliche Vereinnahmungen. Islamischer Religionsunterricht als Multi-Kulti-Programm, als Sicherung für die Privilegien der christlichen Kirchen oder als Vermittlung konservativer Lebenswerte? Keine dieser Vereinnahmungen wird der Realität des Islams in Deutschland gerecht.

Harun Behrs Entwurf zu einer islamischen Bildungslehre durchbricht die eingeübten Formen der Rede über den Islam, weil er in keine Schublade passt: weder in die Dialog- noch in die Fundamentalismus-Schublade, weder in die der autoritären noch der anti-, nicht- oder unautoritären Erziehung. Es ist das Buch eines deutschen Muslims, der geprägt ist von der hiesigen Kultur und sich zugleich intensiv mit den Grundlagen seiner Religion auseinandergesetzt hat; eines Pädagogen an einer staatlichen bayerischen Grundschule, der sein Fach sorgfältig studiert hat und das Gelernte in die Praxis umsetzt, aber gleichwohl als Muslim in Theorie und Anwendung ganz eigene Akzente setzt. Es ist ein traditionsverbundenes und zugleich eigenständiges Buch, geprägt vom

Bemühen um Offenheit - ob gefällig oder nicht - und um Verzicht auf oberflächliche Polemik.

Das Buch vertritt mit seiner exemplarischen Stimme eine Position, die sicherlich auf Widerspruch stoßen wird, sowohl bei den Nicht-Muslimen als auch innerhalb des Islamischen Spektrums in Deutschland. Es braucht solchen Widerspruch nicht zu scheuen, weil es nicht schnell dahingeschrieben, sondern sorgfältig reflektiert und theologisch begründet ist. Für die Stellung des Islams in einer islamischen Pädagogik in Deutschland kommt ihm daher eine doppelte Vorreiterrolle zu: Auf der Seite der Muslime kann es sicherlich einen neuen Standard der Selbstreflexion und Verständigung setzen. Der nicht-muslimischen Öffentlichkeit kann es dazu verhelfen, ihre Wahrnehmung gegenüber den Muslimen im eigenen Land zu verändern. Christlich Geprägten wird manches darin bei aller Fremdheit seltsam vertraut erscheinen. Ihnen wie auch Religionsfremden gibt es einen Einblick in die Motive und Gründe einer islamischen Lebensführung - für die Kindererziehung und auch für die Selbsterziehung der Erwachsenen.

Ich wünsche dem Buch zahlreiche Leserinnen und Leser!

Prof. Dr. Christoph Bochinger
Religiöse Sozialisation und Erwachsenenbildung
Universität Bayreuth

Vorwort

Unterhalte ich mich mit Kollegen - Pädagogen, Lehrern - über den Islam, kreist deren Interesse vor allem um die sogenannte Integration, um die Auswirkungen der islamischen Religion bei der Bewältigung des Lebens in einer pluralistischen Gesellschaft, auch um die wechselseitige Bereicherung aus der Begegnung zwischen den Religionen. Als Erzieher wollen sie zudem erfahren, was der Islam für muslimische Kinder leisten kann, die im Kraftfeld einer nicht-islamischen Gesellschaft aufwachsen.

Dass der Islam inzwischen in den verschiedensten Fachkreisen diskutiert wird, also nicht mehr nur auf Laienebene, dass sich ferner neben den "Experten", die es mit der Verzerrung halten, zunehmend ernsthafte, besonnenere Stimmen zu Wort melden, ist wahrlich ein Segen für uns Muslime in Deutschland. Freilich sind, wo immer der Islam, ob mit, ob ohne uns Muslime erörtert wird, hauptsächlich "diesseitsbezogene" Aufschlüsse gefragt - eine begreifliche, wenn auch leider nur bedingt ergiebige Verengung. In Gesellschaften wie unserer bundesdeutschen, in Systemen also, die dem Säkularismus als staatstragendem Konsens verpflichtet sind, werden naturgemäß die rechtlichen, sozialen, psychologischen und kulturellen Belange bevorzugt diskutiert. Das für uns Muslime Wesentlichere, nämlich die Botschaft Allahs an uns Menschen, findet, wenn überhaupt, nur am Rande Beachtung.

Solch eine Gesprächslage auf dem "äußeren Orbit" bringt ihre eigenen Konventionen mit sich. Häufig können wir Muslime beobachten, dass tendenziöse Spekulationen über das andere religiöse System höher veranschlagt werden als der vorurteilsfreie Erfahrungsaustausch mit dem andersgläubigen Mitbürger. Oder es interessiert das Verhältnis verschiedener muslimischer Gruppen zueinander sowie deren Stellung zu den öffentlichen Einrichtungen: Wie salonfähig sind sie, wie stehen sie zum demokratischen Rechtsstaat? Andere wieder möchten sich gerne kundig machen, wer ein "Fundamentalist" ist und wer "normal".

Nichts gegen die diesseitsbezogene Anteilnahme, aber sie ist eben nur so lange von höherem Wert, wie im Kreuz und Quer der privaten Erörterungen die umfassenden Zusammenhänge nicht ganz verloren gehen. So gesehen dürfen von diesem Buch situative Handlungsanleitungen für den Schulalltag - zu nennen etwa der leidige Kopftuchstress, die gemäße Würdigung islamischer Feiertage, der Schwimmunterricht oder die Teilnahme oder Nicht-Teilnahme muslimischer Mädchen am Schullandheimaufenthalt - nicht erwartet werden. Eher schon interessiert, wie das vorgegebene Schulsystem den muslimischen Kindern in Glaubensdingen gerecht werden kann, ohne sie gleich umzupolen. Bei der Niederschrift stand die Überlegung Pate, dass es immer noch an Quellen fehlt, aus denen schulisch Interessierte ihr Wissen über den Islam und seine Aussagen zur Erziehung zuverlässig schöpfen können. Adressaten sind also zuvörderst Lehrer und Erzieher. Sie werden schon aus beruflichen Gründen einsehen, dass eine an religiösen Wertvorstellungen orientierte Bildungslehre auf nicht verifizierbare Größen wie Herz, Seele und Gefühl kaum verzichten kann. Zudem lag dem Autor daran, die fachspezifischen Thematiken tunlichst im Rahmen der Gemeinverständlichkeit zu halten. Andere wollen vielleicht auch einmal darin lesen, Eltern nicht zuletzt.

Hier noch ein Wort im Blick auf die Anfechtungen, denen man als Muslim im kritischen Umfeld ausgesetzt ist. Als einer, der sich seit bald zwanzig Jahren in Diskussionen, Seminaren, Vorträgen und Einzelveröffentlichungen vermittelnd engagiert, weiß ich, wie das ständige "Betroffensein und Antwort-Geben-Müssen" auf uns selbst zurückwirkt. Was heißt das?

Zum einen: Wir entdecken an uns selbst nicht selten den kleinmütigen Impuls, als Erklärer des Islams gefallen zu wollen. Die Mimik des Gegenübers - war dies ein spöttisches, war es ein wohlgesinntes Lächeln...? Bewusst oder unbewusst spielen wir vermeintlich unpopuläre Züge unseres Glaubens herunter, falls wir sie nicht überhaupt gleich unter den Teppich kehren. Wir scheuen uns anzuecken, um hier und jetzt möglichst viel für uns selbst herauszuschlagen. Fast überflüssig zu sagen, dass diese Art der Konsolidierung über kurz oder lang zur Deformierung des eigenen Selbstverständnisses führt - ganz im Sinne derer übrigens, die eine ziemlich genaue Vorstellung davon haben, welche Zähne sie dem "islamischen Löwen" schnell mal ziehen möchten. Nebenbei hilft ein intaktes Selbstverständnis in hartnäckigen Fällen, den Aggressionsstau abzubauen.

Zum anderen: Mehr als einmal lassen wir uns durch Episodisches vereinnahmen, sofern es uns nur mit dem Prädikat des Exemplarischen vorgetragen wird. Die Folge: Wir verlieren über dem "Kleinkram" das große Ganze aus den Augen. Das große Ganze betrifft die Fragen, die schon den Denker Immanuel Kant jeden Morgen pünktlich um sechs aus den Federn trieben: "Wo komme ich her? Was darf ich hoffen? Was soll ich tun? Wie soll ich leben?" Damit befinden wir uns inmitten der Thematik jener klassischen Bildungstheorien, die im Zuge der Neopragmatik etwas aus der Mode gekommen sind. Man hat sich von den strengen, ideologisch überfrachteten und als antiquiert gering geschätzten Theoriegebäuden verabschiedet. Man pickt sich aus den jeweils genehmeren Gebilden das für zweckmäßig Erachtete heraus - zum Wohle des Kindes, versteht sich. Den unverbindlichen Kanon liefern Begleitwissenschaften wie die Psychologie, die Soziologie oder neuerdings die Psychobiologie, wen schert das schon...

Bliebe noch anzumerken, dass die Gespräche mit denen, die sich für muslimische Privatschulen einsetzen, maßgeblich zur Entstehung dieses Buches beigetragen haben. Ihr Interesse gilt sowohl Erläuterungen im Sinne einer muslimisch-pädagogischen Anthropologie (dem Schwerpunkt der ersten drei Kapitel), als auch einer islamischen Formulierung des pädagogischen Selbstverständnisses in Gestalt theoretischer Erkenntnisse. Hervorgegangen aus der Beschäftigung mit islamischer Erziehung in der Bundesrepublik Deutschland, weist es alles in allem doch über den nationalen Kontext hinaus. Vieles von dem, was hier zur Sprache kommt, berührt auch die Unterrichts- und Erziehungssysteme der klassischen Kernländer des Islams, die oft auf kritiklos übernommenen westlichen Modellen beruhen oder aber im Traditionalismus[1] erstarrt sind.

Zur besonderen Beachtung:

Die **Zitate aus dem Koran** (*al-qur'ân*) stammen aus der Übersetzung von Ahmad von Denffer.[2] Sie sind fett gedruckt und eingerückt, die Versnummer vor jedem Vers und die Nummer der Sure am Ende des Zitats. Als weitere Formel für Textstellen im Koran kommt vor (Sure:Vers), zum Beispiel 3:18 bedeutet der 18. Vers in Sure 3.

---

1 Unter diesem Stichwort beklagt eine indonesische Studie über private, islamisch ausgerichtete Landschulen einseitige Lehrmethoden, reaktionäre Weltsicht, fehlenden Anschluss an weiterführende Bildungseinrichtungen und eine undemokratische Unterrichtsstruktur, "in der die Schüler normalerweise sehr von einzelnen Lehrpersonen und deren Meinungen abhängig gemacht werden." (*Profil Pesantren*, Sudjoko Prasodjo und andere, Jakarta 1982)

2 Der Koran - Die heilige Schrift des Islam in deutscher Übertragung, Islamabad und München 1996. Man kann sich aus folgenden Gründen für diese Übersetzung entscheiden: Sie ist die neueste auf dem Markt und stammt aus der Feder eines deutschen Muslims. Der Übersetzer bemühte sich zugleich um Wort- und Sinntreue. Die manchmal daraus resultierenden Eigentümlichkeiten in der sprachlichen Formulierung sind gewöhnungsbedürftig, z.B. der Bruch der gewohnten Verbkongruenz in "ihr, die **glauben**" statt "ihr, die ihr glaubt", da es im Arabischen tatsächlich *yâ ayyuha-lladhîna âmanû* heißt. Ebenso die Interpunktion (die im arabischen Original nicht vorhanden ist). Ich empfehle dem Leser, sich diese Übersetzung anzuschaffen. Die etwa vierzigseitige Einleitung führt in die Problematik der Koran-Übersetzung und in die besondere Arbeitsweise ein, die dieser Übersetzung zugrunde liegt.

Fremdsprachliche Begriffe werden *kursiv* gesetzt, manchmal in Klammern, zum Beispiel (*tauhîd*), und nötigenfalls im Text in der eingedeutschten Version (Tauhid) weiterverwendet. Die Transkription arabischer Begriffe gibt nur eine vereinfachte phonetische Entsprechung wieder; es handelt sich nicht um eine anerkannte wissenschaftliche Umschrift.

Immer wenn der Prophet **Muhammad** erwähnt wird, wünschen wir Muslime ihm Allahs[3] Segen und Heil. **Zitate aus dem Hadithwerk** stehen so wie die Koran-Zitate fettgedruckt und eingerückt, dahinter in Klammern die Quellenangabe.

Thesen, Zielformulierungen und Schlussfolgerungen werden durch einen Punkt am linken Rand gekennzeichnet. Zusammen mit den **Zusammenfassungen** am Schluss des jeweiligen Kapitels sollen sie das Lesen übersichtlich gestalten.

---

3 Muslime sagen zu Gott "Allah", arabisch *allâh*, was genau übersetzt heißt "der Gott". Muslime, deren Muttersprache nicht Arabisch ist, sagen auch "Allah", denn sie empfinden das als Namen Gottes (neben anderen Namen, die der Koran erwähnt) und identifizieren sich über den Sprachgebrauch mit dem islamischen Gottesbild. Es ist nicht verboten, "Gott" zu sagen, so wie auch die Muslime des südostasiatischen Archipels neben "Allah" das malaiische Wort "Tuhan" benutzen. Andersherum rufen auch arabischsprachige Christen ihren Herrn (sofern sie von Gott und nicht von Jesus oder dem Heiligen Geist sprechen) "Allah".

Zieldimension Jenseits

Diesseitsbezogenheit des Umfeldes

Nehmen wir für den Anfang ein erfundenes Gespräch, zu dem ein Lehrer die muslimischen Eltern eines Zwölfjährigen eingeladen hat. Der Bub soll hier Murat heißen, er fastet zum ersten Mal durch den ganzen Ramadan. Der Lehrer beobachtet das mit Sorge. Der Junge sei einige Mal schon zu spät zum Unterricht erschienen, macht er geltend, und die Konzentration habe auch nachgelassen. Dann die behutsame Nachfrage: Ist das islamische Fasten denn ernährungsphysiologisch vertretbar?

Mutter und Vater tun ihr Bestes, die Bedenken zu zerstreuen. Sie beteuern, dass ja sie selber bereits im Kindesalter, damals... und zwar völlig schadlos! Hat nicht überdies die westliche Wissenschaft die leiblichen Vorzüge der gebremsten Nahrungsaufnahme wiederentdeckt? Klären nicht die öffentlichen Krankenkassen ihre Mitglieder über die heilsamen Wirkungen des gezielten Fastens auf? Für alle Fälle wird noch das erzieherische Moment ins Feld geführt: Anleitung zu Geduld und Selbstbeherrschung beispielsweise. Schließlich noch der Hinweis auf das Gebot Allahs im Koran - der Ramadan somit ein fester Bestandteil der islamischen Lebensweise. Gut gesprochen, dennoch unbefriedigend. Die Gesprächsebene wird im Wesentlichen von der "Zieldimension Diesseits" bestimmt, Messlatte bleibt Murats stoffwechsel- und lehrplanverträgliche Ausrichtung.

Bei solcherlei Verabredungen ist in aller Regel eines problematisch: Das vorab vorhandene Misstrauen des Lehrers gegen die islamische Religion infolge unzureichender Information. Sein Bekenntnis zum vollwertigen Pausenbrot ist nicht ohne weiteres zu erschüttern, er ist außerstande, das faktische schulische Defizit mit einem spirituellen Gewinn zu verrechnen. So geschieht es, dass in der gemeinschaftlichen Ereiferung eine wesentliche Frage unterbleibt: Warum eigentlich fasten? Muss das denn sein? Was passiert, wenn der Bub ein Gebot Allahs ignoriert? Oder anders: Was hat er davon, wenn er es befolgt? Worum in aller Welt geht es überhaupt? Die einfache Antwort lautet: Um den Lohn Allahs im Jenseits.

Das Unergründliche, dem Muslime in ihrer Schrift, dem Koran, und in ihrer Glaubenserfahrung begegnen, ist nicht so aus dem Handgelenk zu vermitteln, zumal der empirische Jenseits-Beweis noch immer aussteht. Gleichwohl ist die Existenz Gottes allgemein anerkannt, mehr noch, die Anerkennung wird direkt oder indirekt[4] gefordert. Die Intelligenz unseres aufgeklärten Zeitalters akzeptiert es offensichtlich, dass der Glaube an ein "höheres Wesen" dem Menschen irgendwie Halt zu geben vermag.

Schwieriger wird es mit Glaubensinhalten, die zunehmend in Vergessenheit geraten. Da wären etwa die Prophetenschaft und die Engel, die Auferstehung aller an einem Tag der allumfassenden, ausgleichenden Gerechtigkeit, verbunden damit das Paradies und das Höllenfeuer. Derlei Irrationalismen, die letztgenannten zumal, machen dem heutigen Menschen um so mehr zu schaffen, als er sich in seiner säkularen, technisch enträtselten Umgebung voll auf die Sicherung der Existenz und den sich daraus ergebenden Glücksgewinn verlegt. Für Gedanken an den Tod und die Vergänglichkeit aller Dinge bleibt da wenig Raum.

An jenseitigen Elementen sind die Hoffnung auf einen allgütigen Gott und auf ein Paradies nur noch insofern etabliert, als man ihnen eine leicht anästhetisierende Wirkung zugesteht, die sich bisweilen zur Bewältigung seelischer Krisen eignet. Was aber hat es mit dem Höllenfeuer auf sich und damit, dass ein allgütiger Gott auch zu strafen vermag? Wer das nicht rundheraus ablehnt, flüchtet sich ins

---

4 Zum Beispiel steht in Artikel 131 der Verfassung des Freistaates Bayern die Forderung nach Erziehung zur "Ehrfurcht vor Gott".

Metaphorische. Anders ist so etwas heute in einem intellektuellen Diskurs nicht aufrecht zu erhalten.

Als Pädagoge richtig in die Mangel genommen wird man in Sonderheit von jenen Fachkollegen, die hinter der Vorstellung von Paradies und Hölle das altfränkische Prinzip von Zuckerbrot und Peitsche vermuten. Mit solchen Ammenmärchen, so meinen sie, werden die armen Kinder hörig gemacht für die religiöse Indoktrination. Hier enden das Verständnis und die Etikette der Gesprächsführung, es wird nun jedes weitere Wort aus einer negativen Gesamtsicht des Phänomens Islam heraus polemisiert.

Solche Erfahrungen können Muslime nicht davon abhalten, ihre Erziehungsvorstellungen aus dem Offenbarungswerk[5] herzuleiten - ohne falsche Furcht vor dem Tadel des Zeitgeistes, aus dem Wissen heraus, dass sich Erziehung über die Gegenwart hinweg ins ewigwährende Jenseits auswirken kann. Genau von diesem Punkt aus - dem Primat des Diesseits und der Verdrängung des Jenseits - soll nun versucht werden, den Gedanken einer islamischen Bildungstheorie schrittweise zu entwickeln.

Jenseitsbezug des islamischen Menschenbildes

Schlagen wir den Koran auf, haben wir die erste, *al-fâtiha* genannte Sure vor uns. Sie kann als eine Art Präambel verstanden werden. In ihrer einmaligen Verdichtung des gesamten Islams auf sieben Verse ist sie dem Muslim wohl - vertraut als Richtschnur für das tägliche Gebet. Die eigentliche inhaltliche Ausbreitung der Offenbarung beginnt erst mit der zweiten Sure *al-baqara*.

Was immer zu Beginn einer Sure angesprochen wird, wirft auf das Nachfolgende ein bestimmtes Licht. Die Beson-

---

5 Das Offenbarungswerk sind "Koran und Sunna", dies ohne Minderung des einen gegenüber dem anderen. Der Arbeitsbegriff für einen einzelnen Ausspruch des Propheten aus dem Gesamtwerk der Sunna ist "Hadith" (arabisch *hadîth*).

derheit des folgenden Verses liegt darin, dass der Koran sich darin auf sich selbst bezieht. Bekräftigung der Offenbarung durch die Offenbarung - damit wird eine unzweideutige Lesehaltung eingefordert: Ablehnung oder Annahme. Nichts dazwischen.

2 Diese Schrift, kein Zweifel darin, ist Rechtleitung für die Gottesfürchtigen.

(Sure 2)

Nicht abstrakte Glaubensinhalte oder konkrete Glaubensbestimmungen, nicht Allah und Seine Eigenschaften, nicht Muhammad, Sein Prophet, nicht der Islam und nicht die Muslime - nichts von dem, was man von der Schrift des Islams erwarten dürfte, taucht auf ihren ersten Seiten auf. Der Koran steigt ein mit universalen menschlichen Wesenszügen. Er legt sie dar, gibt Beispiele, bietet sie an zur Identifikation und setzt sie, beginnend mit diesem Vers, zu einem Menschenbild zusammen[6]:

---

6 Es ist aber nicht so, dass im Koran mit diesem einleitenden Entwurf eines Menschenbildes das Thema erledigt wäre. Die Schrift des Islams greift das, wie auch im Verlaufe dieses Buches verschiedentlich deutlich wird, zu passender Gelegenheit immer wieder auf - nicht zuletzt am Anfang der Sure von Luqman, die uns im Hinblick auf das pädagogische Selbstverständnis des Islams noch beschäftigen wird. Der direkte Vergleich der beiden "Parallelstellen" liest sich so:

1 Alif. Lam. Mim.
2 Diese Schrift, kein Zweifel darin, ist Rechtleitung für die Gottesfürchtigen,
3 Die an das Verborgene glauben und das Gebet einrichten und von dem, womit Wir sie versorgt haben, hergeben,
4 Und die an das glauben, was zu dir herabgesandt wurde, und was vor dir herabgesandt wurde, - und über das Jenseits haben sie Gewissheit.
5 Diese sind auf der Rechtleitung von ihrem Herrn, und diese sind es, ihnen ergeht es wohl.

(Sure 2)

1 Alif. Lam. Mim.
2 Dies sind die Zeichen der weisen Schrift,
3 Rechtleitung und Barmherzigkeit für die Guthandelnden,
4 Die das Gebet einrichten und die Zakat-Steuer geben, und sie, - vom

3 **Die an das Verborgene glauben und das Gebet einrichten und von dem, womit Wir sie versorgt haben, hergeben.**

(Sure 2)

Mit dem "Verborgenen"[7] ist hier nicht etwa das Göttliche, nicht Allah selbst gemeint, sondern das seiner Schöpfung innewohnende Unfassbare - gleichwohl nicht Unmögliche: die Engel, das Jenseitige. Gemeint sind nicht zuletzt auch die der Dingwelt innewohnenden uneinsehbaren Zusammenhänge, deren Erhellung Angelegenheit der wissenschaftlichen Forschung ist.

Das Paradies und die Hölle kann man den Altvorderen zuschreiben, Prophetenschaft, göttliche Offenbarung und Engelsglauben belächeln, den Tag des Gerichts und die Rechenschaft vor dem Schöpfer anzweifeln. Man kann schließlich auch noch den Tod verdrängen. Die Schwierigkeiten, wie sie sich eben daraus speziell für Muslime ergeben, haben uns bewogen, Murats besorgtem Lehrer Gestalt zu geben.

Wenn der Mann nicht in der Lage ist, den Zusammenhang zwischen Jenseits und Diesseits anzuerkennen, wie soll er dann einen Bezug zwischen Murats Fasten hie und seiner Lage da begreifen? Deshalb rät der Koran gleich zu Beginn, an das "Verborgene" zu glauben, und wenn es nur darum geht, die eigene Endlichkeit zu bejahen und ein wenig darüber hinauszudenken. Der Koran eröffnet die Partie mit diesem Blick über den Zaun. Das Nachdenken über islamische Erziehung beginnt just an diesem Punkt.

Jenseits sind sie überzeugt.

5 **Diese sind auf der Rechtleitung von ihrem Herrn, und diese, ihnen ergeht es wohl.**

(Sure 31)

7 Das arabische Wort heißt *al-ghaib*, abgeleitet von dem Verb *ghâba*: "abwesend sein, sich entziehen".

Die Wechselwirkung zwischen Diesseits und Jenseits weckt die Frage: Was hat Allah eigentlich mit der Welt der verborgenen und unsichtbaren Dinge zu schaffen, und warum muss Er darauf im Koran eingehen? Hat es damit zu tun, dass Er als Schöpfer aller Dinge auch der Schöpfer der verborgenen ist? Gewiss, der Koran weist immer wieder darauf hin und lässt nebenbei nicht unerwähnt, dass Allah auch das kennt, was uns manchmal an uns selbst rätselhaft erscheint:

> **38 Allah ist ja der Wissende des Verborgenen der Himmel und der Erde, Er kennt ja das Innerste der Gemüter.**
> **(Sure 35)**

Allah, selbst unberührt von allem, ist im Bilde über das, was innerhalb und außerhalb unseres Selbst geschieht. Nur Er kann über den Zusammenhang zwischen unserer Lebensführung hier und jetzt und unserem zukünftigen Zustand im Jenseits Aufschluss geben. Wie man ein Leben führen soll, das Er mit dem Paradies belohnt, ist deshalb Inhalt all Seiner Offenbarungen - der frühesten, wie der "Blätter Abrahams und Moses", und der letzten, des Korans. Dass Murat für sein Fasten im Jenseits belohnt wird, weiß er nur aus dem Koran. Er weiß es von seinem Schöpfer.

Das "Innerste der Gemüter" führt uns auf ein Terrain, das weitgehend von der Psychologie gehalten wird. Sie will, vereinfachend gesagt, wissenschaftlich ausloten, "was in den Herzen ist" und warum Menschen sich so oder anders verhalten. Sie versucht zu kartografieren, was zunächst Hoheitsgebiet des Schöpfers zu sein scheint. Damit kann sie aber nicht Orientierung für Zielangaben in der Erziehung sein. Die müssten zuerst anhand der Offenbarung Allahs gewonnen oder wenigstens geprüft werden. Macht nichts. Lassen wir die Psychologie in ihren zahllosen Teiltheorien als nachgeordnete Instanz gelten. Was soll denn einen Muslim daran hindern, sich der Gesprächsführung nach Rogers zu bedienen oder sich mit der humanistischen Psychologie nach

Tausch & Tausch anzufreunden? Mit der Psychologie ist es wie mit anderen Wissenschaften auch: Sie versucht, ein Segment der Schöpfung zu beschreiben.

Zurück zu Murat. Seine Erziehung basiert auf Grundlagen, die sein Lehrer auf Anhieb nicht verstehen kann: Glauben und Tun gemäß der Offenbarung Allahs im Koran. Man muss dazu Bescheid wissen, was man tun und lassen soll, und man muss es beherzigen wollen. Ohne eine Grundüberzeugung kann man das freilich nicht. Das nächste Koran-Zitat spricht von Glauben und Gewissheit, ohne sie zu gewichten oder zu erklären. Trotzdem werden "Wille" (arabisch *'azm*) und "Gewissheit" (arabisch *yaqîn*) als zwei wichtige Kategorien der islamischen Erziehung im Verlaufe dieser Bildungstheorie noch ausführlicher thematisiert.

4 **Und die an das glauben, was zu dir herabgesandt wurde, und was vor dir herabgesandt wurde, - und über das Jenseits haben sie Gewissheit.**

(Sure 2)

Wir müssen Murats Lehrer helfen. Wo genau liegt die Blockade zwischen ihm und seinem Schüler? Was erschwert es ihm, Glauben anzuerkennen? Sein kulturell geprägtes Selbstkonzept? Seine Erziehung? Seine Ausbildung? Verleitet ihn sein Intellekt zu der misstrauischen Frage:

13 **...'Wir sollen glauben wie die Schwachköpfe glauben?'...**

(Sure 2)

Allah benennt die Blockade - sie ist nicht die einzige, aber dafür besonders dickwandig:

16 **Vielmehr zieht ihr das Leben in dieser Welt vor,**

17 **Und das Jenseits ist besser und bleibender,**

18 **Dies ist ja bestimmt in den früheren Schriftenblättern,**

19 **Den Schriftenblättern Ibrahims und Musas.**

(Sure 87)

Bekommen wir den Kollegen aus seinem Winkel heraus? Können wir überhaupt von außen her bewirken, dass jemand innehält, tief durchatmet und wenigstens hypothetisch den Gedanken an das Jenseits und an die Lehren, die Allah anempfiehlt, auf die eigene Person bezieht? Optimisten finden immer eine andere Antwort als Pessimisten, auch wenn beide Muslime sind.

Sofern Gespräche da überhaupt etwas bewirken, könnte man an der Vergänglichkeit ansetzen. Im Wissen um die eigene Sterblichkeit liegt eine Essenz des religiösen Empfindens überhaupt. Selbst der eingeschworene Atheist kann nicht umhin, sein Ableben vorherzusehen - nicht das Wie, Wann und Wo, aber das Ob. Wer wollte leugnen, dass er älter und schwächer, dass sein Körper anfälliger für Krankheiten und sein Gedächtnis nicht besser wird?

Niemand kann daran gehindert werden, lästige Erkenntnisse in das hinterste Verlies des Bewusstseins zu verbannen. Aber der Koran kann sie befreien. Eine seiner kleineren Suren hilft, das Verdrängte ans Licht zu holen. Allah erinnert an die Vergänglichkeit und umreißt gleich in der für den Koran stellenweise typischen sprachlichen Ökonomie die wichtigsten Elemente der islamischen Lebensweise:

1 **Bei der Nachmittag-Zeit:**

2 **Bestimmt ist ja der Mensch verloren,**

3 **Außer denjenigen, die glauben und rechtschaffen handeln, und einander anweisen zur Wahrheit, und einander anweisen zum geduldigen Ausharren.**

(Sure 103)

Wurden oben schon die "Gottesfürchtigen" in 2:3-4 in einigen ihrer besten Eigenschaften skizziert, können wir nun diese Textstelle hinzunehmen und bereits eine Handvoll Grobziele auflisten, die in der islamischen Erziehung eine Rolle spielen:

- glauben (an das Verborgene, an die Offenbarungen und an Allah),
- Gewissheit haben über das Jenseits,
- das Gebet einrichten,
- vom Besitz abgeben,
- gutes Handeln und sich gegenseitig ermutigen,
- die göttliche Offenbarung einhalten und, falls das mal schwer fällt,
- standhaft bleiben.

Der Schüler Murat besitzt mit dem Islam einen Schlüssel, der ins Schloss des Unterbewussten passt. Das Fasten befreit den Geist von Ballast, auch wenn der Magen knurrt und sich im Diktat mehr Fehler finden als gewohnt. Was zählt ist sein Wille und sein Bemühen.

Es war notwendig, bevor wir uns tiefer auf die pädagogische Materie einlassen, dem nicht-muslimischen Leser das grundlegende Verständnis vom Leben als Muslim zu vermitteln. Er kann so vielleicht auch besser die Verletzlichkeit der gläubigen Muslime nachempfinden, wo diese sich in der Glaubensausübung behindert oder eingeschränkt sehen. In die islamische Erziehung passt nicht, was nicht auf die Begegnung mit Allah im Jenseits ausgerichtet ist.

Das Sterben

Die zivilisatorische Sterbe-Problematik ist zur Genüge bekannt, und der Tod ist ein unschönes Thema. Art und Weise, wie das Unabwendbare einerseits ängstlich tabuisiert, andererseits wiederum als Mysterium verklärt oder über Leinwand und Bildschirm als abendliche Massenunterhaltung freizügig veröffentlicht wird, ist wenig geeignet, die Beziehung zu dem radikalen Urereignis zu normalisieren. So werden die Sterbenden gesellschaftlich isoliert und die Lebenden mit luxuriösen Angeboten überhäuft, die die Vergänglichkeit vergessen machen wollen. Das weitgehend an schillerndem Konsum und simplen Praktiken orientierte Glücksversprechen erschwert eine inhaltliche Orientierung für heranwachsende Menschen, die das Ende für sich in weiter Ferne wähnen.

Früher dachten die Menschen einmal, der Tod käme von irgendwo "unten", und sie bauten Türme, vermittels derer sie dem Himmel nahe kommen wollten. Wir bauen sie immer noch - blinkende Symbole diesseitiger Verewigungssehnsucht... Der Koran begegnet dem Ganzen mit sanftem Gegendruck:

> **78** **Wo ihr auch seid, holt euch das Sterben ein, und wenn ihr in hochgebauten Burgen wäret, und wenn sie Gutes trifft, sagen sie: 'Dies ist von Allah', und wenn sie Schlechtes trifft, sagen Sie: 'Dies ist von dir.' Sag: Alles ist von Allah! Also was ist mit diesen Leuten, fast verstehen sie nichts zu Berichtendes.**
>
> **(Sure 4)**

Von der arabischen Textvorlage her ist das "Einholen" insofern ein stets Vorhandenes, als das Sterben uns bereits umgibt und uns jederzeit aus einer nicht einsehbaren "Ecke" erreichen kann.[8] Im Grunde genommen ist das Ende bereits da, in greifbarer Nähe, ohne dass man deswegen in Panik geraten müsste. Die Sprache des Korans schafft beruhigende Klarheit, dass das Sterben genauso notwendig zum Leben gehört wie das Atmen, das Schlafen, das Essen und Trinken. Niemand

---

8 Das arabische Wort *yadrikkum*, abgeleitet von *daraka*, beinhaltet das unerwartete und überraschende Moment. Insbesondere die Hölle erwähnt der Koran manchmal in Verbindung mit dem Ausdruck *mirsâd*, was ungefähr bedeutet: "Die Hölle liegt hinter der nächsten Ecke auf der Lauer" (zum Beispiel in Sure 78:21).

kann es abwenden, so wie niemand es verhindern konnte, geboren zu werden.

Das Leben

Die Frage, was uns nach dem Tod erwartet, hat auch heute nichts von ihrer Faszination eingebüßt. Welche Antworten hat der Islam? Diese: Jeder Mensch wird wieder "leben" - man sagt dazu "auferstehen". Das Aufstehen aus dem Grab ist das Aufwecken vom Tod, dem "großen Bruder" des Schlafs. Es ist dabei nicht wichtig, ob oder wo man beerdigt wurde. Die einzelnen Atome eines Menschen können auch in alle Winde zerstreut sein.[9]

Am Tag der Auferstehung fügt der Schöpfer Menschen, Tiere und Dinge in einer Weise zusammen, die der ursprünglichen Ordnung und Bestimmung entspricht. Das kann nur verstanden werden vor dem Hintergrund eines zentralen

---

[9] Vom empirischen Standpunkt aus ist es schwer vorstellbar, wie der zu Staub zerfallene Mensch nicht nur in seinen filigranen organischen Funktionen, sondern auch mit seiner Identität und all seinen Erinnerungen wiederentstehen soll, weil für so ein Ereignis keine Kausalkette konstruiert werden kann und es keine Möglichkeit der Beobachtung gibt. Naturwissenschaftler haben sich unlängst an eine interessante Form der Aussöhnung zwischen Realmaterialismus und Metaphysik herangearbeitet (Jean Guitton und die Brüder Grichka und Igor Bogdanov besprechen in ihrem Buch *Gott und die Wissenschaft*, München 1996, die These vom "Geist in der Materie", auf die sie ihr Konzept vom Metarealismus stützen).
Die Frage nach dem Ob und Wie jenes Ereignisses bohrt in vielen Menschen mehr als die Frage nach dem Warum. Das war schon früher so, denn der Koran geht auf die Zweifel an der Möglichkeit der Auferstehung ein:

1 **Nein, Ich schwöre beim Tag der Auferstehung,**
2 **Und nein, Ich schwöre bei der heftig tadelnden Seele:**
3 **Rechnet der Mensch damit, dass Wir sicher nicht seine Knochen zusammensammeln?**
4 **Ja doch! Wir sind imstande dazu, dass Wir seine Fingerkuppen zusammenbringen!**

(Sure 75)

"Fingerkuppen" wird in der moderneren Exegese gerne im Sinne von "Fingerabdrücke" als unverwechselbarem Ausweis jedes einzelnen Menschen gelesen.

islamischen Denkprinzips: Der allumfassenden und ausgleichenden Gerechtigkeit[10] Allahs, nicht zu vergessen des Gerichts, das Er über jeden Menschen hält. Keiner, der nicht vor seinem Schöpfer Rechenschaft ablegen wird.

Hinzu kommt dabei ein zweiter und nicht minder wichtiger Baustein islamischen Denkens: Die Barmherzigkeit[11] Allahs. Er kann beides zugleich - gerecht sein und vergeben.

Kein Leben ohne "Er-Leben", das sich aber an jenem Tage grundlegend vom Lebensgefühl hier und heute unterscheiden wird: Es wird die Aussicht auf das Sterben fehlen.[12] Vor den Menschen liegt nicht mehr die Gewissheit der begrenzten Zeit, sondern das unendliche Dasein. Paradies oder Hölle, das entscheidet Allah. Was wir selbst dazu beitragen können, sagt Er uns in Seiner Offenbarung. Freiheit oder

---

10 Das arabische Wort *haqq* beinhaltet, dass die Dinge so zusammen- und ineinandergefügt sind, wie Allah es will oder wie Er es vorgesehen hat. Dabei denken die Muslime an eine Art Balance, eine innere Ordnung aller Dinge, die der Islam mit dem Wort *islâh* zum Ausdruck bringt.

11 Das arabische Wort für "Barmherzigkeit" lautet *rahma*.

12 Das veranschaulicht folgender Bericht vom Propheten Muhammad:

> **Der Tod wird am Tag des Gerichts in Gestalt eines weißen Widders vorgeführt, und ein Rufer wird ausrufen: "Oh ihr Bewohner des Paradieses!" Da werden sie Ausschau halten. Der Rufer wird fragen: "Kennt ihr dies?" Sie werden antworten: "Ja, das ist der Tod." Denn sie alle haben ihn ja gesehen.**
> **Der Rufer wird abermals ausrufen: "Oh ihr Bewohner des Höllenfeuers!" Da werden sie Ausschau halten. Der Rufer wird fragen: "Kennt ihr dies?" Sie werden antworten: "Ja, das ist der Tod." Denn sie alle haben ihn ja gesehen.**
> **Danach wird er geschlachtet, worauf der Rufer sagen wird: "Oh ihr Bewohner des Paradieses! Nun gibt es nur Ewigkeit, und den Tod gibt es nicht mehr. Und oh ihr Bewohner des Höllenfeuers! Nun gibt es nur Ewigkeit, und den Tod gibt es nicht mehr."**
> **Der Prophet rezitierte dann (aus dem Koran): "Und warne sie vor dem Tag des Jammers, wenn die Angelegenheit beschlossen ist, - und sie sind in Achtlosigkeit, und sie glauben nicht." (19:39)**
> **(Sammlung Bukhari)**

Ausweglosigkeit, Glück oder Unglück werden binäre Zustände sein, ohne Mitte, ohne Grauzone.

Wer die Strafe Allahs zu erwarten hat, wird wünschen, er wäre Staub.[13] Er hätte gerne, dass der Große Richter ihn noch einmal zurückschickt, wo er herkam, und ihm eine zweite Chance gewährt. Das wird aber nicht gehen. Ursache für seinen beklagenswerten Zustand war ja nicht etwa Chancen-Ungleichheit, sondern Weigerung.

Ist das die Botschaft Allahs im Koran? Nicht-Muslime zeigen sich in Gesprächen immer wieder erstaunt darüber, wie bekannt ihnen das alles vorkommt: Hat man doch schon mal gehört? Kein Wunder, nichts anderes stand in Allahs früheren Offenbarungen zu lesen. Als Essenz der islamischen Antwort bleibt letztlich übrig:

- Die Lebensweise in der Zeit vor dem Tod bedingt den Zustand in der Zeit nach dem Tod.

Es gibt womöglich mehr Kausalitäten zwischen Diesseits und Jenseits als wir uns ausmalen können, aber nur ein Ursachenzusammenhang ist für die islamische Erziehung von Bedeutung: der zwischen einem Leben angesichts Allahs und dem Paradies im Jenseits, oder so herum: zwischen der Abwendung von Allah und der Hölle im Jenseits.

Die Sinnfrage

Warum ist das so? Wer gibt die Gewissheit? Eindeutig der Koran. Keiner seiner vielen tausend Verse weicht von der

---

13 Im Koran:

40 Wir haben euch ja gewarnt vor naher Strafe, einem Tag, an dem der Mensch sieht, was seine Hände vorausgeschickt haben, und der Glaubensverweigerer sagt: 'Wehe mir, wäre ich Staub!'

(Sure 78)

Perspektive[14] eines guten Lebens nach dem Tod ab, und er beschreibt den Weg dorthin als den Islam. Er informiert über das Woher und Wohin des Menschen, darüber, was er hoffen darf und was er tun soll. Seine Botschaft konzentriert sich auf Sinn und Bestimmung des Menschen. Der Offenbarer hilft dem Menschen, seine Lebensweise im Einzelnen richtig einzurichten, damit er im Jenseits Erfolg hat, und formuliert die Antwort auf die Sinnfrage so:

> **56 Und Ich habe die Dschinn[15] und die Menschheit zu nichts sonst geschaffen, außer dass sie Mir dienen[16].**
> **(Sure 51)**

Mit dem "Dienen" wollen wir uns nicht aufhalten. An dieser Stelle scheint ein anderer Aspekt wichtiger zu sein, der dem bisher Gesagten eine emotionale Färbung gibt. Religiöse Erziehung kann wie keine andere Fachdidaktik der Sphäre des Gefühlsmäßigen Raum bieten, die islamische Erziehung ganz besonders. Das soll später im Kapitel über Abraham entwicklungspsychologisch präzisiert werden, gehört aber doch auch schon hierher. Die Sinnfrage beschäftigt ja nicht nur den Geist, sondern auch das Herz.

---

14 "Perspektive", Modebegriff der Pädagogik des 20. Jahrhunderts, bedeutet so viel wie Aussicht, was erwartet werden darf. Makarenko, der Vater der Trias Schule-Erziehung-Aufbau der Gesellschaft in der Zeit nach der Oktoberrevolution und Brieffreund Maxim Gorkjis, stellte sich darunter eine heile Form des Zusammenlebens vor. Sein Prototyp der Schulkommune war Vorbild für viele islamische Landschulmodelle, ohne dass ihre muslimischen Betreiber sich des atheistischen Fundaments bewusst wären. Nicht nur über diese Ironie, sondern über die Zielperspektive Jenseits, für die wir den Begriff "Perspektive" beansprucht haben, hätte der Materialist Makarenko vermutlich gelacht.

15 Das arabische Wort lautet *dschinn*, Wesen mit Willens- und Verstandeskraft, die unserer Wahrnehmung weitgehend entzogen sind und die sich wie wir auch vor Allah verantworten werden müssen; vgl. auch die ganze Sure 72.

16 Das arabische Wort heißt *ya'budûn;* diese Wortfamilie meint im engeren Sinne die gottesdienstlichen Handlungen und im weiteren Sinne jedes Handeln, das mit der Absicht geschieht, es möge von Allah angenommen und belohnt werden. Einen, der das tut, nennt der Koran *'abd.*

Die Nähe Allahs

Da stehen wir also irgendwann vor Allah und werden nach unserem Leben befragt. Das bedeutet schon mal eines: Wir sind Allah relativ nahe. Die Gegenwart des Schöpfers und Beenders an jenem Tage ist aber nur vordergründig betrachtet eine Besonderheit im Vergleich zum Diesseits, wo wir Ihn weder sehen noch hören können - im physikalischen Sinne, versteht sich.

Wie gesagt, alles in allem kein schönes Thema, das mit dem Tod, der Ausrichtung auf ein Leben im Jenseits, dem Dienen und der Furcht vor ewiger Strafe. Bei aller Aussicht auf das Paradies - deshalb auch "die frohe Botschaft" - klingt das düster, lebensfeindlich und Kindern überhaupt nicht angemessen. Die sind ja (im Idealfall) von Natur aus lebensbejahend, ganz in sich selbst ruhend und weltvergessen, sonst könnten sie nicht spielen und lernen. Sie bevorzugen die Blickrichtung nach vorne, die "von unten nach oben", und lassen sich von der Erwartung tragen, was das Leben wohl für sie bereit hält.

Der Koran spricht von der Nähe Allahs, und das ist von entscheidender Bedeutung. Er erwähnt die Nähe im Übrigen eher sparsam. Das liegt vermutlich daran, dass "Nähe" weniger ein "Wissen", als ein "Empfinden" bedeutet, das aus der islamischen Lebensweise erwächst. Mit "nah" oder auch "distanziert" pflegt man gewöhnlich menschliche Beziehungen zu bezeichnen. "Nah" heißt dann so viel wie intakt, eng, vertraut, gut.

Im Leben von Kindern spielt vor allem anderen die Nähe zu Bezugspersonen eine tragende Rolle. Schulische Lernprozesse gelingen im Zuge der menschlichen Nähe der Lehrkraft oder scheitern an ihr. Das zieht sich durchs ganze Leben. Wer keine nahe Beziehung zu Mitmenschen aufbauen oder solche Angebote beantworten kann, ist oder wird krank. Oder die Erfahrungen mit dem Annehmen von guten Ratschlägen: Es ist in der Regel zweitrangig, was sie beinhalten; die Wirkung ist jeweils abhängig von der Beziehung zum Ratgeber.

Gehen wir diesen Weg weiter, kommen wir dem wahren islamischen Lebensgefühl etwas näher: Dem Empfinden der Gegenwart Allahs in allen Lebenslagen und dem Hoffen auf Seine Vergebung. Das Empfinden ist unverzichtbar. Fehlt es oder ist es deformiert, dann wird es schwer, das islamische Erziehungsverhalten in der täglichen Praxis an islamischen Grundprinzipien wie Güte, Freundlichkeit und Sorge um das Wohl des anderen anzubinden. Wie könnte man es noch beschreiben? Als eine Wahrnehmung von Wärme und Licht vielleicht. Es ist etwas, was das Jenseits mit dem Diesseits zu verbinden scheint, die beiden Sphären "umklammert". Das Jenseits wähnt man im Normalfall "weit weg", es wirkt irreal, das Diesseits dagegen "nah" und real. Allah aber ist in beiden Sphären zugegen und im Diesseits nicht "ferner", bloß weil die sichtbaren und materiellen Realitäten sich lärmend in den Vordergrund drängen.

Allah ist dicht bei uns, hinter, über oder vor uns, gleich nebenan; manche denken, Er sei "in uns" oder "um uns herum" - die Sache ist klar, auch wenn hier die Sprache versagt. Also zwei Koran-Zitate[17]. Das erste bezieht sich - wenn auch zunächst an den Kontext des Fastenmonats Ramadan gebunden - auf das Leben im Allgemeinen, das zweite auf das Ende des Lebens und den Augenblick des Todes, in dem das "Wirkliche" seine Konturen verliert[18]:

---

17 Nicht behandelt, aber wenigstens erwähnt werden soll die wohl bekannteste Stelle im Koran zum Stichwort "Nähe Allahs":

16 Und bestimmt haben Wir schon den Menschen geschaffen, und Wir wissen, was ihm seine Seele einflüstert, und Wir Sind ihm näher als die Halsschlagader.

(Sure 50)

18 Es gehört zur Stärke des menschlichen Charakters (*akhlâq*), sich stets über diese Tatsache im Klaren zu sein. Der bekannte islamische Denker des späten 12. Jahrhunderts, Imam Razi, schreibt dazu: "Du sollst wissen, dass Gottesdienst und Gehorsam einzig dem Zweck dienen, die Seele von den sinnlichen Eindrücken dieser Welt fernzuhalten, damit sie sich allein den geistigen Wesenheiten zuwendet. Nur so wird sie im Augenblick des Todes das Ablehnenswerte verlassen und das Erstrebenswerte erreichen. Wer aber nur aus

186 **Und wenn Meine Knechte dich nach Mir fragen, so bin Ich nahe. Ich antworte dem Ruf des Rufenden, wenn er Mich ruft. Also sollen sie Mir antworten und sollen an Mich glauben, damit sie vielleicht recht handeln.**

(Sure 2)

Und:

83 **Und warum, wenn sie** (das heißt die Seele, wenn sie den Körper verlässt) **die Luftröhre erreicht,**

84 **Und ihr seid es zu der Zeit, ihr schaut zu,**

85 **Und Wir sind näher bei ihm als ihr, aber ihr habt keinen Einblick,**

86 **Und warum, wenn nicht Schulden beglichen werden,**

87 **Bringt ihr sie nicht zurück, wenn ihr wahrhaft seid?**

(Sure 56)

Frohe Botschaft

Im Kapitel über die Haltung soll es später in etwas anderem Zusammenhang noch einmal um die "Vergegenwärtigung Allahs" gehen. Noch sind wir beim muslimischen Lebensgefühl.

Auf zweierlei kann der Muslim, der sich an Allah wendet, bauen: Barmherzigkeit und Nähe. Er spürt das und schöpft daraus die Kraft, die ihm hilft, auch andere zu bestärken.[19] Sein Blick, so darf man sagen, richtet sich wie der

---

Motiven der Heuchelei gute Taten tut, der hat sich der Welt der sinnlichen Dinge verschrieben und sich am weitesten von den geistigen Wesenheiten entfernt. Wenn er also im Augenblick des Todes selbst vom Erstrebten zum Abgelehnten hinübergeht, so geht er vom Angenehmen zum Schmerzhaften, und das ist die große Katastrophe." (Imam Razi, *'Ilm al-akhlâq - kitâb an-nafs war-rûh wasch-scharh quwâhumâ* in einer Bearbeitung von Prof. M. Saghir Hasan Ma'sumi, Islamabad 1985)

19 Religionen, auch der Islam, werden bisweilen als Lehren missverstanden (oder als solche an Blauäugige verkauft), die zu einem besseren Leben im Diesseits verhelfen sollen. Die Zielangabe des Lebens im Jenseits darf aber nicht dazu führen, das Diesseits zu vernachlässigen, und das nicht nur in Hinsicht auf den Kanon der zwischenmenschlichen Rechte und Pflichten. Das Dasein in

des Kindes vertrauend nach oben, bei ähnlich bejahender Lebenshaltung. Mit Vertrauen blickt er in die Zukunft, so wie er vertrauensvoll auf das wartet, was Allah im Jenseits für ihn bereit hält - von daher: Der Muslim als Frohnatur? Er hat dafür Gründe, denn vom Propheten Muhammad weiß er:

> **Allah, der Erhabene, sprach: "Ich habe für Meine rechtschaffenen Diener etwas bereit, das kein Auge je gesehen, kein Ohr je gehört hat und das keinem Menschen je in den Sinn gekommen ist. (Dann sagte er:) Lest, wenn ihr wollt: 'Und es weiß keine Seele was für sie geheim gehalten wird an Augentrost als Lohn für das, was sie getan hat.' (32:17)"**
>
> **(Sammlungen Bukhâri und Muslim)**

Der Muslim vermag aber auch durchaus streitbar zu reagieren - dort, wo der Gläubige - wir haben es bereits weiter oben angedeutet - sich von außen her unzulässig bevormundet oder gar gewalttätig behindert sieht.

Aber bleiben wir bei den Kindern. Wir sind gehalten, sie dort anzuleiten, wo es in der kognitiven Entwicklung um die Ablösung vom intuitiv egozentrischen Weltbild, um die Hinführung zum abwägend mitverantwortlichen Denken geht. Guter Anlass, unsere eigenen Verhältnisse auszuleuchten, uns gleich selber zu vergewissern, inwieweit wir gegen den allgegenwärtigen Dämon Eigensucht mit seinen verschiedenen Spielarten und Ausweitungen abgesichert sind. Guter Anlass im Übrigen für den religiös ausgerichteten Erzieher, seine pädagogische Position zu überdenken: Er will, dass Allah bei ihm ist - ist er selbst bei den Kindern? Er will, dass Allah mit ihm nachsichtig ist - ist er nachsichtig mit den Kindern? Er fordert von Allah Gerechtigkeit - gibt er sie den Kindern? Er will von Allah geliebt werden - wie ernüchternd schwer ist es manchmal, Kinder zu lieben...

Kommt noch etwas hinzu: Wie die Kinder, die sich in ihrer kognitiven Entwicklung vom egozentrischen Weltbild

---

der Welt, von Allah geschenkt, besitzt Eigenwert. Der Muslim soll es - hier die Zieldimension Diesseits - für sich und andere lebenswert gestalten.

lösen müssen, sind auch Erwachsene immer wieder von neuem herausgefordert, Selbstbezogenheit und Habgier zu überwinden, damit nicht Egoismus und Materialismus nach und nach die Lebensinhalte verdrängen, die wirklich zählen. Bei dieser Gelegenheit sei darauf hingewiesen, dass der Islam manchmal Anlass gibt, eine Parallele zu ziehen wie etwa die: Wie gehen wir mit anderen und insbesondere mit Kindern um, und welchen Umgang mit uns wünschen wir von Allah? Ohne der späteren Vertiefung dieses Gesichtspunktes im Kapitel über Luqman, den Weisen, vorgreifen zu wollen: Allah am Tage des Gerichts gegenüberzutreten und alles vor Ihm offenzulegen - kann man jemandem mehr überantwortet sein als in dieser Situation und sich dabei fühlen, als falle man rückwärts, aber doch hoffend, aufgefangen zu werden?

Ist es nicht vielleicht so, dass uns unsere Kinder in ähnlicher Weise überantwortet sind? Wer traut sich, der Verantwortung, die mit dieser Überantwortung einhergeht, auszuweichen? Der erste und wohl wichtigste Schritt in der islamischen Erziehung ist es, sich mit der Erziehungsverantwortung auszusöhnen und sie auch zu übernehmen. Ohne diese Grundhaltung keine islamische Erziehung.

Erziehungsverantwortung

Wir wissen: Die Empfehlungen Allahs für unser Leben haben indirekt auch immer Folgewirkungen für das Leben anderer. Wir tragen nicht nur für uns selbst Verantwortung, sondern in gleicher Weise für die, die unter unserer Obhut stehen, sei es in der Familie, in der Kindergartengruppe, in der Schule. Das persönliche Verhalten ist nicht allein Privatsache, sondern hat direkte Auswirkungen in das soziale Gefüge hinein, zum Beispiel durch die Vorbildwirkung Erwachsener auf Kinder. Es sind aber auch indirekte Auswirkungen mit subtileren Schadenskarrieren vorstellbar. In einem Bericht vom Propheten wird die Gemeinschaft der Muslime als "ein Körper" bezeichnet:

"Du wirst die Gläubigen sehen, wie sie barmherzig miteinander und einander in Liebe zugetan sind und liebevoll miteinander umgehen gleich einem Körper - wenn ein Glied leidet, setzt sich der ganze Körper mit Schlaflosigkeit und Fieber dafür ein."

(Sammlung Bukhâri)

Im nachfolgenden Vers aus dem Buch Allahs vereinen sich die Zieldimension Jenseits und der Auftrag zur Übernahme von Erziehungsverantwortung:

6 Ihr, die glauben, hütet euch selbst und eure Angehörigen[20] vor einem Feuer, dessen Brennstoff die Menschen und die Steine sind, über ihm sind Engel, unnachgiebige, harte, sie widersetzen sich nicht Allah in dem, was Er ihnen befiehlt, und sie tun, was ihnen befohlen wird.

(Sure 66)[21]

Dieser Text, der nun einiges für unser Anliegen leisten soll, offenbart, zumal mit seinem Aufforderungscharakter, die große Zieldimension der islamischen Erziehung.
Im Einzelnen:

- Wer an Allah glaubt, soll sich selbst vor der Strafe im Jenseits bewahren.

- Wer innerhalb eines sozialen Gefüges Verantwortung für andere trägt, soll auch sie vor der Strafe im Jenseits schützen.

---

20 Das arabische Wort *ahl* erfasst hier alle möglichen Varianten wie "Familie, Verwandtschaft, Angehörige, Mitglieder, Bewohner". Es ist unter Muslimen anerkannt, dass sich dieser Begriff aus dem ursprünglichen häuslichen Kontext übertragen lässt auf weiter zu fassende Bereiche, beispielsweise auf das Verhältnis einer Regierung zu ihrem Volk.

21 Nicht durch Zufall trägt die 66. Sure den Namen *at-tahrîm*, also die Sure über "das Verbieten".

- Er soll die dazu notwendigen Schritte unternehmen.

- Das Jenseits, die Engel und die Strafe im Höllenfeuer sind wirklich. Sie werden veranschaulicht.

Schon wieder Strafe? Immer noch Höllenfeuer? Gemach - Himmel und Hölle kommen im Koran im ausgewogenen Verhältnis vor. Zum Zeichen dafür ein Einschub aus derselben Sure:

8 **Ihr, die geglaubt haben, kehrt reuig um zu Allah in aufrichtiger reuiger Umkehr, es kann sein, dass euer Herr eure Schlechtigkeiten von euch nimmt, und Er euch hineingehen lässt in Gärten, unter denen Gewässer fließen, am Tag, an dem Allah den Propheten nicht verächtlich macht und diejenigen, die geglaubt haben zusammen mit ihm, ihr Licht läuft vor ihnen her und zu ihrer Rechten, sie sagen: 'Unser Herr, mache uns unser Licht vollkommen und verzeihe uns, Du bist ja zu allem imstande.'**

(Sure 66)

Verbindet der Koran die Übernahme von Erziehungsverantwortung auch mit dem Warnhinweis auf das Feuer, weil das im Islam halt mal so zu sein hat? Warum nicht stattdessen nur mit der Hoffnung auf das Paradies?

Es gibt dafür mehr als einen guten Grund. Nicht erst seit heute zehren zu viele Menschen von selbstgemachten Jenseitsvorstellungen, verbunden mit der trügerischen Hoffnung auf einen unendlich gütigen Gott, der gar nicht anders kann als jedem alles zu vergeben. Deshalb macht Allah zuerst den Ernst der Lage begreiflich. Etwas begreifbar machen heißt aber den Zusammenhang herstellen zu praktischen, lebensnahen Bereichen. Erziehung ist praktisch, lebensnah.

Erziehungsverantwortung - wer wüsste es nicht - ist zur Zeit wieder mehr als ein brisantes Thema. Die Lehrer haben Zoff mit ihren Schülern. Das führen sie insbesondere darauf zurück, dass Vater und Mutter sich ihrer Aufgabe in den heimischen vier Wänden nicht mehr gewachsen fühlen. Ratlos überlassen sie die Lösung des Problems den aus ihrer Sicht zuständigeren öffentlichen Institutionen. Hoffentlich, so denken sie, können die wieder geradebiegen, was sie daheim - allein oder gemeinsam - verbogen haben.

Die Textstelle 66:6 lässt zwei Elemente der Erziehungsverantwortung erkennen: die Selbstverantwortung und die Verantwortung gegenüber anderen. Beide sollten zunächst auseinandergehalten und als zwei eigenständige Bereiche betrachtet werden. Natürlich gibt es da Querbezüge, die sich aber nicht dazu benutzen lassen, Menschen über Stammeslinien schicksalhaft miteinander zu verbinden. Trotz aller verwandtschaftlichen Bande und erzieherischer Beeinflussung geht doch jedes Mitglied einer Familie seinen ganz eigenen Weg.

Die "Sozialverantwortung", also das Antwort-Geben-Müssen vor anderen, endet am Tag des Gerichts. Es bleibt die Selbstverantwortung, das Antwort-Geben-Müssen vor Allah, wie dies die Sure 66 im Kontext unterstreicht. Die Herkunft, ob aus gutem Haus oder aus zwiespältigem Milieu, bedeutet für sich genommen nichts. Das wird am Beispiel der vier Frauen am Ende dieser Sure veranschaulicht. Lebenslinien entwickeln sich schon mal voneinander weg. Es endet die Möglichkeit der gegenseitigen Einflussnahme.

Wir haben vor uns zwei schöne und zwei traurige Geschichten. Gemeinsam sind ihnen die für die Lebensführung grundlegenden Inhalte:

1 Aufrichtigkeit statt Falschheit,

2 Loyalität statt Verrat,

3 Treue statt Untreue,

4 Schöpferglaube statt Mitgötterei[22].

---

22 Die negativen Dinge fasst der Koran in dieser Sure mit dem Verb *khâna* zusammen.

Den Anfang machen die Ehefrauen der Propheten Noah und Lot. Beide fielen der Strafe anheim, obwohl ihre Ehemänner Gesandte Allahs waren und sie die Offenbarung aus nächster Nähe miterlebten. Sie konnten wohl verstehen, worum es ging, und verweigerten sich doch den berechtigten Vorstellungen derer, die ihnen am nächsten und - wie man annehmen darf - am liebsten waren.

10 **Allah prägt ein Gleichnis für diejenigen, die den Glauben verweigert haben: Die Frau des Nuh und die Frau des Lut, sie beide waren unter zwei Knechten von Unseren rechtschaffenen Knechten, und sie beide waren treulos (*khânatâhumâ*), und es nützten ihnen beiden beide nichts gegenüber Allah, und es wurde gesagt: Geht beide in das Feuer hinein, mit den Hineingehenden!**

(Sure 66)

Danach ist die Frau des Pharaos an der Reihe, First Lady des wohl mächtigsten Hauses an den Ufern des Nils seit je. Sie durfte die Freude einer lebendigen Beziehung zu Allah erfahren, während ihr Gatte für die im Islam denkbar schwerste Sünde bestraft wurde: Er hatte sich selbst von seinem Volk als "höchsten Herrn" preisen lassen. Der Koran:

11 **Und Allah prägt ein Gleichnis für diejenigen, die geglaubt haben: Die Frau des Pharao, als sie sagte: 'Mein Herr, baue mir bei Dir ein Haus im Paradiesgarten, und rette mich vor Pharao und seinem Tun, und rette mich vor dem Volk der Unrechthandelnden.'**

(Sure 66)

Schließlich Maria, die Mutter des Propheten Jesus. Der Koran:

12 **Und Maryam, Tochter Imrans, die ihre Scham bewahrte, und Wir haben in sie von Unserem Geist eingehaucht, und sie hielt die Worte ihres Herrn für wahr und Seine Schriften, und sie war eine von den Gehorsamen.**

(Sure 66)

Der Erziehungsauftrag ist also erteilt. Das beinhaltet wohlgemerkt aber nicht etwa die Lizenz zur Entmündigung, zur Einschränkung der Entscheidungsfreiheit des anderen. Wir erinnern uns, dass es am Ende der Tage gilt, sich eigenverantwortlich vor Allah zu rechtfertigen. So gesehen, wäre religiöser Zwang nichts weniger als ein Widerspruch in sich.

Was hat es sonach mit der islamischen Erziehung auf sich? Abwarten und Tee trinken? Kein Druck? Die Erziehung versagt selbstverständlich dort, wo sie nicht aktiv Fehlverhalten unterbindet, wo sie nicht in Verhaltenskrisen nach Maßgabe Allahs Beistand leistet: Was ist wahr und was unwahr, was ist richtig und was falsch, was ist gut und was böse? Die Sure, die wir beigezogen haben, bringt uns ein Stück voran, indem sie erst einmal die psychischen Faktoren erwähnt, die eigenes Fehlverhalten begünstigen. Des Weiteren gibt sie Impulse, Missglücktes nicht schlicht auf sich beruhen zu lassen. Regulative sind:

- die **Furcht** vor den unnachgiebigen Engeln (66:6),
- der **Wunsch** nach Reue, die Umkehr mit der **Hoffnung** auf das Paradies (66:8) und
- die **Sorge**, andere könnten in den Strudel eigenen Fehlverhaltens hineingezogen werden (66:6).

Furcht und Hoffnung sind als affektive Größen Anstoßgeber. Sie sollen die Muslime darin unterstützen, sich willentlich gegenseitig zu gerechtem Verhalten zu ermuntern. Mag der Wille nicht unbedingt emotional, sondern eher intellektuell gesteuert sein, so scheint er seinen Ursprung eben doch in der "Neigung des Herzens" zu haben. Vom willentlichen Antrieb in diesem Sinne spricht der folgende Vers:

4 **Wenn ihr beide reuig zu Allah umkehrt, - und es waren schon eure beiden Herzen hingeneigt, und wenn ihr einander unterstützt gegen ihn, so ist ja Allah, Er, sein**

Schutzherr, und Dschibrîl (= der Engel Gabriel) und die Rechtschaffenen der Gläubigen, und die Engel hiernach sind Unterstützer.

(Sure 66)

Reuevolle Umkehr zu Allah geht nicht ohne den Willen dazu. Der Koran lässt in obigem Beispiel darum auch die schlechte Wahl, nämlich die mögliche "gegenseitige Unterstützung gegen Allah"[23] nicht unerwähnt. Es gibt andere Koran-Stellen, die die innere Verpflichtung, das Gute zu wollen, und die Verflechtung des Willens mit der "rechten Neigung des Herzens" aufzeigen. Im folgenden Beispiel schließt sich daran so etwas wie ein kollektiver Handlungsauftrag an, ein Appell an die gemeinsame Verantwortung und nicht mehr nur an die persönliche:

112 Die reuig Umkehrenden, die Gottesknechte, die Lobpreisenden, die Verzichtenden, die sich Beugenden, die sich Niederwerfenden, die das Rechte Auftragenden und die das Verwerfliche Untersagenden, die auf Allahs Grenzen Achtgebenden - und künde den Gläubigen Gutes an.

(Sure 9)

Die gemeinschaftliche Verantwortung wurzelt im Auftrag Allahs, den Schwächeren, den Unbeteiligten zu schützen (Recht des Schwächeren) und zu diesem Schutz geeignete Maßnahmen zu ergreifen (Pflicht des Stärkeren).

Die Qualität des eigenen Verhaltens resultiert aus dem Wert der individuellen Bindung an Allah. Hier fallen Selbst- und Sozialverantwortung zusammen. Nur so können wir aus erziehungswissenschaftlicher Sicht zusammenbringen, dass Glaube und gute Taten zwar das ausschließliche Merkmal für die Lage eines Menschen im Jenseits sind, niemand aber zu Glauben oder guten Taten gezwungen werden kann.

---

23 Im Kontext eines konkreten Vorfalls im Haushalt des Propheten spricht der Koran an dieser Stelle von der gegenseitigen Unterstützung Hafsas und Aischas gegen den Propheten und nur indirekt vom Aufbegehren gegen Allah.

Kind und Zeit

Nichts entzieht sich so nachhaltig dem Versuch einer zeitlichen Bestimmung wie das Ende der Schöpfung. Dennoch ist es gerade jene "Stunde", derentwegen wir den Zeitbegriff in der islamischen Bildungslehre angehen. Niemand, der über die anthropologischen Grundlagen von Erziehung nachdenkt, kommt darum herum, sich mit der Zeit und ihren Auswirkungen auf die pädagogische Theorie zu befassen.

Wer herauszufinden versucht, wie Kinder "ihre" Zeit erleben, begibt sich auf eine spannende Entdeckungsreise. Im Vergleich zu Erwachsenen, so der Eindruck, verrinnt für sie die Zeit unendlich langsam. Die Spanne von Geburtstag zu Geburtstag ist im Kindergartenalter noch nicht zu überschauen, jene von der 1. bis zur 4. Klasse für einen Schulanfänger gedanklich unüberbrückbar. In der Rückschau füllen die Kinder die durchlebte Zeit nicht mit einem chronologischen Zeitraster und nicht nach geordneten Oberbegriffen, sondern mit erlebnishaften Episoden. Inhalte des episodischen Gedächtnisses besitzen Absolutheit, sie stehen gleichrangig nebeneinander. Der Raum, den sie einnehmen, bemisst sich nicht nach der tatsächlichen zeitlichen Ausdehnung, sondern entsprechend ihrer Wichtigkeit fürs Kind.

Mit der Zunahme der aus der Biographie abrufbaren Erlebnisinhalte wächst auch die Fähigkeit, sie als Möglichkeiten auf die zukünftige Zeit zu projizieren, die dem Kind "von vorne" entgegenkommt. Hier setzt das erste Nachdenken über die eigene Zukunft an, und wahrscheinlich ist damit das bekannte Gefühl verbunden, dass die Zeit zunehmend schneller vergeht.

Je intensiver man über die eigene zukünftige Zeit und ihre vielfältigen, mehr und mehr kalkulierbaren Variablen nachdenkt, und je genauer man diese festlegt, desto überschaubarer, desto bewältigbarer scheint sie zu werden.

Das würde eigentlich gut zur Idee eines zeitlich nicht fixierbaren Jenseits passen: Der Heranwachsende gewinnt an Übersicht, ihm wird bewusst, dass er unaufhaltsam einem

Ende entgegenstrebt, er entwickelt das intellektuelle Potenzial, seine Existenz in Bezug zu setzen zur Bestimmung seines endlichen Lebens. Mit fortschreitendem Alter und der Zunahme an Lebenserfahrung erlangt er auch die notwendige Reife, seine Lebensweise dieser Erkenntnis anzupassen. Schließlich wird es ihm nebensächlich, die Begegnung mit Allah zeitlich bestimmen zu wollen, hat er doch inzwischen gelernt, wie wenig aussagekräftig das subjektive Zeitempfinden ist.

Die Unendlichkeit des jenseitigen Zustands lässt sich schemenhaft erahnen. Man vergegenwärtige sich einmal die Endlichkeit aller Dinge und versuche dann, sich einfach das Gegenteil dessen vorzustellen. So ist das für Kinder freilich nicht zu schaffen. Je jünger sie sind und je enger sie sich mit den materialisierten Erscheinungsformen dieser Welt verwoben sehen, desto unzerstörbarer kommen sie ihnen vor.

In Betracht gezogen, wie wenig fortgeschritten bei den meisten Menschen die Auseinandersetzung mit der Frage des Jenseits ist, entsteht der Verdacht, dass es eine gewaltige Tendenz geben muss, die der Erkenntnis des Jenseitsbezuges unseres Lebens und der Entwicklung einer dazu passenden Lebenshaltung entgegensteht.

Kinder fragen schon mal: "Wann kommt das Paradies, wann treffen wir Allah?"[24] Das ist vollkommen in Ordnung, denn es spiegelt nur eine natürliche und unbefangene Fragehaltung wieder. Eine befriedigende Antwort darauf könnte einfach heißen: "Bald."

Wenn hingegen der Koran nicht so einfach auf die Frage nach dem Zeitpunkt der "Stunde" antwortet, dann hat das Gründe. Der Verweigerer neigt dazu, die Begegnung mit

---

24 Weitaus häufiger aber wird die Frage nach dem **Ort** gestellt: "Wo ist Allah, wo befindet sich das Paradies?" Auch die Frage nach dem Zeitpunkt des Todes greifen Koran und Sunna mit Bezugnahme zum Ort auf: Keiner weiß, "in welcher Erde" er begraben sein wird. Kann man den Gedanken weiterspinnen und hypothetisch schließen, dass der Ort die Konstante und die Zeit stets die ortsabhängige Variable ist? Und: Ist die Trennung von Raum und Zeit letztlich nicht eine künstliche?

Allah zu verdrängen und sie mit dem rhetorischen Mittel der naiven Frage ad absurdum zu führen. Er tut dabei so als wäre alles zeitlich definierbar, als wäre die Zeit selbst stets etwas verlässlich Messbares. Das klingt dann so:

42 Sie fragen dich nach der Stunde, für wann ist sie festgelegt?

43 Wieso hast du etwas zu erwähnen?

44 Zu deinem Herrn geht es zu Ende.

45 Du bist ein Warnender für den, der sie fürchtet.

46 Als hätten sie am Tag, an dem sie sie sehen, nur eine Abendstunde verweilt oder seine Morgenhelle.

(Sure 79)

In der Antwort lässt sich der Koran nicht auf die Frage nach der messbaren Zeit ein, er stellt ihr stattdessen die erlebte Zeit entgegen. So führt er vor, was man letztlich unter relativem Zeitempfinden zu verstehen hat: Wer im Jenseits auferstanden ist, dessen ganzes vorangegangenes Leben schrumpft auf einen Augenblick zusammen - nicht unbedingt nur im Kontrast zur Unendlichkeit, die in diesem Augenblick unmittelbar vor ihm steht, sondern weil einfach alles durchlebt und vorbei ist. Ein verwandtes Gefühl kennt jeder: Man blickt zurück, Erlebnisse scheinen sich mit zunehmendem Alter zu verdichten, sie werden "inhaltlicher" und verlieren ihre epische Breite.

Dass in der Retrospektive auf das eigene Leben die Ereignisse mehr nach ihrem Gehalt als nach ihren Inhalten befragt werden, heißt zuerst, dass ihnen der Wert "gut" oder "schlecht" zugeteilt wird. Diese Bewertung vollzieht sich tief im Innern eines Menschen. Je älter er wird, desto deutlicher treten die Dinge in den Vordergrund und desto unbarmherziger drängt auch die Stimme des Gewissens, das auf Dauer keinem Schweigegebot Folge leistet. Ist es so, dass die Betrachtungsweise des Lebens im Alter langsam zu der von

Kindern zurückkehrt? Plötzlich ist da wieder Platz für das absolute Empfinden.

In der Physik wird Zeit durch den periodischen Ablauf von Ereignissen (radioaktivem Zerfall oder Schwingungen von Kristallen oder Atomen) definiert - Zeit als solche zu fassen, ist ein mühevolles Unterfangen. Leihen wir uns das aus und sagen:

- Lebenszeit wird gemessen am periodischen Ablauf von Verhalten.

Verhalten kann gut oder schlecht sein, in gewissem Maße auch irgendwo dazwischen. Die Lebenszeit (hier wieder die **er**lebte", nicht die **ge**lebte Zeit) des Menschen könnte man solcherart festmachen an seinem guten und schlechten Handeln. Dafür prägt das islamische Offenbarungswerk den bildlichen Vergleich mit der rechten und der linken Waagschale.[25]

Lehrpläne der Primarstufe verlangen, Kinder auf Zeitabläufe (Uhr, Jahreskreis) und auf die Veränderung von Gegenständen und Lebensgewohnheiten im Laufe der Geschichte hinzuweisen. Das Anliegen dahinter ist, sie auf die Entwicklung des Menschen von der Jugend bis zum Alter ("Meine Familie, Der Stammbaum, Begriff Generation, Wo stehe ich?...") aufmerksam zu machen. Damit soll ein Bewusstsein vom Wandel und vom Überdauern in der Zeit geschaffen und ein Gespür für den Eigenwert eines jeden

---

25 In der islamischen Lehre gibt es zyklisch wiederkehrende Gelegenheiten für den Muslim, seine "Waage zu tarieren". Diese sind die Wallfahrt nach Mekka einmal im Leben, das Fasten im Ramadan einmal im Jahr, die Teilnahme am gemeinschaftlichen Freitagsgebet einmal in der Woche und die Anbetung Allahs fünfmal in vierundzwanzig Stunden.
Im Zusammenhang mit dem Thema "Zeit" muss in der islamischen Erziehung deutlich vermittelt werden, dass Umkehr und Neuanfang (arabisch *tauba*) zwei Tore zu Allah sind, die einem Menschen, der glaubt und gut handelt, immer offen stehen.

Lebensalters angebahnt werden. Frage: Genügt das für eine Erziehung zum Umgang mit der Zeit?

Schon in der Grundstufe, wenn Kinder "ihre" Zeit entdecken und erste Erlebnisse mit Zeit und ihren Unwägbarkeiten verbinden, reift die Bereitschaft heran, sich mit dem Werden und Vergehen nicht nur im Hinblick auf ein paar keimende Böhnchen auf der Fensterbank des Klassenzimmers, sondern auch in Auseinandersetzung mit dem eigenen Leben zu beschäftigen. Ihnen sollte Zugang zur Erkenntnis eröffnet werden, dass alles Leben endlich ist und dass sie mit diesem Wissen etwas anfangen können, ja dass darin etwas besonders Schönes und Entdeckenswertes und ein Stück der eigenen Identität liegt - bei aller Behutsamkeit in der Vorgehensweise. Der Umgang mit Kindern gebietet einen positiven Tenor: "Zeit" in der Mitbedeutung von "Chance", "erfüllte Zeit", verstanden als Beleg des Glaubens und des guten Handelns.

Zeit birgt freilich auch ihr Risiko, das ist die Botschaft nicht nur der obigen Textstelle aus der Sure 79. Es ist das Risiko, am Tage des Gerichts mit der Erkenntnis auferstehen zu müssen, wichtige Augenblicke "verschlafen" zu haben. Das Jenseits ist schneller erreicht als erwartet, und für die meisten wahrscheinlich auch schneller als erwünscht.

Die Besorgnis, Zeit zu verlieren, ist heute verbreiteter denn je, und allenthalben wird - teils mit professionellem Beistand - darauf hingearbeitet, die Gefahr zu bannen. Die Kinder bleiben davon nicht unberührt, sofern sie nicht ohnehin vermittels einer ausgeklügelten elterlichen Planung in Dauerspannung gehalten werden. Dass die Schule das Zeit-Dilemma sehr wohl erkannt hat und Vernunft stiftend Einfluss zu nehmen versucht, bezeugen curriculare Inhalte wie "die Freizeit sinnvoll gestalten" (4. Jahrgangsstufe, Bayern). Wer will, kann solcher Vorsorge im Lichte einer islamischen Bildungstheorie gesondert Bedeutung abgewinnen.

Zusammenfassung

Der Islam zielt ab auf das bessere Leben im Jenseits, ohne deswegen das Diesseits zu vernachlässigen. Zwischen der Art der Lebensführung und der Jenseitserwartung - Paradies oder Hölle - besteht ein kausaler Zusammenhang. Dreh- und Angelpunkt ist die Rechenschaft vor Allah. Richtungweisend für die islamische Erziehung sind der Koran und das gelebte Beispiel des Propheten Muhammad, überliefert in Sammlungen von Berichten. Die Bildungslehre des Islams hat von daher Themen zu vertreten, die in unmittelbarem Zusammenhang mit der Sinnfrage im Allgemeinen und der Zieldimension Jenseits im Besonderen stehen, gemeint sind: das Menschenbild, Leben und Sterben, die Nähe Allahs, die Botschaft Allahs, die Zeit und der Umgang mit dem Mitmenschen, und vor allem die Übernahme von Erziehungsverantwortung.

Zieldimension "Allein Allah"

Tauhid

Eigentlich *tauhîd.* Aber wir belassen es für unsere Zwecke bei der eingedeutschten Version: Tauhid - ein elementarer arabischer Begriff. Es ist - die Leser ahnen es schon - nicht der einzige dieser lexikalisch, grammatikalisch und ästhetisch hoch differenzierten orientalischen Kultursprache, mit dem wir uns im Rahmen unseres Vorhabens näher befassen werden.

Arabisch war die Muttersprache Muhammads. Darum wurde der Koran in ihr offenbart. Seither sind knapp vierzehn Jahrhunderte vergangen. Es schadet sonach nicht, den Begriffen auch semantisch nachzuspüren, lässt sich so doch mancherlei beiseite räumen, was sich nach und nach an missverständlichen Konnotationen eingeschlichen und ursprünglich klare Wörter schlackengleich überkrustet hat.

- Unter Tauhid verstehen wir "die Tatsache, dass Allah über sich selbst Zeugnis ablegt, dass Er der Einzige Gott ist".

Tauhid weist Allah als den Alleinigen aus, und im Koran liest sich das so:

18 Allah hat bezeugt, dass es keinen Gott gibt außer Ihm, und die Engel und die mit Wissen, feststehend in Richtigkeit, kein Gott außer Ihm, der Mächtige, der Weise. (Sure 3)

Tauhid - um gleich ein gängiges Missverständnis anzuzeigen - wird gerne einfach mit "Monotheismus" übersetzt. Ein einziger Gott als das allen monotheistischen Gottesauffassungen gemeinsame Gütesiegel? Die Absicht, auf diese Weise für die abrahamitischen Schriftreligionen Judentum, Christentum und Islam eine einheitliche Grundlinie zu ziehen, verdient Lob und Unterstützung. Durchaus denkbar, dass man so eine Annäherung all derer erreichen kann, die aufrichtigen Herzens einer dieser drei Religionen folgen. Denn wer diese grundlegende Idee teilt, kann der nicht gemeinsam mit "Brüdern und Schwestern" aus der anderen Abteilung ein Stück des Weges gehen? Es gehört nicht direkt zu unserem Thema, aber die Antwort auf diese Frage muss lauten: Ja, und unter Umständen mehr als nur ein Stück, selbst wenn das gemeinsame monotheistische Fundament zu allgemein und unspezifisch ist. Allerdings: Tauhid ist nicht nur Monotheismus, sondern dessen Vollendung. Wie ist das zu verstehen?

Der Koran trägt dem Umstand Rechnung, dass der Mensch ein "Gottesbild" zu seiner Orientierung braucht. Eine bloß imaginäre Vorstellung von Gott berührt Ihn nicht. Ein Bild von etwas zu haben ist dem Menschen natürlich, ein Bild von sich zumal. Anders könnte er weder seinen Standort bestimmen noch sich auf Ziele hin entwickeln. Selbstbild und Standortbestimmung aber sind Bausteine des vielschichtigen menschlichen Selbstkonzepts.

Bei allen Zugeständnissen an die menschliche Denkkultur darf in der Diskussion um das Gottesbild jedoch nicht übersehen werden: Allah ist frei von dem Bedürfnis nach einem Selbstbild und nach Standortbestimmung. Er benötigt keine Entwicklungsziele. Allah - so jedenfalls stellen wir uns das vor - wird nicht. Er ist.

Der Koran enthält eindringliche Warnungen vor dem Hang zur Vermenschlichung (Anthropomorphisierung) des Gottesbildes. Die Menschen neigen unbewusst dazu, Gott nach ihrem Ebenbild zu erschaffen, Ihn nach ihren eigenen Charakteristiken vereinfachend zu idealisieren. Verkannt sei nicht, dass Allahs Offenbarung mancherlei vertraute Denkschemata in uns anspricht. Wir können Inhalte nun einmal besser erschließen, wenn sie an bekannte Muster andocken.

Darauf nimmt das islamische Offenbarungswerk Rücksicht.[26] Alles in allem geht es im Koran jedoch nicht um irgendwie geartete Normung eines Gottesbildes, sondern um die Frage: Was sagt der Mensch über Gott, wie handelt er?

Eine Schlüsselstelle in der Schrift verdeutlicht im Übrigen, wie man die Einzigkeit Gottes anerkennen und dennoch in Widerspruch dazu handeln kann:

> 3 **Ist nicht die Religion ausschließlich für Allah? Und diejenigen, die sich anstelle Seiner Schutzherren nehmen: 'Wir dienen ihnen nur, damit sie uns näher zu Allah bringen' - Allah entscheidet ja zwischen ihnen über das, worüber sie uneinig sind, Allah leitet ja nicht recht, wer ein Lügner, ein Undankbarer ist.**
>
> **(Sure 39)**

Die Offenbarung dieses Verses muss wie immer vor dem historischen Hintergrund gesehen werden, nämlich der Auseinandersetzung des Propheten Muhammad mit den Götzendienern Mekkas. Um ihre Stellung besorgt und in ihrem Selbstverständnis irritiert, versuchten die Mächtigen der Stadt, den Propheten durch vage Zugeständnisse zu einer gütlichen Einigung zu bewegen, indem sie sich erboten, Allah einen "Ehrenplatz" als oberstem Gott in ihrem Pantheon einzuräumen. Muhammad hielt indessen unbeirrt an Tauhid als der zentralen Botschaft des Islams fest, wie es seinem Sendungsauftrag entsprach.

Der Irrtum der Mekkaner, die annahmen, sie meinten dasselbe und drückten es nur anders aus, weist über den geschichtlichen Vorgang hinweg in die heutige Zeit, auch wenn das Vokabular sich verändert hat: Eine Vielzahl wohlfeiler Wertesysteme macht sich erbötig, Allah irgendwie so

---

26 Allah zeigt in der Schrift Gefühle wie "Liebe" oder "Zorn". Jeder Muslim weiß um die "Freude" Allahs über denjenigen, der nach einem Fehltritt reuevoll umkehrt (nach einer sehr bekannten Überlieferung in den Sammlungen von Bukhâri und Muslim). Erwähnenswert sind auch Redewendungen wie "Allah bietet einen Handel an" oder "Allah ein Darlehen geben" (siehe dazu Sure 61:10 oder 64:17).

zu integrieren, auf dass sie sich unbehelligt weiter entfalten können.

Diese Koran-Stelle weckt unser besonderes bildungstheoretisches Interesse für den Zusammenhang zwischen Gottesbild und erwähnter "Religion", im Islam immer zu verstehen als "Lebensweise"[27]. Einmal, verdichtet auf einen Kernsatz, sagt der Koran hier: "Lebe richtig und nicht falsch, sage das Richtige und nicht das Falsche!" Mit anderen Worten: Allein das Richtige zu sagen, genügt nicht, sofern nicht auch das richtige Tun hinzu kommt. Noch anders: Islam als Lebensweise[28] und nicht als bloße "Religion". Das war es schließlich auch, was Muhammads Kontrahenten verbitterte: Dieser Mann macht tatsächlich ernst, er redet nicht nur, er lebt vor. Die Bürger Mekkas laufen zu dem

---

27 Das arabische Wort *dîn* bedeutet "Religion, Anschauung, Lebensweise". Das Wort *dîn* kommt von *dâna:* "borgen, schulden". Das Wort *dain* (dieselbe Schreibweise wie *dîn*) heißt "Schuld, Verpflichtung". Außerdem taucht es wieder auf in der Phrase *yaumud-dîn:* "Tag des Gerichts", also eigentlich "Tag der Schuld". Nimmt man diese Wortfamilie zusammen und betrachtet in ihrem Sinne die bekannte Wortverbindung *dînul-islâm,* dann ergibt das eine ganz bündige Antwort auf die Frage, was der Islam über Gott und den Menschen zu sagen hat, nämlich:

- Der Islam lehrt eine Lebensweise, die darauf ausgerichtet ist, dass der Mensch am Tag der Begegnung mit seinem Schöpfer diesem Antwort schuldet, denn als Statthalter Allahs auf Erden (*khalîfatu-llâh fil-ard*) ist er in dem Maß verantwortlich (*mas'ûl* - das heißt wörtlich "gefragt werden") für die Schöpfung, wie Allah ihm dazu Ermächtigung (*idhin*) und Befähigung (*sultân*) gegeben hat.

28 Und zwar "aufrichtige" Lebensweise. Der Wortstamm des arabischen Wortes *khâlis* bedeutet "rein, aufrichtig sein". Mit "Reinheit" ist hier gemeint die alleinige Ausrichtung der Lebensweise auf Allah, mit "Aufrichtigkeit" die Ehrlichkeit des Bekenntnisses. Deshalb heißt die Sure 112 des Korans, die in knapper Form das islamische Gottesbild auch in seinem Kontrast zu christlichen und ähnlichen Gottesbildern vermittelt, auf Arabisch *al-Ikhlâs*:

1 **Er ist Allah, einzig,**
2 **Allah, der immer da ist,**
3 **Nie zeugte Er, und nie ist Er gezeugt,**
4 **Und nie gibt es Ihm Gleiches.**

(Sure 112)

"Fanatiker" über, weil sie nicht nur hören, sondern auch sehen, was er meint.[29]
Wir halten als These fest:

- Nicht mit Worten allein, sondern mit der islamischen Lebensweise bezeugt der gläubige Muslim, dass es keinen Gott gibt außer Allah. Die Einzelheiten der islamischen Lebensweise wurden vom Propheten Muhammad vorgelebt und überliefert. Die Bezeugung, dass er der Gesandte Allahs ist, und die Befolgung seiner Traditionen ("Sunna" genannt) gehören zum islamischen Bekenntnis.[30]

Nur so kann man das relativ abstrakte Konzept Tauhid und die erzieherische Praxis auch auf der Grundlage der prophetischen Traditionen miteinander in Verbindung bringen. Wir beziehen Tauhid als Begriff der Theologie in die Zieldimensionen bildungstheoretischer Überlegungen mit ein. Damit haben wir auch gleichzeitig eine Handhabe gegen die weit verbreitete Vereinfachung, dass alles im Islam Tauhid sei, ohne Tauhid sei der Islam nichts. Stimmt! Bloß: Was lässt sich mit solchen Schlagworten erzieherisch anfangen? Viel mehr

29 'Ali ibn Abi Talib bekannte sich als Zehnjähriger zu Allah und dem Gesandten. Er war der zweite, nachdem zuvor Khadidscha, Muhammads Ehefrau, ihren von anfänglichen Selbstzweifeln heimgesuchten Gatten in seiner Sendung bekräftigt und ihm Mut zugesprochen hatte. Nach überkommenem Sprachgebrauch war also dem Bekenntnis nach Khadidscha die erste Muslima, 'Ali der erste Muslim. Jedenfalls machte Muhammads böser Onkel Abu Dschahl seine drei Verwandten mit einer Besessenheit zum Gespött der Stadt, die anfänglich sogar Kritiker des Propheten verdutzte. Sein Hass steigerte sich, als die Offenbarungen durch die Betonung der Gleichheit der Menschen vor Allah die unwürdige Behandlung der gesellschaftlich Schwachgestellten (Mädchen, mittellose Frauen, Unfreie, Waisen und Fremde) in Frage stellten. Ein erster starker Zustrom zum Islam dürfte wohl aus ihren Reihen gekommen sein.

30 Die beiden Glaubenszeugnisse - dass Allah der Einzige und dass Muhammad Sein Gesandter ist - nennt man auf Arabisch *schahâdatain*. Wer sie vor Zeugen ausspricht, wird vor Allah und den Muslimen zum Muslim.

interessiert doch, wie wir mit unserem erzieherischen Handeln dem hohen Anspruch gerecht werden können, in allem was wir sagen und tun, Allah niemals "Mitgötter" zur Seite zu stellen.

Schirk

Die Tragweite von Tauhid für die Konzeption einer islamischen Bildungslehre ist nun deutlich gemacht geworden. Islamische Erziehung ist unvereinbar mit Zielkategorien, die nicht aus der Einzigkeit Allahs abgeleitet werden können. Zielformulierungen für die islamische Erziehung müssen die Zieldimensionen "Allein Allah" und "Jenseits" erkennen lassen.

Allah mit etwas anderem - sei es belebter oder unbelebter, materieller oder ideeller Natur - in eine ungesunde Beziehung zu bringen, heißt in der islamischen Terminologie *schirk,* vom arabischen Verb *scharika* abgeleitet, wörtlich: "teilen". Diese Wortfamilie berührt immer die folgende Mitbedeutung: Wir haben keinen Anteil an dem, was Allah will.

Der Islam zieht zwischen dem Schöpfer dort und allem Geschaffenen hier eine klare Grenze. Sie ist unüberwindlich und unentbehrlich. Sie zu kennen und zu respektieren, ist die Voraussetzung für spirituelle Religiosität, so sehr der Mensch sich mit all seinem Schaffensdrang, seiner Kreativität und Lust an der Selbstverewigung gelegentlich auf der anderen, der "göttlichen" Seite wähnen mag.

Schirk - mit "Mitgötterei" treffender übersetzt als mit "Götzendienst" oder "Teilhaberschaft"- ist der Antagonist zu Tauhid. Bei beiden geht es um schwarz oder weiß, unwahr oder wahr, somit nicht um Nuancen. Allah, im Koran sonst eher zeigend, belehrend, anbietend, bisweilen auffordernd oder verbietend, warnt auch und droht: Er ist bereit, alles zu vergeben, Mitgötterei hingegen nicht:

48 Allah verzeiht ja nicht, dass Ihm Mitgötter gegeben werden, und Er verzeiht, was darüber hinaus ist, wem Er will, und wer Allah Mitgötter gibt, hat sich schon eine gewaltige mutwillige Sünde ausgedacht.
(Sure 4; vgl. auch die Textstelle 4:116)

Wie funktioniert Mitgötterei? Früher wie heute sind es Bildnisse, Figuren und andere Kleinodien, denen eine göttliche Vermittlung oder per se göttliche Natur zugedacht wird. Das betrifft nicht zuletzt jene kommerzialisierte, höchst infektiöse Esoterik, die Heilung, Erleuchtung, Erlösung, Kenntnis der Zukunft oder Führung für das Leben im Do-it-yourself-Verfahren anpreist. Wohlgemerkt: Den alten Schamanen sei hier nicht Unrecht getan! Wir prangern nicht das animistische Erbe der sogenannten Naturvölker an. Nein, hier geht es zuvörderst um Wucherungen im Kulturraum der abrahamitischen Religionen, also um ein eher abendländisches Krankheitsbild. Welche Medizin ist da am besten zu verabreichen?

"Du sollst neben Mir keine anderen Götter haben (3). Du sollst dir kein Gottesbildnis machen und keine Darstellung von irgend etwas am Himmel droben, auf der Erde unten, im Wasser unter der Erde (4). Du sollst dich nicht vor ihnen niederwerfen und dich nicht verpflichten, ihnen zu dienen... (5)." (Ex 20,3-5)

So liest sich der Einstieg in die biblischen zehn Gebote - das Beste, woran sich ein Muslim halten kann, falls er mal gerade seinen Koran verlegt haben sollte. Sie finden sich im Alten Testament ein zweites Mal, und zwar in Deuteronomium 5,6 bis 18. Jenes "Buch vom Zweiten Gesetz", das die letzten Lebenstage Mose erzählt, lässt in seinem 6. Kapitel eine wohltuende Nähe von christlicher und islamischer Religionspädagogik erkennen: Der Vater soll den Sohn das Gesetz und die rechte Lebensweise lehren; diesen Auftrag zu erfüllen, ist Dienst an Gott.[31]

Handlungen mit dem Ruch der Mitgötterei werden also aus dem islamischen Leben verbannt. Wie aber steht es mit den Worten? Schirk äußert sich auch in gedanklichen und sprachlichen Konzepten, von der Horoskop-Gläubigkeit bis hin zu idiomatischen Wendungen wie "Mutter Natur" und Petrus, dem vermeintlichen Wettermacher. Der Koran setzt darum den Hebel weiter unten an und untersagt den Muslimen in eindeutigem Imperativ, mit Worten Schirk zu begehen. Das stellt als sprachliche Ebene ein höheres Abstraktionsniveau dar. Für einen Muslim ist es - nochmals sei an den Koran-Vers 39:3 erinnert! - undenkbar, etwa zu sagen: "Mit den unterschiedlichen Erscheinungsformen in unserem Gottesbild meinen wir im Grunde genommen den Einen, Einzigen Gott. Wir stellen ihn nur ein klein wenig anders dar."

Gut, Christophorus, Mutter Erde und den Schicksalsstern muss man nicht unbedingt auf die Goldwaage legen. Und wer in der Lage ist, uralte Bräuche wie ein österliches Fruchtbarkeitsritual oder die Sonnwendfeier nicht nur in seinen Lehrplan, sondern auch in seine Theologie einzubauen, der tue das. Wie aber steht es mit der Vorstellung von Gott selbst? Der Koran duldet da diesmal keinen Handel und ordnet apodiktisch an:

171 ...und sagt nicht 'Drei'! ...

(Sure 4)[32]

---

31 Im Alten Testament: "Und wenn dich morgen dein Sohn fragt..." (Dtn. 6, 20ff). Im Koran: "Und als Luqman zu seinem Sohn sagte..." (31:13ff). Der Luqman-Passage und ihrer Bedeutung für die islamische Erziehung ist weiter hinten ein eigenes Kapitel gewidmet.

32 Dieser Koran-Vers lautet vollständig:

171 Ihr Leute der Schrift! Übertreibt nicht in eurer Religion und sagt nichts über Allah außer die Wahrheit, der Messias Isa (Jesus), Sohn Maryams, ist ja der Gesandte Allahs und Sein Wort - Er hat es auf Maryam

Damit haben wir, ohne es eigentlich unbedingt zu wollen, die christliche Dreifaltigkeitslehre ins Blickfeld gerückt - sei es die theologisch gültige (Vater, Sohn und Heiliger Geist), sei es eine andere, vielleicht volkstümlichere (Vater, Sohn und Maria, Mutter Gottes[33]). Gewiss, einem Muslim sind Grenzen gezogen, die christlichen Trinitäten zu verstehen. Ihr kulturgeschichtlicher Werdegang ist durchaus nachvollziehbar, wenn auch nicht ihre Bedeutung für den christlichen Glauben als Lebensweg - wird doch im Johannes-Evangelium die Frage des Schriftgelehrten nach dem "ersten" und also wichtigsten Gebot von Jesus beantwortet:

> **"Höre, Israel, der Herr, unser Gott, ist der einzige Herr. Darum sollst du den Herrn, deinen Gott, lieben mit ganzem Herzen und mit ganzer Seele, mit all deinen Gedanken und mit all deiner Kraft..."[34] (Joh. 12, 28-34)**

übertragen - und Geist von Ihm, also glaubt an Allah und Seine Gesandten und sagt nicht 'Drei!' Hört auf damit, es ist besser für euch, Allah ist ja ein einziger Gott, Preis Ihm, dass Er einen Sohn hätte, Sein ist, was in den Himmeln und auf der Erde ist, und Allah genügt als Sachwalter.

(Sure 4)

33 Vergleiche dazu im Koran:

116 Und wenn Allah spricht: Du, Isa, Sohn Maryams, hast du zu den Menschen gesagt: Nehmt euch mich und meine Mutter als zwei Götter anstelle Allahs? Er sagt: Preis sei Dir, es ist nicht an mir, dass ich sage, was nicht mein Recht ist. Wenn ich es gesagt hätte, so hättest Du es schon gewusst. Du weißt, was in mir selber ist, und ich weiß nicht, was in Dir selber ist. Du bist ja der Wissende der verborgenen Dinge.

(Sure 5)

34 Wer war Jesus? Die Erörterung dieser Frage füllt Bibliotheken. Im Koran finden wir unter Anderem:

30 Er sagte: 'Ich bin der Knecht Allahs, Er hat mir die Schrift gegeben, und Er hat mich zum Propheten gemacht,

31 Und Er hat mich gesegnet gemacht, wo ich bin, und Er hat mich angewiesen zum Gebet und zur Zakat-Steuer, solange ich am Leben bin,

32 Und gut zu meiner Mutter zu sein, und Er hat mich nicht gewalttätig, unselig gemacht,

An anderer Stelle spricht der Koran christliches Dreifaltigkeitsdenken eindeutiger an:

72 Bestimmt haben schon diejenigen den Glauben verweigert, die sagen: 'Allah, Er ist ja der Messias, Sohn Marjams', und es sagte der Messias: 'Ihr, Kinder Israils, dient Allah, meinem Herrn und eurem Herrn, ja, wer Allah Mitgötter gibt, so hat Allah ihm schon den Paradiesgarten verwehrt, und seine Bleibe ist das Feuer, und für die Unrechthandelnden gibt es keine Helfer.'

73 Bestimmt haben schon diejenigen den Glauben verweigert, die sagen: 'Allah ist ja ein Dritter von Dreien!', und es gibt keinen Gott außer einem einzigen Gott, und wenn sie nicht aufhören mit dem, was sie sagen, bestimmt trifft diejenigen von ihnen, die den Glauben verweigert haben, schmerzende Strafe.

74 Also kehren sie nicht reuig um zu Allah und bitten Ihn um Verzeihung? Und Allah ist verzeihend, barmherzig.

(Sure 5)

Es wäre natürlich zu eng ausgelegt, wollte man hier immer nur an das christliche Trinitätsdogma denken. "Dreiheiten" sind in der menschlichen Kulturgeschichte breit gestreut. Man denke an die drei Reichskleinodien des japanischen Kaisertums: Edelstein, Spiegel und Schwert. Es können desgleichen "moderne", teils zu stereotypen Slogans verkürzte Ideen sein, wie "Freiheit, Gleichheit, Brüderlichkeit" oder "Demokratie, Menschenrechte, Säkularismus". Im Religiösen mag der suchende Mensch sich auch in scheinbar logischer Schlussfolgerung für die Drei entscheiden: Ein einziges

---

33 Und Frieden über mir am Tag, an dem ich geboren wurde und am Tag, an dem ich sterbe, und am Tag, an dem ich lebendig auferweckt werde.'

(Sure 19)

göttliches Wesen ist ihm irgendwie zu schwach - wer schafft schon was allein? Bei zweien[35] würde es wohl Streit geben.

So bedarf es eines Dritten - damit ist das kosmische Gleichgewicht wieder hergestellt. Es ist irgendwie ganz menschlich: Da hat man einen Gott, hätte aber gerne noch ein bisschen mehr.

Also: *Schirk* in jedweder Form, verdinglicht oder abstrakt, vermag die Glückseligkeit im Jenseits auf einen Schlag zu ruinieren. Tauhid ist der Standard, an dem die Muslime andere Religionen, schließlich aber auch ihre eigene Lebensweise und die Reinheit ihres täglich gelebten Islams messen. Zu *Schirk* ließe sich sagen: Die Hürde, die am niedrigsten hängt und am schwierigsten zu nehmen ist.

Inzwischen ist klar geworden, was Tauhid alles nicht ist. Der Verfahrenstrick, sich mit Hilfe von negativen und ausschließenden Formulierungen einem Zielbegriff zu nähern, erleichtert manches. Der Koran enthält im Zusammenhang mit *Schirk* ganz konkrete Verbote, die den Menschen vor der Mitgötterei als dem größten anzunehmenden Unfall bewahren sollen. Bisher haben wir dabei eine Ebene des Handelns und des Sprechens beschreiben können. Was aber ist mit der abstrakten Ebene, auf der schon der reine Gedanke an *Schirk* geahndet wird?

Man wird sie im Koran so nicht finden können. Der Koran enthält vorwiegend dingliche und nicht abstrakt-theoretisch gefasste Gebote. Er hält sich im rein Begrifflichen. Salopp gesagt, geht es in der Offenbarung weniger ums Lesen als um das Leben. Der Islam achtet die Welt der Gedanken als eine Sphäre, die niemanden etwas angeht außer Allah und die jeweilige Person. Nur Er weiß, was im "Herzen" des Menschen wirklich vorgeht. Der entsprechende Vers (35:38) wurde vorher bereits zitiert - es gibt davon noch mehr.

---

35 Im Koran (vgl. auch 4:51):

51 Und Allah hat gesprochen: Nehmt euch nicht zwei Götter! Er ist ja ein einziger Gott, also vor Mir habt Ehrfurcht!

(Sure 16)

Jedoch kennt der Islam darüber hinaus ein Verfahren der "gedanklichen Justierung", welches im Abschnitt über die Haltung vorgestellt wird.

Man wird also in der islamischen Offenbarung das Bemühen, selbst eine so grundlegende Idee wie Tauhid bis in den hintersten Winkel der Psyche zu verkabeln, vergeblich suchen. Was in einem Menschen wirklich vorgeht, bleibt sein Geheimnis. Das gilt auch für die religiöse Gedankenwelt von Kindern. In den Abschnitten, welche sich mit der Entfaltung Abrahams beschäftigen, wird noch zu zeigen sein, wie ein Heranwachsender zu mündiger Religiosität und zu einem tragenden Gottesbild zu finden vermag. Nochmals: Der Islam zielt ab auf die Lebensweise, nicht auf die Gedanken. Wie herum wir nun den Richtungspfeil des Bedingungsgefüges zu zeichnen haben - prägt die Lebensweise die Gedanken, beeinflusst das Denken die Lebensweise oder ist es eine Wechselwirkung? - sei vorerst noch dahingestellt. Nur so viel: Der Islam lässt Raum für die farbigsten religiösen Vorstellungen, nicht aber dafür, von außen in die inneren Bilder hineinzumalen, wie sie andere von Allah, den Himmeln und der Erde haben mögen.

An dieser Stelle öffnet sich ein weiterer Zugang zum Verständnis von islamischer Erziehung und zu einer These, wie sie uns in ähnlicher Form im Kontext mit der 66. Sure begegnet ist, also:

- Islamische Erziehung findet innerhalb von Grenzen statt, die nicht überschritten werden dürfen. Gebote greifen auf dem Niveau der Lebensweise und, mit Einschränkung, auch auf dem der Sprache, nicht aber auf dem des Denkens.

Frage: Was ist dann nachprüfbar? Welchen Zugang zum Inneren, zum individuellen Gottesbild eines Schülers gäbe es dann überhaupt? Wie sehen die, für die wir erzieherische Verantwortung tragen, Allah wirklich? Was stellt Er für sie dar - so ganz privat? Brauchen wir die Frage gar nicht zu stellen? Sind wir womöglich sogar fein heraus, wenn doch der Koran selbst einen solchen Einfluss nicht ausdrücklich empfiehlt, sondern ihn als Domäne Allahs verkündet? Um hier weiter zu kommen, wenden wir uns nunmehr Luqman zu, einem Weisen aus dem Koran.

Luqman

Wir sprachen weiter oben von einer Textstelle im Alten Testament (Deuteronomium 6, 20-25), und wir würden gerne von einer Seelenverwandtschaft christlicher und islamischer Religionspädagogik sprechen. Dabei soll uns ein Abschnitt aus dem Koran, Sure 31, weiterhelfen. Beiden Passagen, der biblischen und der koranischen, ist gemeinsam, dass sie eine Erziehungssituation zugrunde legen: das Gespräch zwischen Vater und Sohn.[36]

Die Bibelstelle soll hier nicht in ihren Einzelheiten besprochen werden, nur ihr Anfang sei zitiert:

> **"Und wenn dich morgen dein Sohn fragt: Warum achtet ihr auf die Satzungen, die Gesetze und Rechtsvorschriften, auf die der Herr, unser Gott, euch verpflichtet hat?, dann sollst du deinem Sohn antworten..." (Dtn 6,20 f).**

Der Rest handelt von der Verpflichtung, das Gesetz zu halten - ein wichtiger und im Kontext dieser Episode des Alten Testaments auch schlüssiger Ansatz: Alle "Satzungen, Gesetze und Rechtsvorschriften", um die es in der Moses-Geschichte geht, haben ihren Ausgangspunkt im Bund mit Gott, der geschlossen wurde unter der "obersten Direktive", dem biblischen Monotheismus:

---

36 Das "pädagogische Gespräch" gehört zum klassischen Kanon der Erziehungswissenschaft, ist aber mit dem Aufkommen des Behaviourismus gegenüber dem "Vollzug" von Erziehung zu Unrecht ins Hintertreffen geraten.

"Ich bin Jahwe, dein Gott, der dich aus Ägypten geführt hat, aus dem Sklavenhaus. Du sollst neben Mir keine anderen Götter haben..." (Dtn 5,6 f).

Die Stelle in der 31. Sure des Korans beginnt anders: Allah führt die reale historische Person ein, um die es geht: Luqman[37]. Dann ruft Allah die Eigenverantwortlichkeit des Menschen in Erinnerung. Erst danach wird der Diskurs eröffnet, der mit der freundlichen Ermahnung[38] des Sohnes beginnt, Allah niemals etwas zu Seite zu stellen (Schlüsselwort "Mitgötterei") und dankbar zu sein[39]. Diese im Koran einzigartige Stelle, in der eine stellvertretende Erziehungssituation in Form eines Gesprächs thematisiert wird, knüpft an - oder, je nachdem wie man es sehen will, zielt ab auf - die Zieldimension Tauhid. Der Abschnitt, wie er hier zitiert wird, soll uns im Verlaufe unserer Erörterung immer wieder zur Verfügung stehen:

---

37 Luqman (Lokman) rangiert unter den namentlich im Koran genannten Personen als "Weiser", so wie es diese Textstelle ja auch erklärt. Nicht selten wurde in Kommentarwerken zur Schrift des Islams die Frage gestellt, ob Luqman ein Prophet gewesen sei - also ein Mann, der mit eindeutigem Sendungsauftrag Allahs kommt. Die hier verwendete Koran-Ausgabe verweist in einer Fußnote auf das Werk *Zad al-masîr fi 'ilm at-tafsîr* von Ibn Dschauzi, der schrieb, dass Luqman "ein Weiser und vielleicht ein Prophet" war. Die Frage nach seiner möglichen Prophetenschaft ist nicht ganz ohne Berechtigung, wissen wir doch aus der Überlieferung des Propheten Muhammad, dass es wesentlich mehr Gesandte Allahs gab, als der Koran erwähnt. Allerdings können wir für unseren Themenbereich diese Frage vorerst zu den Akten legen, denn die Spekulation um die Person ändert nichts an der inhaltlichen Dimension, um die es (im Koran immer) vorrangig geht.

38 Das Wort "ermahnen" klingt sehr nach erhobenem Zeigefinger und ein bisschen nach Wilhelm Busch. Das arabische *ya'idhuhu* (= er belehrt ihn) verliert diese Strenge, was noch durch die folgende Anrede in der Form *yâ bunayya* = "mein [lieb + klein] Sohn" verstärkt wird. Daraus lässt sich als Grundsatz für das pädagogische Gespräch ablesen: ruhig, freundlich, und ausgehend von der inneren Haltung der Fürsorge für den anderen.

39 Ein Vergleich dieser beiden Schlüsselbegriffe im Arabischen zeigt ihre phonetische und grafemische Nähe zueinander: "Dankbarkeit" enthält die Grundkonsonanten *schîn-kâf-râ*, "Mitgötterei" hingegen *schîn-râ-kâf*.

12 Und bestimmt haben Wir schon Luqman die Weisheit gegeben: Sei dankbar zu Allah, und wer dankbar ist, so ist er für sich selbst dankbar, und wer undankbar ist, so ist ja Allah reich, gelobt.

13 Und als Luqman zu seinem Sohn sagte, und er belehrte ihn: 'Mein lieber Sohn, gib Allah keine Mitgötter, die Mitgötterei ist ja bestimmt ein gewaltiges Unrecht.'

14 Und Wir haben den Menschen über seine beiden Eltern angewiesen, - es hat ihn seine Mutter getragen, in Schwäche über Schwäche, und seine Entwöhnung ist in zwei Jahren, - sei Mir dankbar und deinen beiden Eltern, bei Mir ist das endgültige Sein,

15 Und wenn sie beide sich dir gegenüber ganz dafür einsetzen, dass du Mir Mitgötter gibst, worüber du kein Wissen hast, so gehorche ihnen beiden nicht, und begleite sie in dieser Welt auf rechte Weise, und folge dem Weg dessen, der sich zu Mir hinwendet, dann ist zu Mir eure Rückkehr, und Ich verkünde euch, was ihr getan habt.[40]

16 'Mein lieber Sohn, wenn es das Gewicht von einem Senfkorn wäre, und wenn es in einem Felsen wäre oder in den Himmeln oder in der Erde, Allah bringt es, Allah ist ja feingesinnt, kundig,

17 Mein lieber Sohn, richte das Gebet ein und trage das Rechte auf und untersage das Verwerfliche und harre geduldig aus bei dem, was dich trifft, dies ist ja etwas von der Festentschlossenheit in den Angelegenheiten,

18 Und verziehe nicht verächtlich deine Wange vor den Menschen, und schreite nicht auf der Erde in Übermut umher, Allah liebt ja nicht jeden angeberischen Eingebildeten,

---

40 Die folgende Koran-Stelle klingt ähnlich:

8 Und wir haben den Menschen zur Güte gegen seine beiden Eltern angewiesen, und wenn sie beide sich dir gegenüber ganz einsetzen, damit du Mir Mitgötter gibst, worüber du kein Wissen hast, so gehorche ihnen beiden nicht. Zu Mir ist eure Rückkehr, und Ich kündige euch an, was ihr getan habt.

(Sure 29)

19 Und sei gemäßigt in deinem Schreiten und senke deine Stimme, die abscheulichste Stimme ist ja bestimmt die Stimme der Esel.'

(Sure 31)

Diese Textstelle listet verschiedene Verhaltensanweisungen auf und bietet so unmittelbar im Anschluss an das Verbot der Mitgötterei einen Anknüpfungspunkt für die erziehungswissenschaftliche Interpretation. Man hätte vielleicht, wie das auch an anderen Stellen im Koran vorkommt, erst einmal eine Erläuterung erwarten können, wonach Mitgötterei strafbar ist, dazu womöglich ein paar logische Argumente (so wie im Deuteronomium).

All das fehlt hier aber. Stattdessen geht es "gleich zur Sache", auf die abstrakte Vorstellung zu Tauhid vs. *Schirk* folgt sogleich die konkrete des Verhaltens. Offenbar lässt sich die These vom Zusammenhang zwischen Tauhid und der rechten Lebensweise auch umkehren:

- Mitgötterei zieht schlechtes Handeln unmittelbar nach sich, oder: Bestimmte schlechte Verhaltensweisen stehen für eine insgesamt schlechte "Haltung", die ihre Wurzeln im *Schirk* hat.

Der Begriff der Haltung scheint insofern geeignet, als sich die Sphären des Denkens, Sprechens und Handelns in ihm begegnen. Das geht auch einher mit der formalen Struktur dieser Koran-Stelle. Sie enthält einerseits eindeutige Elemente der wörtlichen Rede (in den Versen 13 und 16 bis 19), andererseits konkrete Handlungsanweisungen (in allen Versen). An anderer Stelle gibt es eine Art "innere Rede", die man sowohl dem Gespräch zwischen Allah und Luqman als auch dem Gespräch zwischen Luqman und seinem Sohn zuordnen könnte (in den Versen 14 und 15). Die Frage nach der "Haltung" wird uns darüber hinaus in der islamischen Bildungslehre immer wieder begegnen.

Allah dankbar sein

In Vers 14 spricht Luqman zu seinem Sohn, aber angesprochen sind wir alle. Man wird beim Lesen dieser Passage unweigerlich an die eigene Mutter und deren Mühsal erinnert, die sie während der Schwangerschaft und in der Zeit danach durchzustehen hatte. Damit offenbart Allah eine Facette, die für die Orientierung in Fragen nach Gott, nach dem Glauben und nach der richtigen Lebensweise von entscheidender Bedeutung sein kann. Im Koran, vor allem in der Abraham-Geschichte, blitzt sie immer wieder auf: die emotionale Bindungsfähigkeit des Menschen.

Zahlreiche andere Koran-Stellen und Überlieferungen in der Sunna nehmen Bezug auf die Mutter: ihre Rolle, ihre herausragende Stellung in der Gemeinschaft, ihr Ansehen bei Allah (nicht zu vergessen der Hinweis des Propheten Jesus auf seine Mutter in 19:32 und damit auf den Zusammenhang zwischen Geringschätzung der Mutter und Gewalttätigkeit im Allgemeinen). Die islamische Offenbarung verknüpft die Art und Weise, wie wir die Mutter behandeln, mit unserer Lebensweise angesichts Allahs insgesamt.[41]

Ähnlich wie die Luqman-Episode verrät die folgende Textstelle, wie eng gutes Verhalten und die entsprechende innere Haltung zusammengehören. Herausragendes Merkmal ist hier wieder exemplarisch der rücksichtsvolle Umgang mit den Eltern:

15 "Und Wir haben den Menschen angewiesen zum Guten gegenüber seinen beiden Eltern, seine Mutter hat ihn

---

41 Dazu ein Bericht vom Propheten:

Von Abu Huraira wird überliefert, dass ein Mann den Propheten fragte: 'Gesandter Allahs, wer hat am meisten Anspruch auf mich?' Er antwortete: 'Deine Mutter.' Der Mann fragte: 'Und wer dann?' Er antwortete: 'Deine Mutter.' Der Mann fragte: 'Und wer dann?' Er antwortete: 'Deine Mutter.' Der Mann fragte: 'Und wer dann?' Er antwortete: 'Dein Vater.'

(Sammlungen Bukhâri und Muslim)

mit Unannehmlichkeit ausgetragen und hatte seine Niederkunft mit Unannehmlichkeit, und sein Austragen und sein Entwöhnen ist dreißig Monate, bis, wenn er seine Reife erreicht, und er vierzig Jahre[42] erreicht, er sagt: 'Mein Herr, erteile mir, dass ich Deine Wohltat danke, mit der Du mir wohl getan hast und meinen beiden Eltern, und dass ich Rechtschaffenes tue, das Dir wohlgefällt, und gib mir Rechtschaffenheit in meiner Nachkommenschaft[43], ich kehre reuig um zu Dir, und ich bin einer von den friedenmachend Ergebenen.'[44]

16 Diese sind es, von denen Wir das Beste annehmen, das sie getan haben, und Wir übergehen ihre Schlechtigkeiten, sie sind unter den Gefährten des Paradiesgartens, das Versprechen der Wahrhaftigkeit, das ihnen immer versprochen wurde.

17 Und derjenige, der zu seinen Eltern sagt: 'Hmh zu euch beiden! Ihr versprecht mir, dass ich herausgebracht werde, und es sind schon die Generationen von vorher davongegangen?' Und sie beide rufen Allah um Hilfe: 'Wehe dir! Glaube! Das Versprechen Allahs ist wahr!', und er sagt: 'Dies ist nichts außer den Fabeleien der Früheren.'

(Sure 46)

---

42 In der islamischen Tradition taucht das vierzigste Lebensjahr des Öfteren als "Schwellenjahr" auf, in dem man normalerweise auf dem Höhepunkt seiner körperlichen und geistigen Kraft und Reife steht. Erwähnenswert ist, dass Muhammad in seinem vierzigsten Lebensjahr zum Propheten berufen wurde. Nicht wenige Muslime, die ihren Islam etwas bewusster leben, nehmen sich für ihren vierzigsten Geburtstag vor, ihr Leben noch einmal entscheidend zu verändern.

43 Hierzu der folgende Bericht:

Allahs Gesandter hat gesagt: "Wenn der Mensch stirbt, wird er vom Verdienst seiner Taten getrennt, außer in drei Fällen: Einer Sadaqa (einer freiwilligen guten Tat, zum Beispiel einer Spende), die andauert, Wissen, das Nutzen bringt, und einem aufrechten Nachkommen, der für ihn bittet."

(Sammlungen Bukhâri und Muslim)

44 Auf Arabisch *wa innî minal-muslimîn* - mit Hinweis auf "Friedenmachen" als die wortgetreue Übersetzung des Wortes *islâm.*

Kaum eine andere Textstelle der Schrift des Islams, die in so eindringlicher Sprache auf den Zusammenhang zwischen Sozialverhalten und religiöser Lebenshaltung verweist. Aber es lassen sich dem noch ein paar andere Gedanken entlehnen. Sie hängen oberflächlich betrachtet nur noch lose an Tauhid als dem roten Faden. Man stellt indessen bei genauerem Hinsehen fest, dass sie doch eng mit dem Thema verknüpft sind. Außerdem werfen sie ein erstes Licht auf die Tatsache, dass sich im Islam "Erziehung" nicht auf ein paar Erziehungsinstanzen, auf eine bestimmte Altersgruppe und eine Handvoll einfacher Rezepte reduzieren lässt.

Wie bei jedem Verfahren, das mittels der Koran-Auslegung essenzielle Prinzipien zu extrahieren sucht, empfiehlt sich auch hier besondere Vorsicht. "Niemand kennt seine Deutung außer Allah", heißt es in Sure 3:7 über den Koran. Andere Muslime gewinnen bei Betrachtung derselben Stelle unter Umständen ganz andere, vielleicht wichtigere Erkenntnisse als derjenige, der bereits mit einer gewissen thematischen Voreingenommenheit filtert, was er liest.[45] Dennoch, was lässt sich Sure 46 abringen?

---

45 Unerfahrene Leser des Korans beschweren sich bisweilen darüber, dass sie bei seiner Lektüre überhaupt keine Erkenntnisse gewinnen. Alles scheint irgendwie "durcheinander" zu sein. Das hat, bei aller gebotenen Kürze und ohne tiefer gehendes textlinguistisches Traktat, folgenden Grund:
Zur Analyse einer Koran-Stelle gehört es, den Kontext der gesamten Sure, die die Stelle enthält, zu betrachten. Manchmal tauchen die thematischen Sprünge, wie sie vor allem in den längeren Suren vorkommen, so unvermittelt auf, dass schnelle und oberflächliche Leser sich irgendwann fragen, wo und wann sie eigentlich den Faden verloren haben. Sie haben ihn nicht verloren, sondern in Wirklichkeit nie aufgenommen. Im Koran geht es selten um den thematischen "Plot", sondern um innere Zusammenhänge, welche die Ereignisse verbinden - ohne Rücksicht auf die historische Distanz zwischen ihnen. Der Koran gibt zum Beispiel Prophetengeschichten unchronologisch und mosaikartig auf verschiedene Suren verteilt wieder. Solche "Sprünge" zwischen der Zeit der alten Propheten, der Ära Muhammads und der Jetzt-Zeit trennen nicht, sondern verbinden auf einer höheren Ebene der Einsicht.

- Die ausgesucht gute[46] Behandlung beider Elternteile ist ein Gebot aus dem Koran.
- Der Koran vertäut die Entwicklung des Lebenswegs zwischen zwei Punkten: die Mutter am Anfang, die Begegnung mit Allah am Ende. Selbstverständlich ist der Anfang des individuellen Seins immer Allah, Der hier aber der Mutter gleichsam "den Vortritt lässt". Damit unterstreicht der Koran ihr hohes Ansehen und betont, wie wichtig es für uns besonders in der Kindheit ist, einen emotionalen Bezugspunkt zu haben. Allah kann man nicht anfassen, die Mutter schon. Die Beziehung zu Ihm muss erst aufgebaut werden.
- Der Tod ist hier interessanterweise nicht der "Endpunkt" des Seins. Er taucht indirekt am Ende des Abschnitts auf, mit seiner ganzen Angst machenden Semantik. Das arabische Verb *khalâ* (= "vergehen, davongehen") hat als Mitbedeutung "allein, abgeschnitten, leer sein", also ohne jede Hoffnung auf die Zukunft sein. Die Hoffnung für die Zukunft, die der Bittende in Vers 15 mit "Rechtschaffenheit in der Nachkommenschaft" noch zum Ausdruck bringt, wurzelt in seiner eigenen Hoffnung aufs Jenseits. Durch sie kann er Angst und Tod besiegen.
- Der Mensch soll auf dem Höhepunkt der Kraft nicht vergessen, wie klein und schwach er einmal war und wer ihn am Anfang umsorgte - nicht zuletzt für den Fall, dass einstmals die Eltern als Hochbetagte in einen ähnlichen Zustand der Schwäche und Pflegebedürftigkeit geraten. Das könnte ihn selbst, so wie einst die Mutter, mit "Unannehmlichkeiten" belasten.

---

46 Das arabische Wort lautet *ihsân;* siehe zur Bedeutung auch den Abschnitt über die Haltung.

- Das "Dankbarsein", das wir aus der Luqman-Stelle kennen, wird als ein Bittgebet formuliert, welches den Blick auf die folgende Generation mit einschließt - einer vergleichbaren Formulierung werden wir weiter unten in der 25. Sure wiederbegegnen.
- Das Bittgebet enthält als wichtigen Schlüsselbegriff das "rechtschaffene[47] Handeln" und verankert ihn so, wie wir das aus unserer Kenntnis der Luqman-Stelle erwarten dürfen: Tauhid und richtiges Handeln sind über die Lebensweise der "friedenmachend Ergebenen" (*al-muslimûn*) in Vers 15 untrennbar miteinander verbunden.
- Die Anrufung Allahs erwähnt die "Umkehr"[48].
- Die Anrufung Allahs endet mit der festen Entschlossenheit zur richtigen Lebensweise: das Friedenmachen (*islâm*)[49].
- Diese Textstelle beschreibt die Natur der inneren Perspektive, die zum rechtschaffenen Handeln gehört, genauer: Die Tat soll von Allah angenommen werden, ausschließlich von Ihm. Dabei ist es unwesentlich, ob sie von den Menschen gelobt oder getadelt wird.
- Ziel des Lebensweges ist der von Allah versprochene Paradiesgarten (Zieldimension Jenseits).

---

47 Das arabische Wort lautet *sâlih*.

48 Der arabische Teilsatz lautet *innî tubtu;* siehe dazu den Abschnitt über die Krisenbewältigung und die Umkehr zu Allah.

49 Auch zu verstehen als die Harmonisierung von richtigem Glauben, Reden und Handeln mit der Umwelt, nämlich Friedenmachen mit Allah, sich selbst, den Mitmenschen und der Schöpfung insgesamt.

- Zur richtigen Lebensweise gehört der gefestigte Glaube an die Auferstehung und das Jenseits. Es ist bemerkenswert, war aber nach unserer bisherigen Beschäftigung mit der Thematik nicht anders zu erwarten, dass der Koran die schlechte Behandlung der Eltern mit dem Leugnen der Auferstehung in Zusammenhang bringt.

Kehren wir zurück zu Sure 31, zu Luqman, dem Weisen. Die gesamte Episode macht eines klar: Die "innere Ausrichtung" des Sohnes wird ab einem bestimmten Punkt dessen eigene Angelegenheit. Was bleibt Luqman dann noch zu tun? Welche Schritte unternimmt er? Wir sind damit wieder bei der Frage, was dem Erzieher für Mittel an die Hand gegeben sind, die "innere Kompassnadel" anderer zu deren Nutzen auszurichten. Es ist nicht gerade spektakulär, was Luqman tut:

- Er belehrt seinen Sohn über Tauhid und Schirk.
- Er unterrichtet ihn über **konkretes Verhalten**.

Die Verhaltensanweisungen treten hier gehäufter auf und gehen mehr ins Detail als an anderen Stellen der Schrift. Luqmans Sohn - wie er übrigens hieß und was aus ihm wurde, ist nicht überliefert - soll im Einzelnen:

- keine Mitgötterei begehen,
- das Gebet einrichten,
- das Rechte (sich selbst und anderen) auftragen,
- das Verwerfliche (sich selbst und anderen) untersagen,
- geduldig ausharren bei dem, was ihn trifft,
- nicht seine Wange verächtlich von den Menschen abwenden,

- auf der Erde nicht in Übermut einherschreiten,
- nicht prahlen,
- die Schritte mäßigen und
- die Stimme senken.

In diese Gebote hinein sind die **Elemente der inneren Einstellung** verwoben, die von Luqman oder aber von Allah (ob und wie das im Einzelnen zu unterscheiden ist, wird weiter unten beschrieben) erwähnt werden:

- Allah nichts zur Seite stellen,
- Allah dankbar sein,
- den Eltern dankbar sein,
- an das endgültige Sein bei Allah denken (Zieldimension Jenseits),
- auch in den kleinen Dingen nicht vergessen, dass Allah sie sieht und beachtet,
- feste Entschlossenheit in allen Angelegenheiten zeigen und
- nicht eingebildet sein.

Das alles ist Teil jenes inneren Bezirks, den nach unserem Verständnis des Korans nur Allah wirklich kennt. Trotzdem sind wir aufgefordert, es jenem Weisen gleich zu tun, das heißt: das belehrende Gespräch zu führen und diejenigen, die wir erziehen, zu rechtem Verhalten anzuleiten. Der eigentliche "Durchgriff" in den Bereich der Psyche, der Haltung, der wirklichen Person, entsteht aus dem Zusammenspiel der zwei wesentlichen Erziehungsinstanzen:

1. den Erziehern (Mutter, Vater, Lehrer, Geschwister...) und
2. Allah.

Zwei Instanzen, oder gar noch mehr? Das wirft die Frage nach ihrem jeweiligen Rang auf. Welche ist wichtiger, welche ist am Ende die entscheidende, falls es doch zu einem Prioritätenkonflikt zwischen ihnen kommt? Die Luqman-Stelle lässt diesen Fall nicht unbehandelt und legt eine Art hierarchische Grundordnung der Folgsamkeit fest:

- Allah gehorsam sein;
- den Eltern gehorsam sein;
- den Eltern nicht gehorsam sein, wenn sie Mitgötterei begehen oder verlangen;
- sie trotzdem gut behandeln, aber
- sich in Fragen der richtigen Lebensweise neue und bessere Leitbilder suchen.

Hilft diese Anleitung, den Bruch mit der Familie abzuwenden im Fall, dass es zu religiös bedingten Konflikten kommt? Kann sie verhindern, dass Jugendliche im Prozess ihres Strebens nach Autonomie einfach ohne Orientierung einen selbst zurechtgelegten Weg gehen und womöglich falschen Vorbildern hinterherlaufen? Ja, sie kann. Die Schwierigkeit liegt freilich darin, sie auch einzuhalten. Je bereitwilliger die islamische Erziehung von den fundamentalen Zielangaben abweicht, desto empfänglicher sind die Muslime für islamisch nicht einwandfreie Lösungsstrategien. Es muss daher in der islamischen Erziehung um die folgenden Inhalte gehen:

- Die muslimischen Kinder sollen verstehen lernen, dass Taten ihren eigentlichen Wert dadurch erlangen, dass sie von Allah angenommen werden. Ihr Wert liegt nicht darin begründet, dass sie vor den Menschen zu Ruhm und Ansehen führen.
- Sie sollen über die Einzigkeit Allahs und über die Prophetenschaft Muhammads zunehmend bewusster Zeugnis ablegen.
- Sie sollen wissen, dass nur das aufrechte Bemühen um die islamische Lebensweise ihr Glaubenszeugnis als wahrhaft bekundet.
- Sie sollen frühzeitig lernen, dass zur islamischen Lebensweise die freie und unmittelbare Anrufung Allahs in allen Angelegenheiten, insbesondere aber denen der Familie, des Kindseins und des Heranwachsens gehört (Allah als der "nahestehende Begleiter").
- Sie sollen hinsichtlich der Mitgötterei (*schirk)* wissen:
    1. *Schirk* wird von Allah nicht vergeben.
    2. *Schirk* stellt eine Gefahr dar, die durch das Glaubenszeugnis und die Zugehörigkeit zum Islam und zur Religionsgemeinschaft der Muslime allein nicht gebannt wird.
    3. *Schirk* tritt in der heutigen Zeit in vielen bunten Gewändern auf.
    4. *Schirk* ist unmittelbare Ursache für schlechtes Verhalten, zum Beispiel die Vernachlässigung der Eltern im Alter.
- In Anlehnung an das Verfahren Luqmans sollen Heranwachsende zum Nachdenken angeregt werden darüber, warum es gut ist zu beten und Gelassenheit zu üben. Ihr

Bewusstsein für ihre tatsächliche innere Haltung gegenüber Allah soll geformt, Tauhid im Denken angebahnt werden.

- Die Kinder sollen zu gutem Verhalten und Gehorsam gegenüber ihren Eltern angehalten werden.

Zusammenfassung

Mitgötterei (arabisch *schirk*) ist die größte im Islam denkbare Sünde. Zentrale Botschaft der islamischen Lehre ist darum, dass es nur einen einzigen Gott gibt. Er heißt Allah. Die Lebensweise, die dem Glauben an Ihn Ausdruck verleiht und vor Mitgötterei schützt, ist der Islam. Am Anfang steht das Zeugnis der Einzigkeit des Schöpfers. Der Islam will Glauben und Leben in Einklang bringen und Diskrepanzen zwischen Denken, Reden und Tun überwinden helfen. Zwar geht der Koran am Rande auf andere Glaubenshaltungen wie zum Beispiel Dreifaltigkeitslehren ein, doch seine Mitte ist nicht der abstrakte theologische Disput, sondern die Lebenspraxis. Islamische Erziehung strebt nicht nach Gelehrsamkeit als Bildungsgut, sondern steuert die erfolgreiche Einrichtung islamischen Verhaltens, die Festigung der muslimischen Identität und die Verbesserung der islamischen Lebenskultur an.

Das gute Verhalten

Das Verhalten - wir wissen es bereits - nimmt innerhalb der pädagogischen Anthropologie des Islams eine zentrale Stellung ein. Wie ist es dann aber zu erklären, dass ausgesucht schlechtes Verhalten nicht selten auch bei Muslimen zu beobachten ist? Beklagt wird derlei nicht zuletzt bei Kindern und Jugendlichen. Unbestritten ist, dass manche muslimische Kinder sich im Schulalltag mitunter in einer Weise hervortun, die Luqman das Fürchten gelehrt hätte. Meistens sind es die Buben, die gegen eine ganze Palette von Verhaltensregeln verstoßen: Sie sind laut und großmäulig und legen gegenüber den Mädchen oftmals ein ausgesprochen chauvinistisches Gehabe an den Tag;[50] hinzu gesellt sich eine nicht unbeträchtliche Neigung zur Gewalt. Muslimische Mädchen sind demgegenüber, wie Mädchen im Allgemeinen, früher reif, intellektuell ansprechbarer und geben sich - mit den üblichen Ausnahmen - angepasster.[51]

---

50 Vorbildliches Verhalten an sich (*husnul-khuluq*) und gutes Benehmen gegenüber Mädchen und Frauen gehen Hand in Hand. Der Islam lässt keinen Platz für die wo auch immer anzusiedelnde Unkultur der Geringschätzung des weiblichen Geschlechts. Abu Huraira berichtet vom Propheten Muhammad, dass er gesagt hat:

> **"Die Perfektesten der gläubig Glaubenden sind die mit dem schönsten Benehmen, und die Besten von euch sind die Besten zu ihren Frauen."**
> **(Sammlung Tirmidhi)**

51 Im Islam ist die Erziehung der Mädchen gleich wichtig wie die der Jungen. Darüber sind sich zwar alle islamischen Lehrer und Gelehrten einig, aber "in muslimischen Gesellschaften wird diese Sphäre seit langem vernachlässigt;" Empfehlungen der vier Weltkonferenzen zur islamischen Erziehung, The Islamic Foundation & Institute of Policy Studies, Leicester und Islamabad 1995. Derselbe Konferenzbericht empfiehlt eine "weiter gehende wissenschaftliche Grundlegung" dieser Frage, legt aber ein überkommenes Konzept von der "Natur" der Frau zugrunde, wobei er unter Erwähnung passender Koran-Stellen vier rollentypische Pflichtbereiche präzisiert: "Gottesdienst" (33:33), "Wissen über das Offenbarungswerk" (33:34), "Übernahme sozialer Führung" (9:71) und "Familie und Haushalt" (4:34).
Der Analyse stimmen weitgehend alle muslimischen Autoren zu, die sich zur

Der prüfende Blick hinter die Kulissen des Elternhauses, sofern er gelingt, verrät nicht selten die besonderen Gründe für das Fehlverhalten. Nebenbei gesagt, ist dies um so bedauerlicher, als viele dieser "schwierigen" Kinder intelligent und zu guten schulischen Leistungen durchaus fähig sind, sowie sie sich einmal aus dem Dunstkreis von falsch verstandener Auflehnung gegen jede Form von Autorität gelöst haben.

Lehrerinnen und Lehrer, in deren Schülerlisten überproportional viele "Isl.-Kinder" (frustrierte Kollegen lesen das schon mal als "Esel-Kinder") auftauchen, haben sich inzwischen ein entsprechend minderes Bild von "islamischer Erziehung" zurechtgelegt. Ihre Interpretation von islamischer Erziehung als falsch, unfreiheitlich, undemokratisch, nicht kindgemäß, ja unmenschlich hat zwar nichts mit dem zu tun, was wir in einer islamischen Bildungslehre zu vertreten haben, trifft aber leider oft mitten ins Schwarze.

Frage der Bildung und Erziehung geäußert haben. Dr. Anis Ahmad, Rektor der Internationalen Islamischen Universität Islamabad, bemängelt, "...dass muslimische Frauen in qualitativer Hinsicht einer Erziehung unterworfen sind, die hauptsächlich für die Bedürfnisse einer von Männern dominierten Wirtschaft und Gesellschaft zurechtgeschneidert wurde". Er hält dagegen: "Eine wirtschaftlich florierende und ideologisch gesunde Gesellschaft wird nur zustande kommen, wenn Frauen die Ausbildung erhalten, die sie sich wünschen - nicht als Almosen, sondern als verbrieften Rechtsanspruch." Aber auch er weist darauf hin, dass der Islam das intakte Familienleben als Kern für gesellschaftliche Veränderungen und Schutz vor dem Bösen ansieht, und dass die Frage nach der Ausbildung der Frau nicht von dieser Frage losgelöst betrachtet werden kann. (Anis Ahmad, *Muslim Women and Higher Education*, Islamabad 1982)
Mir ist - das als praktischer Hinweis - darüber hinaus kein muslimischer Autor oder Gelehrter bekannt, der dem koedukativen System nicht mit gewissen Zweifeln begegnet. Es sind unter den jugendlichen Muslimen in Deutschland übrigens vor allem die Mädchen, die sich negativ über das koedukative System äußern. Sie sehen sich struktureller Diskriminierung ausgesetzt. Aus islamischer Sicht sind deshalb die Zielsetzungen kritisch zu prüfen, die die Befürworter mit der Koedukation verbinden (sie sei kontinuierliche Auseinandersetzung mit dem anderen Geschlecht als Übung zum partnerschaftlichen Umgang und sozialen Lernprozess), solange sie ohne ausreichende alternative Möglichkeiten der Geschlechtertrennung gesetzlich verordnet wird.

Eine gewisse Rolle spielt dabei sicherlich auch die mangelnde Bereitschaft mancher Lehrer und Erzieher - oder aber der pädagogische Alltag lässt dafür zu wenig Raum -, sich auf Menschen mit einem anderen, vielleicht heftigeren Temperament aus einer fremden Kultur einzulassen. Sie empfinden die Anwesenheit lebhafter dunkelhaariger Kinder weniger als Bereicherung denn als Bedrohung oder ganz persönliche Schikane. Sagen wir's gleich: Gegen derartige chromosomale Dispositionen lässt sich auch mit der trefflichsten Bildungstheorie nichts ausrichten.

Wir unsererseits wollen versuchen, uns dem Problem zu nähern, indem wir den Hebel beim muslimischen Elternhaus ansetzen. Vielen Muslimen fehlt, was wir im internen muslimischen Sprachgebrauch *akhlâq* nennen. Was verstehen wir darunter? Charakter - in etwa jedenfalls.

Akhlâq und Adâb

Sure 25 des Korans geht vorbildliches Verhalten aus einer veränderten Perspektive an. Die nun vorzustellende Passage - unter Muslimen genauso beliebt und viel zitiert wie die Luqman-Stelle - ist etwas länger. Auch sie enthält eine Aufzählung von Verhaltensmodi, die der Formulierung operativer Lernziele[52] zugrunde gelegt werden können:

63 Und die Knechte des Barmherzigen sind diejenigen, welche auf der Erde bescheiden umhergehen, und wenn die Unwissenden sie ansprechen, sagen sie: 'Frieden!',

---

52 Darunter versteht man im Pädagogendeutsch Ziele, die ihrem Inhalt und Verfahren nach genauestens beschrieben werden, so dass jeder, der sie zur Hand nimmt, mit ihnen seinen Unterricht in der Praxis planen kann. Ein derart präzisiertes Lernziel klingt so: "Die Kinder sollen in einen Lückentext die 1. Vergangenheit der Zeitwörter eintragen." Lernziele wie "Die Kinder sollen die Einsicht gewinnen, dass..." sind im strengen Wortsinn nicht operationalisiert; sie müssen erst noch auf Arbeitsaufträge hin konkretisiert werden.

64 Und diejenigen, welche die Nacht um ihres Herrn willen verbringen in Niederwerfung und im Stehen,

65 Und diejenigen, welche sagen: 'Unser Herr, wende die Strafe der Hölle von uns weg, ihre Strafe ist ja Verlust,

66 Sie ist ja böse als Bleibe und als Halteplatz!',

67 Und diejenigen, welche, wenn sie ausgeben, nicht verschwenderisch und nicht knickrig sind, - und dazwischen gibt es einen rechten Zustand,

68 Und diejenigen, die nicht, neben Allah, zu einem anderen Gott rufen, und keine Seele töten, die Allah verwehrt hat, - außer gemäß dem Recht - und die nicht die Ehe brechen, und wer das tut, den trifft die Strafe mutwilliger Sünde,

69 Vervielfacht wird ihm die Strafe am Tag der Auferstehung, und er ist ewig dort, erniedrigt,

70 Außer, wer reuig umgekehrt ist und geglaubt und Rechtschaffenes getan hat, also diesen wandelt Allah ihre Schlechtigkeiten in Gutes um, und Allah ist immer verzeihend, barmherzig.

71 Und wer reuig umgekehrt ist und Rechtschaffenes getan hat, so kehrt er um in wirklicher Reue zu Allah,

72 Und diejenigen, welche nicht das Falsche bezeugen, und wenn sie beim nichtigen Gerede vorbeigehen, achtbar vorbeigehen,

73 Und diejenigen, welche, wenn sie an die Zeichen ihres Herrn erinnert werden, nicht ihnen gegenüber taub und blind niederfallen,

74 Und diejenigen, welche sagen: 'Unser Herr, schenke uns durch unsere Gattinnen und unsere Nachkommen Augentrost und mache uns den Gottesfürchtigen zum Vorbild.'

75 Diesen wird vergolten mit dem Obergemach, weil sie geduldig ausgeharrt haben, und sie werden dort empfangen mit Begrüßung und Frieden,

76 Ewig sind sie dort, es ist gut als Ruhestätte und als Halteplatz.

77 **Sag: Es würde sich mein Herr nicht um euch scheren, wenn es nicht eure Anrufung gäbe, und ihr habt schon abgeleugnet, also wird es für euch unumgänglich sein.**

(Sure 25)

Ließen sich die Anratungen der Luqman-Stelle noch eindeutig einem Kind zuordnen, mussten wir die Stelle in der Sure 46 bereits auf einen älteren Jahrgang beziehen. Diese Verschiebung des Blickwinkels tritt jetzt noch deutlicher hervor. Jedoch ist, wie bereits angedeutet, bei jeder Altersabgrenzung Vorsicht geboten: Was Luqman seinem Sohn aufträgt, gilt zuerst für Luqman selbst.

Bei der Betrachtung von 'Dankbarkeit gegenüber den Eltern' in Sure 46 fiel natürlich ins Auge, dass wir "Sohn" oder auch "Tochter" nicht ausschließlich im Sinne von "Kind" verstehen dürfen. Ein Kind muss keine vierzig Jahre alt sein, um seine Eltern schlecht zu behandeln und sich von Allah abzuwenden. Sure 25 nun braucht nicht extra darzulegen, dass ein Kind nicht die Ehe brechen kann, und seine Strafmündigkeit im Hinblick auf die Rechenschaft vor Allah ist ein ganz anderes Thema. Aber Kinder können von klein auf all die Anlagen entwickeln, die einmal zu dem Verhalten im Guten oder im Schlechten führen, um das es hier geht.

Einige Elemente dieses Abschnitts sind uns bereits geläufig, so etwa der Aufruf zum Gebet, die Anbetung Allahs, die Ausrichtung auf das Jenseits, die Anrufung Allahs mit Blickrichtung auf die eigene und auf kommende Generationen, die reuevolle Umkehr zu Allah, das geduldige Ausharren, die Zurückhaltung im Auftreten, Friedfertigkeit im Umgang mit anderen, insbesondere im sprachlichen Verhalten und Friedfertigkeit als angemessene Reaktion auf Provokation.

Als Gemeinsamkeit aller drei für die Frage des Verhaltens relevanten Texte (Suren 25, 31 und 46) sticht wieder die Verankerung in der alleinigen Ausrichtung auf Allah heraus. Liest man den Abschnitt aus der 25. Sure an, gewinnt man den Eindruck, dass sie in etwa dort anfängt, wo die Luqman-

Stelle aufhörte, nämlich bei der Art des gemessenen Auftretens in der Öffentlichkeit. Im Unterschied zu Luqman klingt diesmal aber nicht mehr die Mahnung an den jungen, sondern an den erwachsenen Menschen an. Es muss sich demnach um rechtes Verhalten in seiner entwickelten Endform handeln. In Vers 63, der diese Episode einleitet, kommt auch keine Anrede mehr in der Koseform vor, so wie noch in Sure 31. Sie wird ersetzt durch die Grundstimmung des "Friedens" - eines Friedens, den der junge Erwachsene nur ausstrahlen kann, wenn er ihm selbst in jungen Jahren so zuteil wurde wie dem Sohn Luqmans.

Das Programm, das Vers 63 eröffnet, nimmt sich im direkten Vergleich mit Luqmans Kanon ein wenig anders aus: "So sollen die gläubigen Muslime sein: Knechte des Barmherzigen, was bedeutet..."(in Klammern zum besseren Vergleich nochmals die Versangaben):

- Bescheidenheit im Auftreten und Friedfertigkeit im Umgang mit anderen, (63)
- Frömmigkeit (Gebet, Allah um Vergebung bitten), (64-66)
- Großzügigkeit, Gespür für das rechte Maß, (67)
- (Tauhid als unmittelbare Voraussetzung für) Achtung vor dem Leben, Gerechtigkeitsliebe und Enthaltsamkeit (Sexualität nur in der Ehe), (68)
- Achtsamkeit[53] (auf das eigene Verhalten im Hinblick auf

---

53 "Achtsamkeit" erinnert an den Begriff der "Achtung" in der kantischen Ethik. Über das bloße Kriterium der sensorischen Aufmerksamkeit und Wachheit (in diesem Sinne ist "Achtsamkeit" Teil der Intelligenzkriterien) geht es bei Kant um "(Wert-)Schätzung, Billigung, den inneren Wert anerkennen, Unterstützung".
Im Kontext der islamischen Verhaltensethik ist es ratsam, dieses Begriffsfeld nicht zu übergehen. Die islamische Haltung anderem gegenüber - hier geht es

die Rechenschaft vor Allah und die Gefahr der Strafe im Jenseits), (68-69)

- Bußfertigkeit und Gottvertrauen, (70-71)
- Wahrheitsliebe, Achtbarkeit und Gleichmut, (72)
- Aufmerksamkeit und Wissensdrang (Intellekt), (73)
- Erfolgsorientierung (Vorbild sein wollen und den Zusammenhang erkennen zwischen Anstrengung und Erfolg) und Gottesfurcht, (74)
- Geduld (75) und schließlich
- Hoffnung auf das Jenseits. (75-76)

Das freie Gebet[54] in Vers 74 ist aus pädagogischer Sicht unter den zahlreichen Bittgebeten, die es im Koran gibt, mit seiner offenen Bitte um Erfolg eine Besonderheit. Nützen wir das als Anlass, ein wenig auszuholen.

---

wie bei Kant nicht nur um den Mitmenschen, sondern auch um Dinge, wie etwa das Recht, die öffentliche Meinung, Gegenstände... - sei die des vorsichtigen und abwartenden In-Erwägung-Ziehens, ob nicht hinter dem vordergründig Minderwertigen eine Lehre, ein Sinn, ein Nutzen oder gar eine Inpflichtnahme stehen, an denen man sonst achtlos vorübergehen würde. Kant lässt nicht unerwähnt, dass mit "Achtung" auch die "Furcht vor Übertretung (Gottesfucht)" gemeint ist - "Furcht" hier nicht als "Gefühl" oder "Neigung" im Sinne von "Angst", und nicht als "knechtische Furcht". Angst lähmt, Achtung hingegen weckt Interesse.
Achtung lässt sich so vielleicht als "subjektives Handlungsmotiv" bezeichnen, hinter dem Achtsamkeit als kognitive Fähigkeit und als Haltung stehen muss. Mit der "Achtung im Lichte der kantischen Ethik" hat sich Abdoldjavad Falaturi (Allah sei unserem kürzlich verstorbenen Bruder barmherzig) im Rahmen seiner philosophischen Dissertation befasst; Bonn 1965.

54 Auch: Bittgebet oder Anrufung, arabisch *du'â*. Im Islam wird das Gebet (in der Sunna) als "Zwiesprache mit Allah" beschrieben. Es besteht aus zwei Elementen, der "Anbetung" (arabisch *salâ*) und der "Anrufung".

Erfolgsorientierung ist aus der Motivationspsychologie nicht mehr wegzudenken. Spätestens seit Heckhausens Unterscheidung von "Situations-Ergebnis" und "Handlungs-Ergebnis" dürfen wir heute auch in der Religionspädagogik von "positivem Erfolgsstreben" sprechen.[55] Hier holt der Muslim erst mal scharf Luft: Hat nicht Allah den Ausgang aller Dinge in Seiner Hand? Was haben wir unter Erfolgsorientierung im Islam zu verstehen? Es ist auf den ersten Blick nicht einfach zusammenzubringen: Da ist einerseits die den Muslimen unterstellte Schicksals- und Situationsergebenheit, andererseits sollen sie die Dinge nicht nur selbst in die Hand nehmen, sondern obendrein Allah ausdrücklich darum bitten, zum Vorbild gemacht zu werden. Bleibt nur eine Antwort: Es muss sich bei den Stillhalteparolen, die auch durch

---

55 H. Heckhausen, *Motivation: Kognitionspsychologische Aufspaltung eines summarischen Konstrukts,* in: Psychologische Rundschau 28, 1977, hat ein Motivationsmodell entwickelt, das unterschiedliche "Erwartungstypen" jeweils anderen "Ereignisstadien" zuordnet. Ohne auf Einzelheiten einzugehen: Die pädagogische Bedeutung liegt darin, dass man eine negative und eine positive Grundhaltung annehmen kann.
Bei der negativen kommt es auf die Einschätzung der Person an, mit welcher Wahrscheinlichkeit eine gegebene Situation auch ohne Handeln zu einem Ergebnis führen wird. Beispiel: Ein schlechter Schüler übt nicht für die Klausur. Er ist der Meinung, das habe sowieso keinen Zweck. Sein Misserfolg bekräftigt ihn in der These, dass es überhaupt besser ist, Klausuren nicht mitzuschreiben. Der fatale Nebeneffekt dieser "Misserfolgsvermeidungs-Strategie": Hat er mal Erfolg, kann er ihn sich nicht anders erklären als mit "Glück" oder mit einer zufälligerweise ungewohnt leichten Aufgabenstellung. Sein Fazit auch hier: Üben lohnt sich nicht.
Der positiven Erfolgsorientierung liegt die Erfahrung zugrunde, dass sich Anstrengung in der Regel auszahlt. Da dieser Haltung die Einschätzung zugrunde liegt, ob und wieweit die Situation das Handeln und das Handlungsergebnis beeinflussen, werden Erfolg und Misserfolg nicht fatalistisch, sondern nach Anstrengungskriterien, und insgesamt weniger pauschal, sondern differenzierter begutachtet.
Der Teufelskreis, in dem sich der schlechte Schüler dreht, kann durchbrochen werden, sobald er einmal Erfolg "geschmeckt" hat. An diesem Punkt trennt das Modell zwischen "Ergebnis" (gute Note) und "Folge" (Anerkennung, Stolz, Belohnung). Wichtigstes motivationspsychologisches Agens ist bei Heckhausen die Vorwegnahme der Selbstbekräftigung.

die islamische Denkkultur geistern, um Missverständnisse handeln.

Nach islamischem Verständnis hat der Muslim die Pflicht, sich um Erfolg zu bemühen, und der Islam weist ihm einen Erfolg versprechenden Weg. Mit "Erfolg versprechend" ist allerdings nicht etwa gemeint, dass der Erfolg versprochen wäre. Obendrein geht es hier auch nicht um das herkömmliche Dreibein des Erfolgs: Karriere, Eros und Bankkonto. Um den "Gottesfürchtigen", so lautet ja die Zielgruppe in obiger Bitte, Leitbild sein zu können, muss man sich schon auf die Werte konzentrieren, die der Islam in den Mittelpunkt stellt und um die es in der Erziehung geht. Vom Standpunkt des Erziehers aus hat man auch gar keine Wahl als die, sich um vorbildliches, das bedeutet auch von außen erkennbares islamisches Verhalten zu bemühen. Kinder lernen nicht erst seit Bandura[56] am Modell. Damit entpuppt sich die Textstelle 25:74 am Ende als das wohl wichtigste Bittgebet, das den muslimischen Erzieher durch den Alltag begleiten kann.

Die nun folgende Koran-Stelle gibt Auskunft über den "Weg zum Erfolg":

14 Erfolg hat schon, wer sich läutert,

15 Und des Namens seines Herrn gedenkt und betet.

(Sure 87)

Ein paar Suren weiter heißt es:

7 Und (bei) einer Seele, und was sie ebengestaltet hat,

56 A. Bandura erläutert in seinem Buch *Social foundations of thought and action*, New Jersey 1985, zusammenfassend Oerter/Montada, wie wichtig ältere Jugendliche für jüngere sind. Sie sollen in bestimmten Problembereichen (Immunisierung bei Drogenprävention) als Vorbilder (*peer leaders*) nach einer gut durchdachten Strategie eingeführt werden. Der "Selbstwirksamkeit" von Vorbildern liegt seine Theorie vom "Lernen am Modell" zugrunde.

8 Und ihr eingegeben hat ihre Schamlosigkeit und ihre Gottesfurcht.

9 Es hat schon Erfolg, wer sie läutert,

10 Und es ist schon gescheitert, wer sie verdeckt.

(Sure 91)

Zunächst einmal: Hinter all den wohlklingenden Verhaltensweisen, die solche Koran-Passagen enthalten, steckt ein größeres Ganzes. Friedfertigkeit im sprachlichen Gestus, Gebete und das gemessene Einherschreiten können übertrieben werden und zu Äußerlichkeiten entarten - genauso wie Kopftuch und Turban. Die Charakterzüge in Sure 25 sind für den "gläubigen Knecht" nur dann von Nutzen, wenn sie der inneren Anbindung an Allah entspringen.

Zum islamischen Lebensgefühl gehört Zuversicht, nicht Verzagtheit. Man soll nicht ständig über die Zukunft grübeln und sich ob der denkbaren Fehlschläge ängstigen. Das könnte zu einer Haltung führen, vergleichbar der prophylaktischen Misserfolgsvermeidung: Man gibt lieber gleich auf. Auch in der Dimension des Religiösen kann ein dem Heckhausen-Modell verwandter Leistungsfatalismus entstehen. Der äußert sich etwa so: "Warum soll ich noch beten? Ich bin eh schon so ein schlechter Mensch. Allah weiß, wie es um mich steht. Ich will nicht zum Heuchler werden..." und dergleichen Ausflüchte mehr.

In diesem Sinne sollten Muslime auch den inzwischen verbindlichen schulischen Ethik-Unterricht bewerten, den sie gemeinhin als Surrogat für den fehlenden islamischen Religionsunterricht zu akzeptieren haben. Zwar darf gegenüber einer von zentralen Glaubensfragen losgelösten ethischen Unterweisung (trotz religionskundlicher Grundinhalte) eine gewisse Skepsis angemeldet werden. Sie funktioniert womöglich nicht. Trotzdem: Charakterbildung muss sein.

Das arabische Wort für Charakter lautet *akhlâq*[57]. Es lassen sich aus Koran und Sunna eine ganze Reihe verschiedenartigster Charaktereigenschaften extrahieren; nehmen wir diese als Beispiel:

- Sauberkeit,
- Offenheit, Friedfertigkeit, Mitgefühl, Takt, gegenseitiger Respekt.

Auf dem Weg "nach unten" stößt man dann auf konkrete Handlungsanweisungen, die zu den Parametern unseres Beispiels passen:

- mindestens einmal pro Woche duschen,
- das Grüßen mit dem Friedensgruß, Achten der Privatsphäre.

Vor allem in der Sunna begegnet man auch noch dem situativ wünschenswerten Verhalten; unser Beispiel setzt sich dann so fort:

- Seife benutzen und die Körperteile in einer bestimmten Reihenfolge reinigen,
- Männer reichen sich beim Grüßen die rechte und nicht die linke Hand, Frauen und Männer reichen sich in der Regel nicht die Hand.

57 Das Wort *akhlâq* kommt von dem Verb *khalaqa*, was "erschaffen" bedeutet. Es ist der Plural des Wortes *khulq*: "Charakter, Eigentümlichkeit", und ist wohl am besten zu übersetzen mit "Lehre von den Eigenschaften der Geschöpfe".

Bei dieser abschließenden und gänzlich operationalisierten Ebene sprechen die Muslime vom sogenannten *adâb*[58]. Im Rahmen bildungstheoretischer Überlegungen wäre es irreführend, eine Katalogisierung umfassender Verhaltensmodi anzustreben, um so vielleicht ein paar lehrplangerechte Formulierungen auf den Tisch legen zu können. Die Versuchung ist zugegebenermaßen groß, es klingt alles so handlich, so machbar. Es gibt in der klassischen Literatur der Muslime auch das eine oder andere Werk, das derartige Zusammenfassungen liefert.[59] Aber Vorsicht: Charakter lässt sich nicht aus irgendwelchen Büchern lernen. *Akhlâq* losgelöst vom Islam zur Wissenschaft erheben zu wollen, scheint eher ein Indiz dafür zu sein, wie sehr sich mancherorts Soll- und Istzustand voneinander entfernt haben. Die dadurch zwangsläufig entstandene Schieflage lässt sich durch islamische Anstandsbücher schwerlich begradigen.

---

58 Das arabische Wort *adaba* bedeutet "wohlerzogen, kultiviert, von städtischem Auftreten sein, guten Geschmack haben". *Adâb* meint also analog die Facetten islamischer Kultur - Lebensart, Kleidung, Speise, Sprache... Der Begriff "Kultur" muss von dem der sogenannten "Islamischen Zivilisation", den man gelegentlich in Reminiszenz an die glorreiche Zeit der islamischen Geschichte auch liest, unterschieden werden. *Adâb* hat nichts mit Zivilisation zu tun: "Zivilisation", das ist der Kühlschrank, "Kultur" hingegen das, was im Kühlschrank liegt.
Adâb als Synonym für "feine Lebensart" und "Bildung" taucht vielfach in der klassischen arabischen Anstandsliteratur auf. In seinem Werk *Das Buch des buntbestickten Kleides* schrieb gegen Ende des 9. Jahrhunderts n.Chr. Ibn al-Waschschâ' unter dem Eindruck des zerfallenden abbasidischen Kalifats von Bagdad: "Denn wer keine Bildung besitzt, der kann keinen ehrenhaften Anstand haben; wem aber der ehrenhafte Anstand abgeht, dem ermangelt es an feiner Lebensart; und wer schließlich über keine feine Lebensart verfügt, der besitzt auch keine Bildung."
Der höfische Autor beschrieb dabei die folgenden vier Merkmale feiner Lebensart: "Die Sprachreinheit, die Beredsamkeit, die Sittenreinheit und die Rechtschaffenheit." (Ibn al-Waschschâ', *Das Buch des buntbestickten Kleides*, Leipzig und Weimar 1984.)

59 Ein für die Erziehungsarbeit unverzichtbares Werk ist das bekannte *Riyâdus-Sâlihîn*, das sich hauptsächlich mit bestimmtem Verhalten, gegliedert nach Situationen und Lebensbereichen befasst.

Einem Bericht des Anas zufolge hat sich der Prophet folgendermaßen geäußert:

> **"Ich wurde gesandt, um Charakter und Benehmen der Menschen vollkommen zu machen."**
>
> **(Sammlung Muwatta von Imam Malik)**

Diese Überlieferung macht nebenher verständlich, warum der Koran-Text sich unverzüglich mit den Menschen und deren Eigenschaften und nicht erst explizit mit der islamischen Lehre oder chronologisch mit der Schöpfungsgeschichte befasst.

Daran darf man ruhig die Frage anknüpfen: Weswegen wurde der Prophet Muhammad überhaupt geschickt? Um die Menschen über Allah und das Jenseits zu unterrichten, sie zum Glauben aufzurufen, den Koran und den Islam zu überbringen? Dem Inhalt nach ja - aber dem Gehalt nach ging es um mehr. Zählen wir im Folgenden die wesentlichen Ziele auf, die für das Verständnis von islamischer Erziehung im Allgemeinen, aber auch für die Beschreibung curricularer Inhalte im Besonderen nützlich sind. Wohlgemerkt, keine Lernziele in ihrer endgültigen Form, sondern Thesen grobkörnigeren Zuschnitts. Sie gehen direkt oder indirekt aus den besprochenen Suren hervor und stellen eine erste Orientierungshilfe dar, mehr nicht (gelegentliche Versangaben beziehen sich speziell auf die 25. Sure):

- Die Kinder sollen die in der Sunna tradierten spezifisch islamischen Verhaltensweisen verstehen und ihrem Alter gemäß praktizieren lernen (*adâb*).

- Die Kinder, vor allem im Jugendalter, müssen besser auf ihre Rolle als Schüler im öffentlichen Regelschulwesen vorbereitet werden. Sie sind den negativen Erscheinungen des außerhäuslichen Erziehungsumfeldes in besonderer Weise ausgesetzt.

- Die Kinder müssen schon frühzeitig angehalten werden, gelassen auf Provokationen (zum Beispiel auf dem

Schulhof) zu reagieren. Sie sollen mit Methoden der gewaltfreien Konfliktbewältigung vertraut gemacht werden. (63) Sie sollen Ehrgefühl entwickeln und sich zugleich - als "kleine Botschafter des Islams"[60] - eines achtsamen Umgangs mit den anderen befleißigen. (72)

- Die Kinder sollen verstehen lernen, dass das Diesseits keinen Bestand hat. Deshalb sollen sie in zunehmendem Maße über ihren Zustand im Jenseits nachdenken und die Zwiesprache mit Allah suchen. Sie dürfen Ihm alles vortragen, was sie im Innern bewegt. Sie müssen ihre Ansprüche einer kritischen Prüfung unterziehen. (63-66, 72, 75-76) Sie sollen lernen, "auf Allah zu bauen". (70)
- Die Kinder sollen ein Gespür für das "rechte Maß"[61] und die angemessene Ausgewogenheit in allen Dingen erlangen. (67)
- Sie sollen das Leben, das Allah gegeben hat, als unantastbar achten lernen. Sie sollen verstehen, dass "Leben" nicht nur die bloße Existenz, sondern auch Würde bedeutet. Sie sollen sich schon frühzeitig im Umgang mit Gleichaltrigen, aber zum Beispiel auch mit Pflanzen und Tieren, in der Beachtung dieser Grundsätze üben. (68)
- Die Kinder sollen schon früh mit der Bedeutung von Gerechtigkeit und dem damit verbundenen hohen

---

60 Der Begriff des *little ambassador* stammt aus der amerikanischen Friedenserziehung (gehört zum Programm des american field service, afs) und hat sich als ein wichtiges Hilfsmittel in der *cross cultural education* etabliert. Dabei denkt man in der Regel an die Altersgruppe der Vierzehn- bis Achtzehnjährigen, die "Kerngruppe" der Teens.

61 Das "Maß" gehört übrigens zu den vier antiken Kardinaltugenden Mut, Maß, Gerechtigkeit und Weisheit (Plato), zu ergänzen durch die christliche Tugend der Liebe, also insgesamt fünf klassische ethische Merkmale menschlichen Verhaltens.

Stellenwert des Rechts vertraut gemacht werden. (68)[62]

- Muslimische Heranwachsende müssen (in der politischen Erziehung) verstehen lernen, dass das zwischenmenschliche Zusammenleben auf wechselseitigen Rechten und Pflichten basiert. Andererseits beruht die Beziehung zwischen Mensch und Allah auf Ansprüchen des Menschen an seinen Schöpfer und Verpflichtungen Ihm gegenüber (der Bund). Beide Domänen sind ineinander verwoben. (63, 68)

- Sie sollen den Wert von Enthaltsamkeit und Keuschheit erfassen lernen und erfahren, dass im Islam die gewünschte Form des Zusammenlebens von Mann und Frau die Ehe ist. Ehebruch gilt als schwere Sünde.[63] (68)

- Die Kinder sollen lernen, die Wahrheit zu sagen und nicht zu lügen. (72)

- Sie sollen erfahren, dass sie durch aufrichtige Reue stets die Möglichkeit zur Umkehr haben. (70-71)

---

62 In seinen Abhandlungen zur Entwicklung des moralischen Urteils (*Le jugement moral chez l'enfant*, Paris 1932, weist Piaget auf die frühe Entwicklung (Schuleintrittsalter) von Gerechtigkeitsempfinden (Stadien der Heteronomie und Autonomie) hin. Die islamische Bildungslehre trägt dieser natürlichen Entwicklungsanlage Rechnung, nicht so sehr der Repräsentation der Regeln durch Autoritäten, die im frühen Stadium der Heteronomie vorherrscht, bei manchen Muslimen hingegen leider ein Leben lang.

63 Der des Islams unkundige Leser wundert sich vielleicht, was das Thema Ehe mit islamischer Erziehung zu tun hat. Er muss wissen, dass die Abfolge Schule-Studium-Arbeitsplatz-Ehe-Eigenheim-Kinder einem überkommenen bürgerlichen Ideal entspricht, das Muslime nicht unbedingt so teilen. Erst mit Mitte Dreißig Vater oder Mutter zu werden, kommt einer Pervertierung der menschlichen Naturanlagen gleich und kann nur verkraftet werden, wenn man die sexuelle Beliebigkeit der jüngeren Jahrgänge toleriert. Muslime halten daran fest, dass der beste Schutz vor der vorehelichen geschlechtlichen Beziehung die frühe Ehe ist (nicht die verfrühte, die überstürzte, und schon gar nicht die herbeigezwungene).

- Die Heranwachsenden sollen auch erfahren, dass Glaube und verstehendes Erfassen der Offenbarung (sie zu kennen, sich mit ihr zu beschäftigen und sie in Beziehung zur Lebenswelt zu setzen) zusammengehören. (73)
- Sie sollen in den großen und den kleinen alltäglichen Dingen begreifen, dass Geduld, Standhaftigkeit, Durchhaltevermögen und Ausdauer[64] von Allah mit dem Paradiesgarten belohnt werden.

Zusammenfassung

Mit der Konzentration auf die Lebenspraxis rückt die Beschreibung des richtigen Verhaltens in den Mittelpunkt der islamischen Bildungslehre. Es setzt sich, abgesehen von natürlichen Dispositionen, aus zwei Elementen zusammen:

1. schulbaren Charaktereigenschaften (arabisch *akhlâq*) und
2. situativen Verhaltensspezifikationen (arabisch *adâb*).

Ersteres (das rechte Maß kennen, Bescheidenheit) muss internalisiert, letzteres (beim Essen nicht gierig und maßlos zugreifen) praktiziert werden. Charakterschulung und Verhaltenskontrolle sind ein Anliegen der islamischen Erziehung.

---

64 Alles zusammengefasst mit dem arabischen Wort *sabr*; dazu im Koran:

153 Ihr, die glauben, sucht Beistand im geduldigen Ausharren und dem Gebet, Allah ist ja mit den geduldig Ausharrenden.

(Sure 2)

Allah, Mensch und Mitmensch

Bis jetzt standen notwendige Vorüberlegungen zur Theologie und pädagogischen Anthropologie des Islams im Blickfeld. Nun rücken Grundprinzipien der islamischen Bildungslehre in den Vordergrund, die im engeren Sinne als Erziehungstheorie verstanden werden können. Aus der islamischen Lehre heraus bieten sich viele Zugänge an, wir wollen uns aber mit der Luqman-Passage in Sure 31 begnügen. Sie ist eine Schlüsselstelle für das Verständnis der Grundlagen islamischer Erziehung, gegen die im Erziehungsalltag gelegentlich aus Unkenntnis oder Geringschätzung verstoßen wird.

Luqman hat von Allah als besondere Qualität "Weisheit" erhalten. Ein Mann, auf dessen Rat zu hören ist. Seinerseits hält er mit seinem Wissen auch nicht hinter dem Berg: Er "berät"[65] seinen Sohn, jedenfalls nach außen hin - gemeint sind damit aber wir, die heutigen Leser der Schrift.

Was ist "Weisheit"? Das arabische Wort lautet *hikma*. Es stammt ab von dem Verb *hakama,* das so viel bedeutet wie "die Zügel halten, führen"; Luqman ist im übertragenen Sinn ein "Reiter". Was zeichnet einen Reiter aus? Er kennt das Gelände, er weiß den Weg. Schließlich bestimmt er, wo es langgeht, und mithilfe der Zügel lenkt er sein Reittier. Wenn wir im Islam von "Weisheit" reden, dann meinen wir:

---

65 Die vorsichtige und belehrende Ansprache an den Sohn - oft unzutreffend mit "Ermahnung" übersetzt - klingt mehr wie ein Ratschlag, denn zwischen den Zeilen hört man heraus: "Mache es so, oder lass es." Das liegt nicht zuletzt an Vers 12, der mit dem Teilsatz "und wer dankbar ist, so ist er für sich selber dankbar" einen Charakterzug des Islams unterstreicht, den Muslime mit dem arabischen Begriff *nasîha,* zu Deutsch "Ratschlag", beschreiben. Sie bezeichnen den Islam darum auch als *dînun-nasîha.*
Zu diesem Thema finden wir im Koran Stellen wie diese:

79 Da kehrte er (der Prophet Salih) sich von ihnen (dem Volk der Thamud) ab und sagte: 'Mein Volk, ich habe euch bestimmt schon die Botschaft meines Herrn erfahren lassen, und ich habe euch Rat gegeben (*nasahtu*), aber ihr liebt die Ratgeber (*an-nâsihîn*) nicht.'

(Sure 7)

- **Wissen**[66] um den rechten Weg (zum Beispiel dass Alkohol schadet),
- das richtige **Handeln** (nicht zu trinken) und
- **Führung** anderer (Alkoholgenuss nicht zulassen).

Weisheit verlangt, dass alle drei Punkte in ausgewogenem Verhältnis zueinander stehen. Wenn Wissen brach liegt, ist es nutzlos. Wer zur Tat schreitet ohne Wissen und ohne Vorausschau auf die Folgen seines Tuns, bringt sich und andere in Gefahr. Wer nicht im Einklang mit seinem Wissen handelt, ist - er mag noch so gebildet und intelligent sein - für die Erziehung im Sinne der "Menschenführung" ungeeignet.

Das Bild vom "Halten der Zügel" endet hier; es lässt keinen Raum für die Missinterpretation von Erziehung als Herrschaftsausübung. Der Islam betrachtet das Kind nicht als passiven Erdulder, sondern zuerst als Mitmenschen, der vor Allah mit seinem Erzieher auf einer Stufe steht.

Die Luqman-Stelle - übrigens darüber hinaus die gesamte Sure 31 - offenbart nicht nur ihren inhaltlichen Aussagen nach, sondern schon in ihrem strukturellen Aufbau verborgene Erziehungsprinzipien:

---

66 Im Islam wird gerne zwischen zwei Arten von Wissen unterschieden: einem wissenschaftlichen, auf Beobachtung und Ableitung beruhenden, und einem religiösen, von Allah geoffenbarten. Ersteres beschreibt, **was** passiert, letzteres eher das **Warum**, beide aber korrespondieren miteinander, sie gehören aus islamischer Sicht zusammen. "Weisheit" bedeutet deshalb auch, Erkenntnisse aus beiden Wissenssphären in einen vernünftigen Zusammenhang zu setzen.
Diese Unterteilung ist bereits so alt, dass schon der große islamische Gelehrte Ibn Khaldun (er gilt seit seinem Werk *al-muqaddima* als der Begründer der islamischen Soziologie) zwei Studienfakultäten beschrieb: die mit überliefertem Wissen (*naqliyya*), und die mit exaktem (*'aqliyya*). Eine Studie aus Pakistan rät muslimischen Bildungseinrichtungen dringend zu einer Integration beider Zweige (*Education and the Muslim World.* The Islamic Foundation & Institute of Policy Studies, Leicester und Islamabad 1995).

- Das pädagogische Gespräch hat in der islamischen Erziehung seinen festen Platz. Hier ist das exemplarisch der Dialog zwischen Vater und Sohn. Als sehr wichtige Gesprächstechnik zeigt sich, dass Regeln für das Leben, das Tun und das öffentliche Auftreten des Jungen mit Blick auf ihre Auswirkung auf den Zustand im Jenseits begründet und nicht einfach nur gefordert werden.

- Das Verhältnis zwischen dem Erziehenden und dem Heranwachsenden ist geprägt von der Sorge um dessen Wohl. Die Art und Weise, wie Luqman seinen Sohn anredet, drückt Fürsorge aus. Grundlage der islamischen **Er-**ziehung ist die gütige **Be-**ziehung.

- Islamische Erziehung setzt voraus, dass der Erziehende das bereits weitgehend für seine Person in die Tat umgesetzt hat, was er vermitteln will. Nur so kann er die Inhalte seiner Belehrung vertreten. Das ist Bestandteil der "Weisheit".[67]

- Der Umgang mit dem Kind erlaubt es nicht, dass die wenigen, aber grundlegenden Forderungen, die der Islam an die Menschen stellt, um des vermeintlich kindlichen Verstandes willen vermindert oder verändert werden. Luqman fordert jedenfalls dem Gehalt nach nichts anderes von seinem Sohn als das, was Allah von ihm selbst verlangt. Die Frage der Intensität muss freilich gesondert gesehen werden.

- Anschaulichkeit bei der Vermittlung der wichtigen Inhalte wie der Eigenschaften Allahs ist ein Grundsatz der islamischen Erziehung. Der Koran gibt dafür selbst

---

67 Islamische Erziehung lässt sich niemals auf die Vermittlung von Wissen reduzieren. Projekte, die Lehrpläne und formale Unterrichtsinhalte für einen islamischen Religionsunterricht anstreben, gehen fehl, wenn sie die unangefochten notwendige inhaltliche Unterweisung nicht in ein Gesamtkonzept von (Schul-)Leben einbetten, das den Islam nicht ausgrenzt.

mit Gleichnissen gute Beispiele, auch in der Sure mit Luqman:

27 Und wenn, was auf der Erde an Bäumen ist, Schreibrohre wäre, und das Meer nach ihm noch sieben Meere auffüllen würde, es würden nicht die Worte Allahs erschöpft, Allah ist ja mächtig, weise.

(Sure 31)

- Die Verantwortung des Erziehenden für den Heranwachsenden hat ihre Grenzen, das wurde schon angesprochen. Jeder handelt nur zu seinem eigenen Besten. Sich selbst für die Einhaltung der islamischen Lebensweise zu entscheiden, ohne immer dazu angehalten werden zu müssen, ist das Wesen der gefestigten muslimischen Identität. Der Weg dorthin verläuft in Etappen oder Phasen. Die Entwicklung läuft auf einen Punkt zu, an dem der junge Mensch sich voll bewusst ist, ein Muslim zu sein. Der Islam ist zu seinem "Angesicht" geworden. Das Wort Gesicht (*wadschh*), das wir in diesem Kontext auch in der Abraham-Geschichte finden werden, steht für die ganze Person und ihre Ausrichtung auf Allah. Die Sure mit Luqman enthält dazu zwei Verse. Sie knüpfen thematisch wieder an den Tenor der Luqman-Passage (31:12) an, der besagt: Glaubensverneinung oder -bejahung liegen letztlich in jedermanns eigener Entscheidung:

22 Und wer sein Angesicht (*wadschh*) Allah hingibt, und er ist ein Guthandelnder, so hat er sich schon am stärksten Haltegriff fest gehalten, und bei Allah ist das endgültige Sein.

23 Und wer den Glauben verweigert hat, so soll dich seine Glaubensverweigerung nicht traurig machen, zu Uns ist ihre Rückkehr, und Wir verkünden ihnen, was sie getan haben, Allah kennt ja das Innere der Gemüter.

(Sure 31)

Diese beiden Verse stehen nicht mehr so eng im Zusammenhang mit der Erziehungssituation, welche die Verse 12-19 schaffen. Sie spielen auf die Auseinandersetzung der Gesandten Allahs mit ihren Völkern an, ganz besonders auf die Muhammads mit den Bewohnern seiner Heimatstadt Mekka.[68] Dass es im Anschluss an das Gespräch zwischen Vater und Sohn gleich mit einem weltgeschichtlichen Grundkonflikt, das heißt mit der etwas abstrakteren Welt der erwachsenen Menschen weitergeht, verwundert zuerst. Darum nochmals der Hinweis: Erziehung von Kindern in ihren grundsätzlichen Zielsetzungen und Grenzen unterscheidet sich nicht so sehr von den weiterführenden erzieherischen Prozessen des Erwachsenenalters.

Das verbindende thematische Element zwischen jung und alt, die in der Erziehungswissenschaft mit Formeln wie "Kindgemäßheit", "Kindorientierung" und "Jugend" oft künstlich voneinander getrennt werden, ist in dieser Sure abermals die Mitgötterei - also nichts Neues. Nicht so neu ist desgleichen der Aufruf Allahs an die Menschen, sich von Strukturen und Autoritäten zu lösen, welche für Mitgötterei stehen. Das kann für beide, Kinder und Erwachsene, die Notwendigkeit mit sich bringen, Abstand von der sozialen Herkunft zu nehmen: von den Eltern, dem eigenen Volk, den geliebten und ungeliebten Traditionen sowie von alter wie neuer Mythologie.

Um diesen inneren Brückenschlag über den Generationengraben hinweg (alt hier, jung da, aber dieselbe falsche

---

68 Wie schwierig das vernünftige Gespräch mit den Mächtigen in Mekka gewesen sein muss, und wie subtil die Einflussnahme von Leuten solchen Zuschnitts, die ja auch in der Erziehung muslimischer Kinder mitmischen, heutzutage sein kann, erkennt man an ihrer raffinierten Argumentation - unter dem Strich eine Ablehnung Allahs mittels Bejahung:

25 Und bestimmt, wenn du sie fragen würdest: 'Wer hat die Himmel und die Erde geschaffen?' Ganz bestimmt würden sie sagen: 'Allah!' Sag: Das Lob ist Allahs! Vielmehr die meisten von ihnen wissen nicht Bescheid.

(Sure 31)

Spur, der beide folgen) zu verdeutlichen, seien einmal zwei Verse aus Sure 31 nebeneinandergestellt, die so im Koran nicht nebeneinanderstehen. Der erste ist schon aus der Luqman-Stelle bekannt, der zweite eröffnet den historischen Kontext, aus dem heraus die beiden Verse oben, 22 und 23, zu interpretieren sind:

> **21 Und wenn zu ihnen gesagt wird: 'Folgt dem, was Allah herabgesandt hat', sagen sie: 'Vielmehr folgen wir dem, worauf wir unsere Väter vorgefunden haben.' Und wenn der Teufel sie zur Strafe der Feuerflamme ruft?**
>
> **(Sure 31)**

> **15 Und wenn sie beide sich dir gegenüber ganz dafür einsetzen, dass du Mir Mitgötter gibst, worüber du kein Wissen hast, so gehorche ihnen beiden nicht, und begleite sie in dieser Welt auf rechte Weise, und folge dem Weg dessen, der sich zu Mir hinwendet, dann ist zu Mir eure Rückkehr, und Ich verkünde euch, was ihr getan habt.**
>
> **(Sure 31)**

Die Anrede mit "Du" in Vers 15 leitet jetzt zu einem wesentlichen Strukturmerkmal der Sure 31 über: Die unterschiedlichen Rede- und Anredemodi der Verse 12-19 spiegeln in ihrer äußeren Form wieder, was wir hier inhaltlich als den inneren Brückenschlag beschrieben haben. Dabei fällt in dieser in sich geschlossenen Sinneinheit der für den Koran außergewöhnliche Wechsel der Sprechperspektiven auf. Um das einigermaßen verstehen zu können, müssen wir uns in die Teilnehmer des Diskurses hineindenken. Es geht um mehr als nur um einen einfachen Dialog. Da ist Luqman, der Weise, dann sein Sohn (beide historische Personen), und schließlich Allah als Offenbarer (nicht der historischen Zeit unterworfen). Nicht zuletzt sind da auch noch wir als Leser oder Zuhörer (Jetzt-Zeit). Interessant an diesem Gefüge ist, dass jeder der menschlichen "Gesprächspartner" sich selbst in jeder der angebotenen Rollen wiederfinden kann; festgelegt zu sein scheint nur die Rolle Allahs:

1. Der Sohn wird von Luqman belehrt.
2. Luqman wird von Allah belehrt.
3. Der Sohn wird von Allah belehrt.
4. Wir sehen uns in der Rolle des Sohnes oder Luqmans und fühlen uns belehrt.
5. Wir sehen uns in der Rolle Luqmans und belehren unsererseits.
6. Unabhängig von unserer Perspektive werden wir immer von Allah belehrt.

Was lässt sich da herausholen? Vielleicht noch folgende Analogie. Auch wenn sie in muslimischen Ohren ein wenig gewagt klingt - sie ist trotzdem einleuchtend. Gewagt bloß deshalb, weil sie mit dem einschlägigen christlichen Motiv eines "väterlichen Gottes" konform zu gehen scheint. Das stößt bei Muslimen a priori auf Widerstand. Probieren wir es so:

- Die gute Beziehung zwischen Allah und Luqman findet ihre Entsprechung in dessen guter Beziehung zum Sohn.

Jeder redet mit jedem, so wie es sein sollte. Das ist für Muslime gemeinhin nichts Außergewöhnliches. Der Bildungstheoretiker aber meint mehr dahinter zu sehen:

- Allah selbst tritt in das Erziehungsgeschehen ein. In diesem Augenblick stehen Erzieher und Heranwachsender gleichrangig vor Ihm. Allah offenbart sich als "Sozialisationsinstanz".

Wie könnte es auch anders sein? Fragen wir uns nämlich, wie sich in Erziehungsprozessen jene unmittelbare Nähe Allahs auswirkt, über die wir gesprochen haben, so wissen wir jetzt ziemlich sicher, dass Allah selbst erzieht, lehrt und führt. Die

Bindung zwischen Geschöpf und Schöpfer ist die primäre. Die Beziehung zwischen Allah und dem Sohn spielt eine wichtigere Rolle als die zwischen Luqman und seinem Sohn, wiewohl er der leibliche Vater ist. Denn es ist Allah, der ins Leben und am Ende wieder zu Sich zurückruft. Dass Luqman gegenüber seinem Sohn sogenannte "Erziehungsgewalt" besitzt, gehört einfach zu seinem Verantwortungsbereich als "Statthalter Allahs". Was man im Islam darunter versteht, wurde bereits erklärt: Erziehung ist für Muslime erst einmal die Übernahme einer Aufgabe mit der dazugehörigen Verantwortung gegenüber Allah; Erziehungsgewalt entspringt nicht einfach nur der Natur als Eltern oder dem Amt als Lehrer, sondern sie ist uns für gewisse Zeit überlassen; wir sind nicht privilegiert, sondern haben in zwei Richtungen zu dienen:

- Allah, der uns später einmal fragen wird, wie wir mit der "Vollmacht" zur Erziehung umgegangen sind;
- zum Besten des Heranwachsenden (*maslaha* - zu diesem Begriffsfeld siehe das Kapitel über "Gehorsam und Verweigerung").

Die Beschäftigung mit islamischer Erziehung führt zwangsläufig zur Verabschiedung von Denkmodellen, in denen Erziehungsprozesse unidirektional verlaufen und die Erziehungsbeeinflussung als einen Kraftvektor sehen, der nur in eine Richtung, hin zum Kind, sozusagen "von oben nach unten" zeigt. Auch das bloße bidirektionale Hin-und-Her zwischen Erzieher und Kind passt nicht in die Vorstellung von islamischer Erziehung.

Multidirektionale Ansätze, die Erziehung als Funktion verschiedener Sozialisationsagenturen (Familie, Schule, *peergroup*, Medien...) und der Individuation (Interessenentwicklung, Krisenbewältigung...) betrachten, sind da schon hilfreicher. Aber mit Hinblick auf die Sphäre göttlicher Erziehungsgegenwart - zu der sich die empirische

Erziehungswissenschaft natürlich nicht äußern will - bleiben sie immer noch unzureichend.

Bedienen wir uns jetzt des multidirektionalen Ansatzes, und denken wir an das gedankliche zweidimensionale Feld "Mensch-Mitmensch".[69] Diesem ordnen wir Dinge zu wie den Gehorsam gegenüber den Eltern, die Fürsorge gegenüber den Kindern, die Pflege der Verwandtschaft, die Brüderlichkeit unter den Muslimen, ihre rechtliche und spirituelle Verbindung untereinander, vertragliche Vereinbarungen zwischen Muslimen und Nicht-Muslimen - kurzum alles, was man als zwischenmenschlichen Bereich kennzeichnen könnte. Der Koran spricht über dieses Feld als "Bindung mit den Menschen"[70].

Die bisher fehlende dritte Dimension nennt der Koran "Bindung mit Allah"[71]:

103 Und haltet euch fest am Bindeseil Allahs, allesamt, und zertrennt euch nicht...

(Sure 3)

---

69 Das aus der Soziologie bekannte Schneewind-Modell versucht, "soziale Netzwerke" zu beschreiben. Die können anhand ihrer "Knotenpunkte" definiert werden, in denen "soziale Fäden" zusammenlaufen, zum Beispiel die der Frau. Sie kann zugleich Berufstätige, Mutter und Angehörige einer bestimmten Interessengemeinschaft sein, was von ihr unterschiedliche Rollen abverlangt, die sich gegenseitig beeinflussen und so ihr näheres Sozialgefüge insgesamt verändern.
In der Studie, die diesem Modell vorausging, lag der Schwerpunkt auf ökologischen Einflussfaktoren von Eltern-Kind-Beziehungen. Schneewind, Beckmann und Engfer (*Eltern und Kinder*, Stuttgart 1983) verstanden "soziales Netzwerk" (Intensität der Primärkontakte, Telefonkontakte, Zahl guter Freunde, Adressaten für Erziehungsprobleme...) als einen von acht Blöcken eines großen Zusammenhangsmodells. Die Netz-Semantik ("Anknüpfung, Knotenpunkt..."), derer sich Schneewind bedient, klingt für muslimische Ohren deshalb über ihre Alltagsbedeutung hinaus einladend, weil sie so ähnlich im Koran vorkommt.

70 Im Arabischen *hablum-minan-nâs*, wörtlich "Seil von (unter, zwischen) den Menschen".

71 Wörtlich *hablum-minal-lâh*.

Diese beiden Verknüpfungen, die "horizontale", zwischenmenschliche, und die "vertikale", die zwischen jedem Individuum und seinem Schöpfer besteht, ermöglichen eine einfache Graphik, die das Grundgefüge der islamischen Erziehung einprägsam wiedergibt:

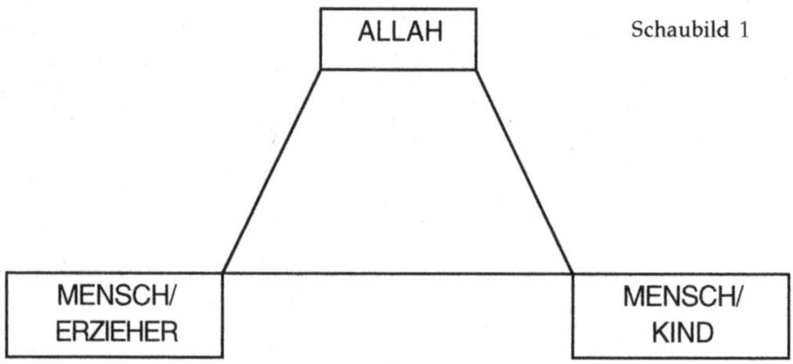

Schaubild 1

Das Modell zeigt, dass Erzieher und Kind auf einer Ebene vor Allah stehen. Sie sind deswegen nicht "gleich", also kein Anlass für Egalitätsfetischismus. Nach der islamischen Bildungslehre hat jeder von beiden angesichts Allahs die seinen Fähigkeiten entsprechenden Rechte und Pflichten. Nur insofern sind sie gleich berechtigt.

Kinder werden unfertig geboren. Sie sind ihrer Anlage nach "Muslim" in dem Sinne, dass sie atmen, trinken, leben. Hinzu kommt eine natürliche Veranlagung zur Gnosis Gottes. Aber sie sind noch nicht zur Teilhabe an der Kulturwelt fähig. Dazu bedarf es der Hinführung, was wir im Einklang mit den anthropologischen Grundannahmen der christlichen Religionspädagogik als grundsätzliche Sozialisationsbedürftigkeit bezeichnen können.

Anders als bei geläufigen Sozialisationsmodellen gewohnt, tritt im Islam Allah als Instanz auf - nicht als irgendeine, sondern als die maßgebliche. Er war als erster da, ist stets da und wird immer da sein - als der einzige, der über einen direkten Zugang zum "Innersten" verfügt und der selbst keinen Beistand benötigt.

Dennoch steht im Zentrum unserer vielfältigen sozialen Bindungen ein Erziehungsauftrag, im Koran unmissverständlich formuliert, im Konsenswissen der Muslime tief versenkt. Durch diesen Widerspruch gewinnt die islamische Erziehungslehre eine neue Seite hinzu. Erziehung findet statt, und das trotz der Tatsache, dass Allah, wie überall sonst, auch in der Erziehung Seiner Geschöpfe eigentlich nicht auf unsere Mitarbeit angewiesen ist. Er wäre ja selbst in der Lage, jeden Menschen so "heranzubilden", wie Er ihn haben will. Die sogenannte Sozialisationsbedürftigkeit ist nicht irgendeine natürliche Gegebenheit, sondern so etwas wie ein, sagen wir ruhig: methodischer Kniff im Schöpfungsplan Allahs.[72]

Es erfordert zwar ein bisschen Mut, aber man darf den Gedanken weiterspinnen. Denn nun stellt sich diese Frage: Kann es eine echte Bedürftigkeit des Kindes zu Erziehung und Sozialisation überhaupt geben?[73] Falls wir das mit einem Nein beantworten, wird es schwierig, das mit unserer

---

72 Im Koran lesen wir dazu:

4 **Bestimmt haben Wir schon den Menschen in bester Gestaltung geschaffen,**
5 **Dann haben Wir ihn zurückversetzt zum Niedersten des Niederen,**
6 **Außer denjenigen, die glauben und rechtschaffen handeln, - also für sie gibt es Belohnung ohne Dankesschuld.**

(Sure 95)

73 Derartige Fragestellungen haben frühe islamische Denker zu Spekulationen ermuntert. Wie entwickelt sich ein Mensch sozial und personal, wenn er sich in Isolation - nicht in der Deprivation eines Kaspar Hauser, sondern im Einklang mit sich, mit der Natur und mit Allah - befände, also in einem dem rousseauschen Ideal entsprechenden störungsfreien Umfeld. In dem kleinen philosophischen Roman Hayy ibn Yaqzân des andalusischen Muslims Ibn Tufail (1110-1185) beispielsweise findet der Held auf einer einsamen Insel zu seinem wahren Ich, um mit dem 50. Lebensjahr (der aufmerksame Leser dieser Bildungslehre hätte nun das 40. Lebensjahr erwartet) die Insel zu verlassen und andere zu "lehren". Daniel Defoe griff für seinen "Robinson Crusoe" (ohne sich dessen bewusster zu sein als spätere Gelehrte, die über den Umweg des Studiums der französischen Enzyklopädisten an die arabischen Klassiker gerieten) auf Ibn Tufail zurück und trat damit eine Lawine von sogenannten "Robinsonaden" los, die sich als Genre bis in die moderne Zeit (z.B. *Lord of the flies*) erhalten haben.

scheinbar natürlich angelegten Befähigung und der ausdrücklichen Verpflichtung zur Erziehung (66:6) im Sinne von zielgerichteter Sozialisation zu vereinbaren. Wenn wir derartige Widersprüche auch nicht vollends ausräumen können - die folgenden drei Begriffsdefinitionen geben eine ganz gute Orientierung ab:

Sozialisationsfähigkeit

Gehen wir - das steht Pädagogen immer gut - vom Kind aus: Bei ihm zuerst von Sozialisationsbedürftigkeit zu sprechen, wird dem allumfassenden Vermögen Allahs und Seiner "Rolle" als Bildner und Erhalter nicht gerecht. Die Sozialisationsbedürftigkeit allein aus der Nacktheit, Unfertigkeit und Unfähigkeit des Neugeborenen herzuleiten, das noch eine jahrelange Entwicklung vor sich hat, ist nicht hinreichend. Das würde sich noch nicht von einer rein materialistischen Auffassung vom Menschen unterscheiden.

Viel bedeutsamer ist zunächst die Sozialisations**fähigkeit** des Kindes. Darunter sind seine Bereitschaft und die dazu notwendige "Plastizität" zu verstehen, vom älteren Mitmenschen gebildet, erzogen und in dessen Kulturwelt eingegliedert werden zu können. Sozialisationsfähigkeit nennen wir eine von Allah vorgesehene Eigenschaft des Menschen, die sich mit dem Heranwachsen verändert und offenbar insgesamt abnimmt.[74]

Sozialisationsbefähigung

Hand in Hand mit der Abnahme dieser Plastizität nimmt die Befähigung zur Sozialisation zu. Gemeint ist die Befähigung

---

74 Vor der Sozialisation steht die Soziabilisation "in den ersten drei Lebensjahren im Vordergrund... Sie disponiert... das Kind auf später mögliche religiöse Einstellungen und Haltungen hin", die auch in der christlichen Religionspädagogik gegenüber dem religiösen Katechismuswissen das eigentliche Ziel religiöser Sozialisation darstellen; vgl. H.-J. Fraas, *Religiöse Erziehung und Sozialisation im Kindesalter,* Göttingen 1973.

zur erzieherischen Einflussnahme auf den in der Regel jüngeren Mitmenschen. Das Bewusstsein, Modell zu sein ob man will oder nicht, wächst.

Sozialisationsbedürftigkeit

Erst einmal sozialisierbar, später dann zur Sozialisation befähigt zu sein, dies ist das Fundament für einen Generationenvertrag der Erziehung. Dabei geht es um eine Art ungeschriebenes Rechtsverhältnis, das geprägt ist auf der Seite des Jüngeren von seiner wachsenden Einsicht in das Zusammenspiel von Gut und Böse, von seiner Bereitschaft, sich führen zu lassen und sich nicht zu widersetzen. Von der anderen Seite kommt ihm die Bereitschaft der Erwachsenen entgegen, ihre Erziehungsverantwortung so wahrzunehmen. Erst aus der Besorgnis darüber, was passiert, wenn eine Seite den Vertrag verlässt, entsteht auf beiden Seiten so etwas wie eine echte Bedürftigkeit zur Sozialisation. So gesehen ist Sozialisationsbedürftigkeit nicht beschränkt auf den ganz jungen Menschen, sondern sie erstreckt sich auf beide "Parteien" dieses Generationenvertrags, also auf alle Menschen, ungeachtet ihrer jeweils aktuellen Rolle, die sie in Erziehungsprozessen übernehmen. Und sie ist kein von Werten losgelöster soziologischer Mechanismus. Es geht um die Sozialisation zum Guten.

Was folgt aus der gemeinsamen Ebene von Erzieher und Kind, aus der unterschiedlich verteilten Erziehungsfähigkeit und Erziehungsbefähigung, und daraus, dass sich aus dem Hinzutreten Allahs als "Miterzieher" eine multilaterale und gesamtgesellschaftliche Erziehungsbedürftigkeit aller Generationen ergibt?

Für die islamische Erziehung jedenfalls dies: Erziehungsprozesse verbinden Menschen gerade durch ihr vertikales "Bindeseil" enger miteinander, als es ihnen heute, im Zeitalter von Individualismus und drohendem ethisch-moralischem Zerfall vielleicht recht ist. Erzieherische

Einzelprozesse und der Gesamtzustand einer Gesellschaft, in der sie ablaufen, beeinflussen sich gegenseitig unmittelbarer und schneller, als das soziologische Wechselwirkungsmodelle allein erklären könnten. Diese Verflechtung, die hier für den Erziehungsbegriff in Anspruch genommen wird, hat der Prophet mit Blick auf die Gemeinschaft der gläubigen Muslime im engeren Sinne so beschrieben:

> **"Du wirst die Gläubigen sehen, wie sie barmherzig miteinander und einander in Liebe zugetan sind und liebevoll miteinander umgehen gleich einem Körper - wenn ein Glied leidet, setzt sich der ganze Körper mit Schlaflosigkeit und Fieber dafür ein."**
>
> **(Sammlung Bukhâri)**

Das hebt in der islamischen Erziehung den Stellenwert des Einzelmenschen um ein Beträchtliches an - ein ganz anderes Verständnis von "Individualismus", dessen Schwerpunkt, im Gegensatz zum *laissez-faire*, das erst an der Schmerzgrenze des Mitmenschen Halt macht, auf der Mitverantwortung liegt.

Was dem obigen Spruch innewohnt, spricht nicht zuletzt eine soziopolitische Dimension an, die wir getrost fortsetzen dürfen bis ins internationale Spannungsfeld unserer Tage. Unleugbar, dass die glaubenstreue islamische Gemeinschaft, ihre Universalität heute so manchem Regime mit muslimischem Anstrich ein Dorn im Auge ist. Junge Menschen sollen hier auf ein verfügbares Kollektiv, den Nationalstaat und einen verkrüppelten Staats-Islam eingeschworen werden, der lediglich als plakativer Teil der nationalen Identität herhalten darf. Politische Indoktrination hat indessen mit islamischer Erziehung nichts zu tun. Jeder Mensch hat, je nach Zustand und Vermögen, einen Erziehungsauftrag sich selbst gegenüber zu erfüllen.[75] Erfolg und Misserfolg der

---

75 Das Wort "Kampf", arabisch *dschihâd*, wird Muslime immer wieder beschäftigen, wenn auch nicht in dem Maß wie die Nicht-Muslime. An dieser Stelle sei darauf hingewiesen, dass der Prophet den bewaffneten Kampf gegen

Umsetzung zeitigen Auswirkungen auf die soziale Umgebung. Deshalb ist die Selbsterziehung ein Hauptbestandteil der islamischen Bildungstheorie.[76]

Selbsterziehung

Noch einmal zu einem Punkt des Dreiecksmodells, der bereits mehrfach angeklungen ist:

- Der Erziehende und der Heranwachsende, Vater und Tochter, Mutter und Sohn, Lehrer und Schüler - der eine steht dem anderen nicht innerhalb eines Machtgefälles gegenüber, sondern auf einer Ebene gemeinsamer Verantwortlichkeit, wenn auch mit unterschiedlicher Intensität und für jeweils ganz eigene Bereiche.

Die Befähigung zur Sozialisation erwächst nicht aus dem Alter, dem Amt oder der Rolle, sondern aus dem wirklichen Vorsprung gegenüber dem anderen. Das macht sich bemerkbar durch "Weisheit": Wissen, Umgang mit dem Wissen und Erfahrung mit den Mitmenschen. Weisheit stellt sich ein als Ergebnis einer Selbsterziehung in Richtung der islamischen Lebensweise und der gefestigten muslimischen Identität. Es sollte von daher zum muslimischen Erfahrungsalltag gehören, dass auch der Ältere vom Jüngeren lernt, manche Eltern

den äußeren Feind als "kleinen Dschihad", den gegen den inneren Feind aber als "großen Dschihad" bezeichnet hat.

76 Eng verwandt mit der Selbsterziehung ist die Vorstellung der Selbstläuterung (*tazkiyya*). Sie ist die Voraussetzung für Veränderungen in einem selbst, letztere wiederum Voraussetzung für die Verbesserung der Gemeinschaft als "Körper" insgesamt.

11 Es gibt Begleiter für ihn, vor ihm und hinter ihm, die ihn im Auftrag Allahs behüten, Allah ändert ja nicht, was in einem Volk ist, bis sie ändern, was mit ihnen selbst ist, und wenn Allah für ein Volk Schlechtes möchte, gibt es keine Abwendung dafür, und sie haben außer Ihm keinen beschützenden Freund.

(Sure 13)

von ihren Kindern und - warum nicht? - Lehrer von ihren Schülern.

Um aber nicht schon wieder den Vorzug islamischen Denkens gegenüber abendländisch-geisteswissenschaftlicher Konvention zu strapazieren - kehren wir einmal vor der eigenen Tür. Es ist in bestimmten islamischen Kreisen durchaus Methode, Erziehung als simple Machtausübung misszuverstehen, mit üblen Folgen. Es werden islamische Verhaltensweisen nur der Form nach installiert, so dass sie nicht lebensbezogen verinnerlicht werden können. Internalisierung aber ist das Agens der Sozialisation. Überflüssig zu sagen, dass das Prinzip Gleichheit vor Allah ausgehebelt wird. Der ganze "Islam", so wie er von der falschen Erziehungsgewalt repräsentiert wird, rollt dem Kind entgegen, drückt es nieder.

Es sind oftmals Eltern, die, indem sie sehr streng und fromm sein wollen[77], ungewolltes Unheil stiften. Gewöhnlich

---

77 "Extremismus" ist ein Problem, mit dem sich der Islam nicht erst seit heute auseinandersetzt. Vom Propheten Muhammad wird berichtet, dass er sagte:

> **"Hütet euch vor der Übertreibung in der Religion. Leute vor euch richtete ihre Übertreibung zugrunde."**
>
> **(Sammlungen Ahmad, Nasâ'î und Ibn Mâdscha)**

Ferner sagte er:

> **"Wahrlich, diese Religion ist leicht. Keiner übt sich in der Religion in Strenge, ohne dass sie über ihn selbst kommt: Er wird sie zu Stein und zu einem Grab machen."**
>
> **(Sammlung Bukhâri)**

Eine Einschätzung aus neuerer Zeit stammt von dem wegen mancher liberaler Stellungnahme nicht unumstrittenen islamischen Gelehrten Yusuf al-Qaradawi. In seinem Buch *Islamic Awakening between Rejection and Extremism* (Herndon VA 1991) schreibt er: "Wörtlich bedeutet Extremismus, sich an dem am weitesten vom Zentrum entfernten Punkt zu befinden. Im übertragenen Sinne bezeichnet das eine vergleichbare Entfernung im Hinblick auf Religion, das Denken und das Verhalten. Eine der Konsequenzen von Extremismus ist das Ausgeliefertsein an Gefahr und Unsicherheit. Darum verlangt der Islam Mäßigung und Ausgleich in allem: im Glauben, in der *'ibâda* (den gottesdienstlichen Handlungen), im Benehmen und in der Rechtsprechung.

steht hinter ihrem restriktivem Gebaren die Reaktion auf all das, was sie diffus als bedrohlich empfinden: gottlosen Lebenswandel und Konsumorientierung als Symptome einer nicht-islamischen Umwelt, verquere liberale Allüren, die das Kind aus der Schule heimbringt, Gewalt und falsche Ideologien, wie sie von den Medien an den Familientisch geliefert werden.

Außer Acht bleibt dabei leicht, dass islamische Erziehung nicht "Reaktion" ist, sondern "Aktion", für die es reflektierter und klar gesteckter Ziele bedarf. Und was, wenn das Kind seine Umwelt vielleicht gar nicht als Bedrohung wahrnimmt und von daher das Pathos der Verbote ins Leere geht?[78] Vor diesem Hintergrund kann islamische Erziehung sehr schnell umschlagen in den Zwang zulasten des Schwächeren. Wie wird das Kind reagieren? Nicht auszuschließen, dass es, sobald es die Scheinfrömmigkeit der Eltern durchschaut, sich innerlich sowohl gegen die "wohlmeinende" Zuwendung, als auch gegen den Islam selbst verschließt.

Zusammenfassung

Wir können den bis hierher besprochenen Textstellen des Korans zwei wichtige Grundprinzipien entnehmen:

1. das gute Vorbild und
2. die gute Beziehung.[79]

Dies ist der gerade Weg, den Allah *sirât al-mustaqîm* genannt hat... (dann zitiert al-Qaradawi den Koran-Vers 2:143).

78 Es steht außer Frage, dass dieser Spalt bei Migrantenfamilien - Eltern aus Anatolien, Tochter ein "Münchner Kindl" - unüberbrückbar weit aufbrechen kann.

79 Das gilt nicht nur für die Kindererziehung, sondern ganz allgemein. Man könnte das auch übertragen auf das Verhältnis zwischen dem Staatsbürger und den Politikern: Wenn die gewählten Repräsentanten sich nicht um das gute Vorbild bemühen (vergleiche Korruptionsaffären), verlieren die Ohnmächtigen das Vertrauen in ihre Mächtigen. Sie sehen nicht ein, warum von Rechts wegen

Luqman und sein Sohn haben gezeigt, dass die Grundlage für eine erfolgreiche Führung des Heranwachsenden die Beziehung zu ihm ist. Das Dreiecksmodell hat gezeigt, dass es genauso auf die Beziehung des Erziehers zu Allah, seinem Schöpfer und Herrn ankommt: Ist sie nicht in Ordnung, dann wirkt sich das auch auf seine Beziehung zum Heranwachsenden aus. Die gute Beziehung zu Allah findet ihren Ausdruck in gutem Verhalten, welches den Erzieher ganz im Sinne der Sure 25 als Vorbild qualifiziert. Der Weg dorthin geht über die Selbsterziehung. Erkennt der Heranwachsende beim Älteren, dass bei ihm verbale Vermittlung und gutes Verhalten zueinander passen, gewinnt er Vertrauen und akzeptiert ihn als "Modell". Erziehung, die nicht darauf fußt, ist nicht islamisch.

---

zu forderndes Verhalten (Steuern zu zahlen) notwendig sein sollte. Die Beziehung ist zerstört, und eine Umkehr ist für beide praktisch nicht mehr möglich.

Gehorsam und Verweigerung

"Eltern sollen ihre Kinder lieben, Kinder ihre Eltern ehren." In vielen Moschee-Predigten beschworen, findet sich auch im Islam etwas von dieser, vielen Religionen gemeinsamen ethischen Dichotomie. Sie gehört zu den besten Verhaltensweisen und dürfte wohl keinem Kulturkreis fremd sein. Das Wissen um die "rechte Weise" bezeichnet der Koran mit *ma'rûf*,[80] einem Wort, das auch in der Luqman-Stelle auftaucht:

15 ...und begleite sie in dieser Welt auf rechte Weise... (*ma'rûfan*)

(Sure 31)

Der Islam hält solch "ethisches Weltwissen" hoch und ermahnt seine Anhänger, die entsprechenden sittlichen Verhaltensweisen tunlichst einzuhalten: Leben zu schützen, Besitz und Ehre des anderen und dessen Privatsphäre zu achten, nicht zu stehlen, nicht zu lügen und keine Gewalt anzuwenden. Eine wichtige Quelle für sittliche Verhaltensvorgaben ist die Sunna des Propheten.[81]

Was den Gehorsam gegenüber den Eltern angeht, so sprechen zweierlei Gründe dafür, sich damit etwas genauer auseinanderzusetzen: Erstens enthält der Koran in der

---

80 Die arabische Wurzel des Wortes findet sich in dem Verb *'arafa*, das heißt "wissen, anerkennen, beachten".

81 Ein in dieser Hinsicht interessantes Dokument der Sunna ist das erste Abkommen von 'Aqaba zwischen dem Propheten Muhammad und zwölf Abgesandten aus Medina. Es zeigt, wie ein Vertrag auf der Grundlage der gegenseitigen Verpflichtung zu gutem und sittlichem Verhalten zustande kommen kann, ohne dass der Islam als Religion oder die Person Muhammads als Gesandter Allahs diskutiert werden müssen. Man einigte sich darauf, die absehbar gemeinsame Zukunft auf folgende Punkte zu gründen: Allah nichts zur Seite zu stellen, nicht zu töten, nicht Unzucht zu treiben, neugeborene Kinder (vor allem Mädchen) nicht zu töten, die Nachbarn nicht zu verleumden und dem Propheten in allem, was rechtens ist, zu folgen.

Luqman-Stelle (31:15) jene seltsame Option zum Ungehorsam. Sie ist Notbremse für den Fall, dass Folgsamkeit zu Mitgötterei führen könnte. Zweitens ist es gerade die Beziehung zwischen Eltern und ihren nachrückenden Kindern, die so konfliktschwanger ist wie kaum eine andere.

Der Koran spricht noch an anderen Stellen vom Gehorsam[82]. Dabei sollte der Blick nicht ausschließlich auf dem Bereich der Erziehung ruhen. Eine sehr bekannte und für vielfältige Interpretationen herangezogene Stelle ist zum Beispiel diese:

> **59 Ihr, die glauben, gehorcht Allah und gehorcht dem Gesandten und den Zuständigen für die Angelegenheiten unter euch, und wenn ihr über etwas miteinander streitet, so bringt es zurück zu Allah und zum Gesandten, wenn ihr an Allah glaubt und den Letzten Tag, das ist besser und die beste Deutung.**
>
> **(Sure 4)**

Auslöser für Diskussionen unter Muslimen ist immer wieder der Schlüsselbegriff "die Zuständigen für die Angelegenheiten". Das Geplänkel darum, wer denn für was auch immer zuständig sei, verdrängt bisweilen die interessantere Fragestellung: Was zeichnet jemanden als "zuständig" aus?

Zuständig für eine Sache ist derjenige, der von ihr am meisten versteht. Mit einem defekten Auspuff wendet man sich nicht an den Zahnarzt, mit Zahnschmerzen nicht an eine Autowerkstatt. Um bei den Zähnen zu bleiben: Allah zu gehorchen, würde besagen, sie nicht durch ausgiebigen Zuckerkonsum zu ruinieren. Der Koran verbietet ganz allgemein, den Körper zu schädigen und fordert deswegen

---

82 Das arabische Wort für "Gehorsam" lautet *tau'*, abgeleitet vom Verb *tâ'a*. Diese Wortfamilie hat die Mitbedeutung "freiwillig", "leicht und lohnenswert sein" sowie "ohne zu Zögern". Die Mitbedeutung von "Zwang" scheint hingegen weitgehend ausgeschlossen zu sein. "Folgsamkeit" ist hier wohl die treffendere Übersetzung.

auf, nur gute Dinge zu essen.[83] Dem Gesandten zu gehorchen heißt desgleichen, seinen Ratschlag in der Sunna anzunehmen und regelmäßig die Zähne zu putzen.[84] Um es vorsichtshalber gleich anzufügen: Sollte der "zuständige" Zahnarzt empfehlen, zusätzlich die Zahnzwischenräume mit Zahnseide zu reinigen, ist der Muslim selbstverständlich aufgerufen, auch ihm ohne Murren zu gehorchen, selbst wenn die Sunna die Zahnseide nicht ausdrücklich erwähnt.

Wir aber wollen nun wissen, was der obige Koran-Vers für die Natur des Gehorsams gegenüber den Eltern bedeutet. Dürfen wir im Islam tatsächlich von der oft bemühten "natürlichen Autorität" sprechen? Eine Arbeitsdefinition könnte dann so lauten:

- Je älter der Mensch, umso tiefer sein Wissen. Deshalb ist "Folgsamkeit" ihm gegenüber Gebot.

Die Mutter verbietet ihrem Kind, auf der Straße zu spielen, weil sie die Gefahren des Straßenverkehrs kennt. Das Kind seinerseits ist von seiner Wahrnehmungsfähigkeit her noch nicht in der Lage, die Geschwindigkeit eines herannahenden Fahrzeugs abzuschätzen.

---

83 Dazu steht im Koran:

168 Ihr Menschen, esst von dem, was auf der Erde Erlaubtes, Gutes ist und folgt nicht den Stapfen des Teufels, er ist ja für euch ein klarer Feind.
(Sure 2)

84 Überliefert ist in diesem Bericht von Malik, dass der Prophet bei einer Freitagsansprache sagte:

"Muslime! Allah hat euch diesen Tag zu einem Tag des Fests gemacht. Nehmt *ghusl* (Ganzwaschung des Körpers), und es schadet keinem, der Parfüm hat, etwas davon zu verwenden, und benutzt den *siwâq* (Zahnhölzer)!"
(Sammlung Muwatta von Imam Malik)

Derselbe Überlieferer erwähnt auch, dass der Prophet das Reinigen der Zähne als Bestandteil der Waschung zum Gebet (fünfmal täglich) zur Pflicht machen wollte, dann aber davon Abstand nahm aus Sorge, die Muslime mit Pflichten zu überlasten.

Soweit, so gut. Wie verhält es sich aber, wenn im Heranwachsenden das Gespür für die eigene Kompetenz zunimmt? Dazu ein Fall aus der Praxis: Ein jugendlicher Muslim möchte gerne bei einem alternativen privaten Radiosender als Moderator volontieren. Dort gibt es neben den Nachrichten Musik jenseits des Mainstream, in der er überdurchschnittlich beschlagen ist. Aber: Vater und Mutter kennen nicht den Sender, und die Musik ist ihnen seit je verdächtig. Sie legen ihr Veto ein. Punktum!

So prallen Weltsichten aufeinander: Hier jugendliches Wunschdenken und der Traum von der Selbstverwirklichung, dort die Sorge vor Eventualitäten. Der Junge kann den Eltern nur gehorchen, wenn er sich subjektiv gesehen selbst verleugnet, und wir wissen alle, was das heißt.

Eine erweiternde Komponente des islamischen Begriffs von natürlicher Autorität kann hier helfen: das beratende Gespräch. Im Islam ist die "gegenseitige Beratung" Pflicht. Sie ist nicht weniger hoch anzusiedeln als zum Beispiel das Verrichten des Gebets oder die Versorgung der Familie. Im Koran erfahren wir dazu:

36 Und was euch gegeben wurde an Sachen, so ist es das Genießen des Lebens dieser Welt, und was bei Allah ist, ist besser und nachbleibender für diejenigen, die glauben und auf ihren Herrn vertrauen,

37 Und diejenigen, die sich fernhalten von den größten der mutwilligen Sünde und der Abscheulichkeiten, und immer wenn sie erzürnt waren, verzeihen,

38 Und diejenigen, die ihrem Herrn antworten und das Gebet einrichten, - und ihre Angelegenheit ist in Beratung zwischen ihnen, - und von dem, womit Wir sie versorgt haben, hergeben...

(Sure 42)

Setzen wir das in Bezug zur Erziehung innerhalb der Familie: Was können wir dem Stichwort "Beratung" auflasten?

- Eltern und Kinder sollen sich gegenseitig an die wichtigen Ziele der islamischen Lebensweise erinnern, welche hier sind: auf das bleibende Jenseits bauen, sich hüten vor dem Vergänglichen der Welt, vertrauen auf Allah, Abstand halten zu den Sünden.
- Jeder soll Klarheit bezüglich des eigenen Standpunkts und seines wirklichen Werts gewinnen.
- Alle sollen eine Atmosphäre des fruchtlosen Streits vermeiden helfen.
- Vom Grundsatz her beruht der Gehorsam auf Einsicht. Kommt es zum Konflikt, muss entweder die Einsicht beratend angebahnt oder die Gehorsamsforderung modifiziert werden. Der Koran empfiehlt, in besonders schwierigen Fällen auch noch Dritte hinzuzuziehen, um so einen Wechsel der Perspektive zu ermöglichen.[85]

Der Gehorsamszwang setzt die These nicht außer Kraft, dass der Gehorsam an Einsicht gebunden ist. So ist das oft bei allem, was grundsätzlich gilt: Es kann Fälle geben, in denen

---

85 Eine besonders knifflige Situation ist eine drohende Scheidung. Sie ist im Islam, einmal vorsichtig formuliert, eine mögliche Alternative, um Schlimmeres abzuwenden. Personen aus dem näheren sozialen Umfeld, zu denen die Kontrahenten einen Bezug haben, werden vom Koran aufgefordert, zu vermitteln, damit es vielleicht doch nicht zur Scheidung kommt oder diese in geordneten Verhältnissen vonstatten geht:

35 **Und wenn ihr zwischen beiden offene Spaltung befürchtet, so schickt eine Schiedsperson von seinen Angehörigen und eine Schiedsperson von ihren Angehörigen, wenn sie beide Wiedergutmachungen möchten, lässt Allah es zwischen ihnen beiden gelingen, Allah ist ja immer wissend, kundig.**

(Sure 4)

Wunder jedoch, wie diese Textstelle zeigt, können auch Vermittler nicht vollbringen. Es kommt zuerst auf den inneren Willen zur Versöhnung an. Dann ist es, so lesen wir hier, Allah, der gelingen lässt oder nicht.

der unmittelbare Gehorsam ohne Wenn und Aber notwendig ist. Ihn dann zu versagen, ist unter Muslimen nicht gerne gesehen. Einsichtsfähigkeit ist nicht auf alle gleich verteilt, Einsicht kann sich überdies erst im Nachhinein einstellen.

Wie auch immer die Natur der Folgsamkeit gelagert, was auch immer die situative Verkomplizierung sein mag - die gegenseitige Beratung ist, wie schon gesagt, immer und für alle islamische Pflicht. Aus diesem Blickwinkel zeigen sich für die Sozialerziehung nicht ganz neue, dafür um so wichtigere Zielangaben:

- Kinder müssen schon frühzeitig damit vertraut gemacht und darin geübt werden, mit Konflikten in der eigenen Familie (physisch und sprachlich) gewaltfrei und auf dem Weg des Gesprächs umzugehen. Sie lernen dadurch auch, sich ihrer eigenen Einstellungen und Verhaltensweisen bewusster zu werden.

- Kindern und Jugendlichen muss vermittelt werden, wie wichtig die gegenseitige Beratung als islamisches Prinzip für das Zusammenleben innerhalb und außerhalb der Familie ist. Sie sollen in die Lage versetzt werden, in Krisensituationen auch wirklich davon Gebrauch zu machen.

Dass dies die Selbsterziehung der "älteren Jahrgänge" voraussetzt, liegt auf der Hand. Was nützen schließlich all die schönen Worte, wenn dem Heranwachsenden statt Gesprächsbereitschaft nur Rechthaberei und mangelnde Flexibilität begegnen?

Nicht zu vergessen, wohlgemerkt: Zu Sachverstand und Beratung gesellt sich noch ein Drittes. Es lässt sich aus dem Begriff der "rechten Weise" (*ma'rûf*) ableiten, der bereits zur Sprache kam, ergibt sich aber auch aus einem generellen Charakteristikum des "Zuständigseins für eine Sache", wenn wir bedenken, dass es im Islam nicht so sehr um "die Sache", als um den Menschen geht, der mit der Sache zu tun hat. Sachkompetenz, losgelöst von Sozialkompetenz, führt zu Härte und gefährdet den sozialen Frieden.

Vom Koran und von der Sunna her, die ja selbst nicht "handeln", sondern vom Menschen interpretiert und angewendet werden, also vom grünen Tisch aus, kann eine Sache sich anders anlassen als an Ort und Stelle. Im wirklichen Leben hat sich zu bewahrheiten, was dem Betroffenen wirklich nützt. Im islamischen Recht gibt es dafür das Wort *maslaha*, was so viel bedeutet wie "hilfreiche Sache" oder auch "Erfordernis zum Besten einer Sache".[86]

Dieser dritte Aspekt des Gehorsamsbegriffs hat etwas mit dem gesunden Menschenverstand zu tun. Man darf nach der Lebenserfahrung natürlich Zweifel hegen, ob der Mensch von seinem Verstand richtig Gebrauch macht und ob er in Kopf und Geist überhaupt je gesund ist. Ungeachtet all der negativen Implikationen sei unter *maslaha* Folgendes verstanden:

- Die Gehorsams-Forderung setzt einen Blick dafür voraus, was wirklich machbar ist, ein erhöhtes Gespür dafür, in welche Lage man andere bringt, wie einsichtsfähig sie sind und wieviel ihnen zuzumuten ist. Blick und Gespür dafür versuchen wir mit dem arabischen Ausdruck *'urful-ins* zu fassen, in etwa als "Kenntnis vom Menschen und seiner Lage" zu verstehen.

Sehr wahrscheinlich sind *maslaha* und *'urful-ins* die entscheidenden professionellen Qualitäten des islamischen

---

86 In der islamischen Geschichte führte *maslaha* dazu, dass der Kalif 'Umar die Anwendung der Strafe für Diebstahl aussetzte, was nicht bedeutet, dass er die Strafe selbst abschaffte. Im Recht nennt man das Bemühen, mögliches Unrecht zu verhindern, das durch die strikte und blinde Anwendung des geschriebenen Rechts entstehen könnte, auch "Billigkeit".

Erziehers[87], denn abgesehen von der vorauszusetzenden Begabung kann er sie nur über einen langwierigen Prozess erlangen, der der Selbstpreisgabe mitunter recht nahe kommt. Er muss lernen, sich in die Lage anderer zu versetzen (Empathie). Gleichzeitig muss er sein Erziehungsverhalten kritisch beobachten und fortwährend revidieren. Diese doppelt geschichtete Aufmerksamkeit kostet Energie und kann zu schmerzhaften Innenspannungen führen. Islamische Erziehung ist so gesehen immer auch ein Prozess der Selbstentwicklung. Erziehung als bloße Anwendung unreflektierter Alltagstheorien[88] lässt der Islam nicht zu.

Eine weitere wesentliche Grundlage für die islamische Erziehung ist die vertrauensvolle Beziehung. Bei der Gehorsamsfrage zwischen Eltern und ihren Kindern spielt sie die entscheidende Rolle: Ein "gutes Verhältnis" begünstigt die Folgsamkeit und hilft den Eltern und Erziehern bei der stets notwendigen Modifizierung der Erziehungsansprüche. Das

---

87 Eine Zusammenstellung der wichtigsten Eigenschaften, die zu einer "islamischen Erzieherpersönlichkeit" gehören, sowie ihre Diskussion hat Dr. M. Zafar Iqbal im Rahmen einer Revision der pakistanischen Lehrerbildung versucht: "Der muslimische Lehrer sollte

- die islamische *scharî'a* (alle moralischen und rechtlichen Verhaltensanweisungen des Islams) befolgen,
- Allah fürchten,
- in Persönlichkeit und Charakter für die Schüler Vorbild sein,
- in seinem Umgang mit ihnen warmherzig, höflich und nachgiebig sein,
- würdevoll und ernst sein,
- Sendungsbewusstsein haben,
- mit guten Absichten lehren,
- intellektuell kompetent sein,
- die islamische Vision besitzen und vermitteln können."

Als wichtigste Elemente des Berufsbildes des muslimischen Lehrers nennt er "...berufliche Unabhängigkeit, Ausgewogenheit zwischen Rechten und Verantwortung, finanzielle Unabhängigkeit, Berufsehre, Freiheit zur Teilhabe an öffentlich-politischen Angelegenheiten, öffentliche Anerkennung und ein akademischer Abschluss." Dr M. Zafar Iqbal, *Teachers Training - the islamic perspective,* Islamabad 1996.

88 Auch "implizite Führungstheorien" genannt.

bedeutet in der Regel, sich selbst als Erzieher gelegentlich etwas mehr zurückzunehmen, als einem vielleicht lieb ist.

Die Luqman-Stelle zeigte, dass der Bruch im Gehorsam, verursacht durch Mitgötterei und die mit ihr einhergehenden Forderungen, nicht unbedingt den Bruch der Beziehung nach sich ziehen muss. Es sind immer noch Mutter und Vater, um die es geht.

Woher soll ein Heranwachsender aber die Energie nehmen, einen Konflikt zu durchstehen, der auf eine Abkühlung der Beziehung zu den Eltern hinausläuft? Vielleicht bricht die Bindung sogar ganz? Die erforderliche Kraft kann er nur aus einer affektiven Bindung beziehen, die ebenso stark wie die elterliche ist, wenn nicht stärker: Es geht um die erlebte Beziehung zu Allah als dem nahen Beschützer. Sie gilt es aufzubauen.

Die Beziehung zu Allah hängt allerdings an zahlreichen abstrakten Vorstellungen und unterliegt natürlichen Schwankungen - alles nicht stabil genug, mit dem Gemisch aus Zorn, Frustration und Existenzangst, das für Generationenkonflikte typisch ist, fertig zu werden. Deshalb ist der Ratschlag in der Luqman-Stelle so wichtig, sich - einmal frei interpretiert - notfalls jemand anderen als Bezugsperson zu wählen und dort wenigstens vorübergehend sicheren Hafen zu suchen.

Der Islam erlegt dazu jedem Einzelnen die Verpflichtung auf, sich für solche Fälle bereit zu halten, die leider nicht so selten sind wie oft behauptet. Lässt die Gemeinschaft die Entstehung von Sozialwaisentum zu und nimmt sie die Erziehungsverantwortung nicht subsidiarisch wahr, handelt sie kollektiv ungehorsam gegenüber Allah. Für den Heranwachsenden gilt, dass er im Falle eines schwelenden Konflikts nicht nach Belieben Toleranznischen besetzt, bloß weil er in Ruhe gelassen werden will. Ihm ist auferlegt, nach weiterführender, fürsorglicher und unterrichtender Begleitung

Ausschau zu halten.[89] Das leuchtet ein, wenn man erwägt, wie so mancher sich unter Hinweis auf die Familienverhältnisse in Selbstdiagnose traumatisiert, um sich dann, manchmal sogar bis ins hohe Alter hinein, in die Bequemlichkeit davonzustehlen. Mit den "bösen Eltern" kann man so ziemlich jede moralische Beliebigkeit kaschieren. muss daran erinnert werden, dass es derzeit wieder stark in Mode ist, Verantwortung abzuwälzen?

Warum greift der Islam diese Thematik so detailliert auf? Was hat sie, abgesehen davon, dass unfolgsame Kinder jedem auf die Nerven gehen, in einer Bildungslehre zu suchen? Die islamische Gemeinschaft wird ja gerne als eine Solidargemeinschaft beschrieben.[90] Mag solcher Anspruch bislang uneingelöst sein, so ist er doch sicher mehr als nur eine Illusion. Missmanagement in sensiblen Sozialbereichen kann das Gefüge ins Wanken bringen, wie bereits oben mit dem Gleichnis vom "Körper" im Ausspruch des Propheten Muhammad belegt. Verstöße gegen die soziale Bedürfnislage von Gesellschaften, sei es durch Wirtschaft oder Politik, rufen überall und zu allen Zeiten Unrecht und Leiden hervor und führen ganze Völker ins Verderben. Die modernere Geschichtsauffassung versucht nicht von ungefähr, Sozialkrisen als Ursachen für große politische Konflikte auszumachen.[91]

Eine ganze Reihe von Wechselwirkungen zwischen

---

89 In der Textstelle 31:15 steht etwa wörtlich "hinterherlaufen" (*tabi'a*), was auch beinhaltet, die neue Bindung "verbindlich" einzugehen, bis sie einem Gehorsamsverhältnis gegenüber den Eltern entspricht.

90 Der arabische Begriff hierfür lautet *umma*.

91 Diese gelten auch als die Hauptursachen für die neuerliche "Ideologisierung des Islams" (Stichworte "Reislamisierung", "Fundamentalismus"), ausgelöst durch die drastische Erhöhung der Preise für Grundnahrungsmitttel (Wir sprechen hier von 100-300%!) in Ägypten (1977), Marokko (1981), Tunesien (1984), Jordanien (1989) und - mit den wohl nachhaltigsten Wirkungen, da gepaart mit dem politischen Betrug an der demokratischen Willensbildung der Muslime - in Algerien (1988); G. Stöber in A. Falaturi (Hrsg.), *Der Islamische Orient*, Köln 1990.

Individuen und den Gesellschaften sind in ihrem Zusammenspiel weitgehend noch unerforscht. Die wir zu kennen glauben, sind zu einem großen Teil spekulativer Natur. Verglichen mit der Physik als Disziplin, stehen wir als Pädagogen (trotz unseres Vorteils, einer integrativen Disziplin anzugehören) heute eher noch auf der Stufe der Newtonschen Fallgesetze, weit entfernt von einer Quantentheorie der menschlichen Psyche. Darum dürfte das Wort vieler Muslime nach wie vor unanfechtbar sein, wonach Allah als unser "Bauherr" im ganzheitlichen Sinne wohl auch am besten wissen wird, was für uns gut und was schlecht ist. Aus islamischer Sicht ist es demnach ratsam, die göttliche Offenbarung als "Betriebsanleitung" genau zu befolgen, wenn nichts kaputt gehen soll.

Simpel, nicht wahr? Geradezu mechanistisch! Und doch stellt der Zustand der islamischen Gemeinschaft sich derzeit so dar, als stünden die Rezepte von Koran und Sunna nicht sonderlich hoch im Kurs. Als Gemeinschaft im klassischen *Umma*-Sinne sind die Muslime ohnedies nicht erkennbar. Herausragende islamische Personen, deren Denken, Reden und Handeln etwas von dem erahnen lassen, was der Islam zu leisten vermag, sind durch die Bank eher Individualisten. Die Muslime in Deutschland sind lediglich aufgrund ihrer nationalen Herkunft, nicht aber im islamischen, das heißt umfassenden sozialen und politischen Sinne fassbar. Sie versickern vielmehr in anderen Kategorien: Ausländer, Migranten, Studenten, Arbeiter, Einkommensschwache oder -starke, Liberale oder "Fundamentalisten", Verheiratete oder Unverheiratete, die Muslime Münchens, Hamburgs, Berlins... Insofern handelt es sich bei der "Umma" derzeit um ein bloßes Konstrukt.

Diese von fast allen Muslimen unwidersprochene Einschätzung verleitet viele zu der Annahme, dass Verhaltensweisen, die im Rahmen der Umma gelten, erst einmal außer Kraft gesetzt sind. So kommt es, dass Muslime kaum noch für den anderen einstehen, selten Zakat zahlen, islamische

Initiativen ignorieren, solange diese für sie keinen persönlichen Vorteil abwerfen. Sie bilden sich im Islam nicht weiter, eine Minimalie fürs eigene Kämmerlein genügt, Lohn und Anerkennung wird überall gesucht, nur nicht bei Allah. Es ist ihnen auch ziemlich gleichgültig, wie ihre Kinder erzogen werden.

Zusammenfassung

Für Muslime, besonders als Eltern und Erzieher, besteht die Pflicht, durch Wahrnehmung der Erziehungsverantwortung auf einer Art evolutionärem Weg die künftige Lage der Kinder zu verbessern. Sie sind aufgerufen, ihr soziales "Netzwerk" an den folgenden Eckpfeilern festzubinden: Glauben und Leben nach Koran und Sunna, Festhalten am "Bindeseil mit Allah", Gehorsam gegenüber den Eltern, Achtung vor Kompetenz und Willensbildung durch Beratung. Eine Erziehung, die Auswüchsen wie Glaubensverweigerung, Heuchelei, Ungehorsam gegenüber den Eltern sowie Kompetenzneid und Egoismus Vorschub leistet, zerstört das gemeinschaftliche Netz.

Zieldimension Mündigkeit

Die Diskussion des Themenfeldes "Gehorsam", so wie es der Koran anspricht, hat gezeigt: Von einem heranwachsenden jungen Menschen werden Kraft, Stehvermögen und Übersicht erwartet. Ist das nicht ein bisschen viel? Woher soll er die nehmen? Von welcher Altersgruppe sprechen wir überhaupt? Sechzehnjährige, Volljährige vor dem Gesetz, Fünfundzwanzigjährige? Man begegnet bisweilen auffallend jungen Menschen mit einem überdurchschnittlichen Hang zur Verselbständigung. Andersherum gibt es jene im fortgeschrittenen Erwachsenenalter, die ihren Eltern über lange Zeit hinweg im Guten wie im Schlechten hörig bleiben.

Sich deutlich sichtbar von Mitgötterei loszusagen ist mehr als nur Lehrsatz, ist nicht beschränkt auf die altprophetischen Präzedenzen. Tauhid färbt das muslimische Selbstkonzept. Das bringt für manchen Probleme.

Wie soll man Mitgötterei in ihren aktuellen Erscheinungsformen erkennen? Vor allem: Wie vermeidet man dabei jenen rauschebärtig blinden Übereifer, der in allem Weltlichen - oft voreilig gleichgesetzt mit allem Westlichen - gleich den Götzen und in jedem Andersdenkenden den Satan sieht? Im Konfliktfall nimmt jede "Partei" gern für sich in Anspruch, fest auf dem Boden des Islams zu stehen. Manche werfen anderen nicht-muslimisches Verhalten vor, um sich selbst aufzurichten.

Was zwischen den Generationen an oft verworrenen, wenig substanziellen und bisweilen rein gefühlsmäßigen Unversöhnlichkeiten entbrennen und ins Unermessliche wachsen kann, muss demnach entwirrt, auf nachvollziehbare Kriterien zurückgeführt werden.

Was setzt einen "Sprössling" eigentlich ins Recht, den "beiden nicht mehr zu gehorchen"? Auf der bildungstheoretischen Ebene ist das fast nicht mehr zu definieren, die Antwort dürfte von Sachlage zu Sachlage jeweils anders ausfallen. Richtschnur kann dabei jedoch immer nur seine islamische Lebensweise sein. Von daher vermag er jene Stärke zu entwickeln, derer es bedarf, um ernste Beziehungskrisen auch emotional zu verkraften.

Die fundamentalen islamischen Verhaltensweisen Luqmans führen zu "Entschlossenheit in den Angelegenheiten"[92] (siehe Vers 17). Darin liegt eine gewisse Sinnverwandtschaft zu dem, was wir seit der Errichtung des kantischen Denkgebäudes als "Urteilskraft" kennen. Was hat es im Islam damit auf sich?

"Festentschlossenheit" (*'azm*), in englischen Übersetzungen gerne mit *firmness*, also dem "Stehen auf festem Grund" wiedergeben, finden wir im Koran an mehreren Stellen in unterschiedlichen Zusammenhängen:

> 21 **Gehorsam und ein rechtes Wort, - und wenn die Angelegenheit beschlossen[93] ist, wenn sie zu Allah wahrhaft sind, bestimmt ist es besser für sie.**
>
> **(Sure 47)**

Der Kontext handelt von der schließlichen Verweigerungshaltung einer Gruppe unter den Einwohnern von Medina (und einiger Stämme aus der Umgebung der Stadt), die vom Propheten (der in der Sache des Kriegführens stets Zurückhaltung anmahnte) zunächst großspurig den bewaffneten Kampf verlangt hatten. Als der Aufruf zum bewaffneten Widerstand gegen das anrückende mekkanische Vernichtungsheer tatsächlich kam, machten gerade die lautstarken Wortführer lange Gesichter. Wie aus der Geschichte von der Schlacht von Uhud bekannt, waren später auch sie es, die auf halbem Weg zur Walstatt lieber wieder in die Stadt zurückritten und den Propheten im Stich ließen. Es mangelte ihnen an innerer Kraft, das, was gemeinsam beschlossen war, ohne Wenn und Aber in die Tat umzusetzen. Sie waren, um es in

---

92 Der Ausdruck lautet auf Arabisch *'azmul-umûr*.

93 Auf Arabisch *fa idhâ 'azamal-amr*.

modernem Muslim-Deutsch auszudrücken, die ersten "Papier-Muslime".
Festentschlossenheit sei zunächst einmal definiert als

- die Kraft, eine beschlossene Sache "wahr zu machen"[94] und nicht bloß über sie zu reden.

Folgende Textstelle aus dem Koran beschreibt, wie man mit denen am besten umgeht, die unter mangelnder Entschlusskraft leiden:

159 Und durch die Barmherzigkeit von Allah warst du mild zu ihnen, und wenn du barsch, harten Herzens gewesen wärest, bestimmt wären sie von dir herum auseinandergelaufen, also erlasse es ihnen und bitte um Verzeihung für sie und ziehe sie in der Angelegenheit zu Rate, und wenn du etwas beschlossen hast, so vertraue auf Allah, Allah liebt ja die Vertrauenden.

(Sure 3)

Eine andere Koran-Stelle. Den einleitenden Vers 38 haben wir weiter oben schon einmal zitiert. Er verknüpft den Aspekt der gegenseitigen Beratung mit Entschlusskraft. Im weiteren Verlauf geht es um Charakterqualitäten, die für die Entwicklung von Mündigkeit von Bedeutung sind:

38 Und diejenigen, die ihrem Herrn antworten und das Gebet einrichten, - und ihre Angelegenheit ist in Beratung zwischen ihnen, - und von dem, womit Wir sie versorgt haben, hergeben,

39 Und diejenigen, die, wenn ihnen Gewalttätigkeit zustößt, sich selber helfen.

---

94 Das "Wahrmachen" oder "die Wahrheit sagen" bezeichnet der Koran mit dem Wort *sadaqa*, dem Kernwort des Begriffsfeldes "spenden". Gemeint ist, dass man erst durch das freiwillige Abgeben vom Besitz für die Bedürftigen seine Religion "wahr macht", das heißt dem richtigen Glauben (arabisch *îmân*) durch die gute Tat (arabisch *'amal sâlih*) den richtigen Ausdruck verleiht.

40 Und die Vergeltung einer bösen Tat sei eine böse Tat ihresgleichen, und wer es erlässt und es in Ordnung bringt, so obliegt seine Belohnung Allah, Er liebt ja nicht die unrecht Handelnden.

41 Und bestimmt, wer sich selber hilft nach Unrecht an ihm, also diese, es gibt keinen Weg gegen sie,

42 Den Weg gibt es ja gegen diejenigen, die den Menschen Unrecht antun und auf der Erde Gewalt antun, ohne das Recht dazu, diese, für sie gibt es schmerzende Strafe.

43 Und bestimmt, wer geduldig ausharrt und verzeiht, dies ist bestimmt etwas von der Festentschlossenheit in den Angelegenheiten.

(Sure 42)

Hier werden unter anderem zwei Werte herausgestellt, die zum religiösen Urgestein gehören. Sie verlangen besondere Charakterstärke:

- die Sühne für begangenes Unrecht und
- das Verzeihen.

Bemerkenswert an diesem Text ist, dass er das Verzeihen nicht verabsolutiert. Das mosaische "Auge um Auge..." klingt in Vers 40 sehr wohl noch an. Der Koran will den Gläubigen dahin bringen, sich in seinen Ansprüchen an die Welt und an das ihm zustehende Recht so weit wie möglich zurückzunehmen. Das Verzeihen wird jedoch nicht zum Gebot erhoben. Inwieweit Verzeihen gangbar ist, hängt von der Entwicklungsstufe des Betroffenen ab. Dass eine so wesentliche Grundhaltung nicht streng dogmatisiert, sondern eindeutig als entwicklungsabhängig herausgestellt wird, macht sie zu einem Gegenstand des pädagogischen Nachdenkens, denn: Entwicklung bedeutet aus erziehungswissenschaftlicher Sicht Veränderung. Welches Verhalten geeignet ist, diese Veränderung zu unterstützen, wird hier in Sure 42, ähnlich der Luqman-Stelle, aufgeführt:

- dem Herrn antworten (wenn man zur Einzigkeit Allahs und zum Dienst an Ihm gerufen wird[95]),
- das Gebet einrichten,
- sich in den gemeinsamen Angelegenheiten beraten,
- geduldig aushalten, womit man geprüft wird.

Für die islamische Erziehung ergibt sich aus dem bisher Gesagten so etwas wie "Mündigkeit" als Zieldimension. Mündigkeit meint die Entschlossenheit und Kraft,

- Allah niemals Mitgötter zu geben,[96]
- die dazugehörige Lebensweise wahr zu machen,[97]
- das, was Allah beschlossen hat, nicht in Zweifel zu ziehen,[98]
- dem Recht Geltung zu verschaffen und richtige Entschlüsse auch gegen Widerstände durchzusetzen[99],
- wo es geht, Nachsicht, Milde und Verzeihen walten zu lassen,[100]
- immer auf Allah zu vertrauen.[101]

---

95 Diese Haltung können wir auf Arabisch *istidschâba* nennen.

96 Damit ist *tauhîd* gemeint.

97 Das heißt nur als Muslim zu leben und zu sterben.

98 Das bezieht sich auf den Koran.

99 Das entspricht im Arabischen *al-amr bil-ma'rûf wan-nahi 'anil-munkar*.

100 Die arabischen Schlüsselbegriffe sind *lîn*: "die Weichheit, Milde", *rahma*: "die Barmherzigkeit" und *'afwa*: "das Erlassen".

101 Die Haltung des "Gottvertrauens" nennt man auf Arabisch *tawakkul*.

Es ließen sich - unter Preisgabe der Übersichtlichkeit - zahlreiche weitere Charaktereigenschaften anfügen.[102] Hinter allem aber steht das Verständnis von islamischer Mündigkeit

- als die feste Absicht und die Willentlichkeit in den Lebenshandlungen.[103]

Der Begriff der "Kraft" (*quwwa*) steht ohne Zweifel eng neben *'azm* als charakterlichem Gütesiegel. Eine andere Textstelle des Korans verrät, dass das Festhalten an der Offenbarung Allahs "mit Kraft" zur Mündigkeit gehört und wie es mit der Folgsamkeit gegenüber den Eltern in Verbindung steht. Diesmal geht es nicht um den Sohn Luqmans, aber interessanterweise wieder um ein Kind - den jungen Yahya[104]:

12 Jahja! Nimm die Schrift mit Kraft!, - und Wir haben ihm die Urteilskraft (*hukm*) als Kind gegeben,

13 Und Mitempfinden von Uns aus und Lauterkeit, und er war gottesfürchtig,

14 Und er war seinen Eltern gut (*barran*), und er war niemals gewalttätig (*dschabbâran*), aufsässig (*'asiyyan*[105]),

---

102 Hier ein Beispiel für eine solche Aufzählung, die wie fast alle keinen Anspruch auf Vollständigkeit erhebt. "...Man könnte sie den ethischen Code des Islams nennen... der Prinzipien nennt, die beinahe alle Aspekte menschlichen Verhaltens im diesseitigen Universum abdecken. Einige der bedeutendsten sind Wahrhaftigkeit, Keuschheit, Ehre, Versprechen halten, Sanftmut, Höflichkeit, die Bereitschaft zu vergeben, Dankbarkeit, Gerechtigkeit, Liebe, Güte, Geduld und Ausdauer, mit Weisheit predigen, Mut, Enthaltsamkeit, Opferbereitschaft, Mäßigung, Sittlichkeit." Dr. M. Zafar Iqbal, *Teachers Training - the islamic perspective (Diss.),* Islamabad 1996.

103 Der Begriff *'azm* meint den Antrieb von innen, von alleine, ohne äußeren Anstoß, also das pur Intrinsische. Es geht darum, dass die Dinge zuhause funktionieren, auch wenn die Eltern mal weg sind, oder dass die Kinder anfangen, auf die Gebetszeit zu achten, auch wenn sie niemand zum Gebet ruft.

104 Johannes

105 Vergleiche *'isyân* im Zusammenhang mit dem Intelligenzkriterium "Schutz vor Ungehorsam".

15 Und Frieden über ihm am Tag, an dem er geboren wurde und am Tag, an dem er stirbt, und am Tag, an dem er lebendig auferweckt wird.

(Sure 19)

Ohne nun das islamische Gleichgewicht zwischen Selbstvertrauen und Gottvertrauen zu Ungunsten des Geführt- und Geborgenseins verschieben zu wollen, haben wir mit dem Axiom der Willentlichkeit in den Lebenshandlungen die Gegenthese zum volksreligiösen Kismet[106]. Eindeutiger noch als bei unserer vorangegangenen Unterscheidung von Erfolgsorientierung und Misserfolgsvermeidung ergibt sich, dass eine Lebenshaltung, die sich aus lauter Bequemlichkeit an dem von Allah zugeteilten Los orientiert, doch wohl besser literarischer Mythos bleibt.

Eigene Intentionalität und freier Willensentscheid beinhalten allerdings auch eine Gefahr. Der Mensch denkt, will, handelt. Warum soll er da noch auf Allah bauen? Stehen "Mündigkeit" und "Gottvertrauen" nicht doch zueinander in einem unlösbaren Widerspruch? Entfernen wir uns durch Urteilskraft und Vernunft nicht automatisch von Allah? Wie kann Allah eigentlich Entschlusskraft gut heißen, wie dieses Risiko eingehen - oder sind wir mit unseren bildungstheoretischen Überlegungen auf ein falsches Gleis geraten?

Der freie Wille gestattet natürlich die Abwendung von Allah. Der Koran lehrt ja auch, dass der Mensch sich Ihm nur aus freien Stücken zuwenden kann. Dafür ist er mit den nötigen Gaben, unter anderem eben mit der "Festentschlossenheit" ausgestattet. Dass dies gelegentlich auch schief gehen kann, erfuhr schon der alte Adam. Er musste die bittere Erfahrung machen, dass der ihm gewährte Freiraum seine Tücken hat. Die Geschichte ist bekannt: Der Teufel stellte die ersten Menschen vor die erste Bewährungsprobe, und sie fielen glatt durch. Eine kleine Koran-Stelle verrät es:

---

106 Die islamische Denkrichtung der "Dschabariyya" lehrte die Unausweichlichkeit, die "Gewaltigkeit" des menschlichen Schicksals.

115 Und Wir hatten schon zuvor mit Adam eine Abmachung getroffen, und er vergaß, und Wir fanden bei ihm keine Entschlossenheit...[107]

(Sure 20)

Adam und wohl auch Eva mangelte es an "Festentschlossenheit". Die "Abmachung" mit Adam soll besagen: Du hast bestimmte Entscheidungsfreiheiten. Die brauchst du, um Mein Statthalter auf Erden sein zu können. Aber gehe wohl - überlegt damit um! Der Koran exemplifiziert: Praktizierte Religion soll den Menschen gegen die Anfeindungen des großen Versuchers, der auch seinen Willen und seine ganz eigene Festentschlossenheit hat, immunisieren.

Über die allgemeine Zielkategorie der Mündigkeit hinaus - gegen die niemand etwas haben kann, gehörte sie doch schon zum Zielkanon frühester aufgeklärter Bildungstheorien - lassen sich nun ein paar weiterführende Gedanken zur islamischen Bildungslehre auffächern.[108]

---

107 Arabisch *wa lam nadschid lahu* ***'azman***. In Diskussionen dieser Stelle wird nicht selten darauf verwiesen, dass sie sinngemäß etwa so zu verstehen sei: "...und Wir fanden bei ihm keinen Vorsatz", womit gemeint sei, dass Adam und Eva unbeabsichtigt gegen das Gebot Allahs verstoßen und somit nicht gesündigt haben. Diese Lesart berührt den hier erörterten Sachverhalt nicht, wirft aber ein Schlaglicht auf die immer wieder unnötigerweise aufgeworfene Frage, ob die Propheten a priori unfehlbar waren (und das auch schon vor ihrer Berufung) oder nicht.

108 Was Adam von Allah im Anschluss an die Katastrophe erst einmal brauchte, war die Möglichkeit zur Umkehr als Ausdruck seines Gehorsams und seines Willens, sich von nun an besser zu verhalten. Er benötigte dazu ein Verfahren, wie er genau diese Entschlossenheit erlangen würde, die ihm noch fehlte:

37 Da empfing Adam von seinem Herrn Worte, und Er wandte sich vergebend zu ihm, Er ist ja der Vergebende, Barmherzige.

(Sure 2)

Hier findet sich der Urgrund für die Notwendigkeit geoffenbarter Religion. Adam spielt im Islam nicht so sehr als erster Mensch eine wichtige Rolle, sondern vor allem als der, der erstmals Religion im Sinne einer Offenbarung von Allah und einer dazu passenden Lebensweise benötigte und erhielt.
Dass einst in der Vorzeit Gesandte Allahs mit geoffenbarten Schriften inmitten

Kritisches Bewusstsein

Die Wachheit gegenüber dem sozialen Umfeld, ohne die es keine wirkliche Mündigkeit geben kann, legt nahe, einen Kritikbegriff in die islamische Erziehungslehre aufzunehmen, ohne dass wir deswegen einer streitsüchtigen Konfliktpädagogik das Wort reden wollen.

Im Kontext westlich-humanistisch geprägten Denkens wird "Mündigkeit" verstanden als "Demokratiefähigkeit" - dies nach der Erfahrung der mangelnden Abwehrbereitschaft gegen die faschistischen und totalitären Machtsysteme der vergangenen Jahrzehnte. Der mündige Bürger soll wachsam sein gegenüber Tendenzen, die nicht in Einklang mit den Prinzipien der Menschlichkeit, der Gerechtigkeit und der Sittlichkeit stehen. Er soll rechtzeitig handeln, wenn es sein muss auch gegen bestehendes "Recht". Das alles gilt selbstredend auch für Muslime, die als Minderheit in Europa leben, ganz besonders aber für die Muslime in weiten Teilen der vermeintlich oder vorgeblich islamischen Welt.

Je berechtigter die Kritik, desto unbequemer der Kritiker. Man wird ihn fragen, wem eigentlich seine Loyalität gilt. Der Forderung etablierter Institutionen nach Solidarität - nehmen wir mal den sogenannten "Staat" - steht seitens des Muslims vorrangig die Bindung an den, dem er später einmal die letzte Rechenschaft wird geben müssen. Konkret: Junge Muslime entwickeln sich unter dem Eindruck des Zwiespalts zwischen dem, was Allah will, und dem, was die Menschen wollen. Je intensiver sie sich mit dem Islam befassen, desto deutlicher empfinden sie diesen Zwiespalt, jedoch ohne dass sie wirklichen Überblick über die Ursachenzusammenhänge

---

ihrer Völker wirkten und dadurch Religion in ihren Inhalten, Geboten und kulturellen Variationen etablierten, beruht nicht auf geschichtlichen, soziologischen und dialektischen Prozessen, sondern auf dem Grundbedürfnis des Menschen nach Religiosität. Dass der Mensch wohl auch eine Disposition für Religiosität besitzt, liegt nicht an irgendeiner willkürlichen Laune des Schöpfers. Sie ankert eher in der fehlenden Entschlusskraft des Menschen, nicht zuletzt aber auch in seiner Fähigkeit und Bereitschaft, Fehlbarkeit und Schwäche einzusehen und fortan zu versuchen, es besser zu machen.

gewonnen hätten. Das lässt jugendliche Kritik oft so harsch und rücksichtslos klingen, und das macht darüber hinaus muslimische Jugendliche nicht nur zum Gegenstand überanstrengter Studien[109], sondern auch zum Angstgegner selbst weltoffener und erfahrener Beobachter.

Sollen sie sich demnach nicht mit dem Islam befassen? Handelte es sich beim Islam um ein ideologisches System, wäre die Frage berechtigt. Eine Pragmatisierung der Weltsicht mittels Erziehung und Unterricht, unter Verzicht auf islamische Beiträge bis hin zum Verbot muslimischer Ausdrucksformen in der Öffentlichkeit, wie bereits heute manchmal gefordert, käme der Abwendung einer subtilen Bedrohung gleich.

Aber der Islam ist keine Ideologie, sondern Religion und Lebensweise, Kritik junger Muslime an bestehenden Verhältnissen demnach keine Attitüde, sondern ernst gemeint, wenn auch damit noch lange nicht immer berechtigt. Der Weg hin zu mündiger islamischer Artikulation kann demnach nur mitten durch den Islam hindurch und nicht außen herum erfolgen, die Wappnung gegen islamistische Agitation nicht mittels Tabuisierung, sondern mittels aufgeklärter Beschäftigung mit dem Islam und Festigung der muslimischen Identität. Nur so können junge Muslime wachsam jenen Tendenzen begegnen, die in der Tat die Offenbarung Allahs exklusiv im Sinne des eigenen Gruppeninteresses zu ideologisieren versuchen. Ohne gefestigte muslimische Identität gehen junge Muslime den mit Recht gefürchteten Rattenfängern auf den Leim.

Islamische Erziehung zielt nicht ab auf eine radikalisierte Generation junger Muslime, die nicht zu konstruktiver Kritik im Rahmen zivilisierter Partizipation und nicht zu Kompromissen bereit ist. Es wäre ja auch unsinnig zu behaupten, die Luqman-Stelle verfolge das Anliegen, Kinder zu

---

109 Zum Beispiel Wilhelm Heitmeyers *Verlockender Fundamentalismus - Türkische Jugendliche in Deutschland,* Frankfurt a. M. 1997.

Unfolgsamkeit anzustacheln.[110] Keinesfalls aber darf islamische Erziehung als Instrument missverstanden werden, mit dem man Kinder zu angepasstem Verhalten drillen und ihren Willen nach Veränderung brechen könnte. Deshalb müssen aus der bildungstheoretischen Interpretation des Korans heraus ungefärbt die folgenden Forderungen gestellt werden:

- Kinder sollen angeregt werden, ihr weites und enges Umfeld kritisch zu betrachten und sich mit den Mitmenschen in einer den guten Gepflogenheiten angemessenen Art und Weise auseinanderzusetzen.
- Jugendliche dürfen das Recht zur Kritik aber nicht mit einer generellen Option auf Gehorsamsverweigerung gleichsetzen.
- Mit heranreifender Kritik- und Artikulationsfähigkeit erwächst den jungen Muslimen die Pflicht, anderen Vorbild zu sein - und seien es sogar die eigenen Eltern.
- Kinder und Jugendliche müssen zu einer bewussteren Wahrnehmung ihrer inneren Motive angeleitet werden, damit sie ihr Handeln selbstkritisch überprüfen und modulieren können.[111]

---

110 Der Islam lehrt uns auch nicht, die Gesellschaft, in der wir leben, mit revolutionärem Potenzial und der damit besonders oft verbundenen Gewaltbereitschaft zu erschrecken. Muslime sollen im Verlauf ihres Sozialisationsprozesses lernen, die wenigen ganz wichtigen Kriterien der göttlichen Offenbarung immer und überall ohne Ansehen der Person als Maßstab anzulegen - erst an sich, dann an andere. Auf weltpolitischem Niveau betrachtet könnten eine besser verstandene islamische Erziehung und unter Muslimen ein höherer Stellenwert des Prinzips der Mündigkeit dazu beitragen, dass die Kalaschnikow erst einmal im Keller bleibt.

111 Ein längerer Bericht vom Propheten Muhammad, überliefert von 'Umar ibn al-Khattâb, beginnt mit den Worten: *innamâl-a'mâlu bin-niyyât...* "Wahrlich, die Taten (werden) nach den Absichten (bewertet)..." (Sammlung Imam an-Nawawî, Hadith Nr. 1).

Entschlusskraft

Man wird immer wieder unfreiwillig Zeuge, wie Muslime sich wechselseitig bezichtigen, zwar viel über Probleme zu reden, aber wenig zu ihrer Lösung tun. Das ist kein islamisches Sonderproblem, aber jedenfalls menschlich genug für den Koran, um es im Grundsatz aufzugreifen:

2 **Ihr, die glauben, warum sagt ihr, was ihr nicht tut?**

3 **Ein großer Greuel ist es bei Allah, dass ihr sagt, was ihr nicht tut.**

(Sure 61)

Anspruch und Wirklichkeit, Rede und Tat, Denken und Leben in Einklang zu bringen, entscheidet über Erfolg und Misserfolg. Der entsprechende Auftrag an die islamische Erziehung passt zu Koran-Stellen wie dieser und macht die berechtigte Sehnsucht nach Echtheit zu einer Sache der islamischen Bildungstheorie:

4 **Es hat Allah nicht für einen Mann in seinem Innern zwei Herzen gemacht...**

(Sure 33)

Können wir es eigentlich ruhigen Gewissens zulassen, dass Mitmuslime in die Lage gebracht werden, nach zweierlei Maß urteilen, ja leben zu müssen? Von daher gehört es zum Auftrag des Pädagogen, die Kinder zur Mündigkeit zu erziehen. Es geht dabei ganz natürlich auch um Entschlusskraft im Sinne politischen Durchsetzungswillens.

Auf der Theorieebene sind bei diesem Thema Worthülsen schnell zur Hand. Inhalte zu präzisieren ist da schon schwieriger. Also beginnen wir mit der Frage "Entschlusskraft wofür"?

Ganz frei und abstrakt dürfen wir Entschlusskraft vorweg nicht verstehen. Erfahrungsgemäß verwendet jeder seine Energie zuerst auf die Durchsetzung dessen, was ihm gerade heilig erscheint, sei er nun Muslim oder nicht. Und je mehr man einer Sache geneigt ist, desto mehr verengt sich der Blickwinkel, schwindet die Bereitschaft, mögliche alternative Sichtweisen und warnende Signale wahrzunehmen. Daraus folgt: Die Entschlusskraft ist der Mündigkeit untergeordnet. Sie muss an die Fähigkeit gebunden werden, eigene Ziele und Verfahren einer ständigen kritischen Prüfung zu unterziehen.[112]

Koran-Stellen wie die in Sure 42 verknüpfen den Begriff der Festentschlossenheit mit hohen ethischen Werten. Der geschichtskundige deutsche Koran-Leser erinnert sich dabei an die Art und Weise, wie "oberste Erziehungsziele"in manche deutsche Landesverfassung Eingang gefunden haben.

Die unselige Erfahrung mit dem Missbrauch von scheinbar wertpositiven Zielbegriffen ("Recht" oder "Tugend") im Dritten Reich hat zu dem geführt, was wir heute als "Wertgebung" bezeichnen. Wertfeste Verfassungen wie die bundesdeutsche wollen widerstandsfähiger gegenüber Schwankungen im "bürgerlichen Konsens" sein (zu nennen wäre beispielsweise der allseits mit Sorge beobachtete "Rechtsruck"). Wertneutrale Verfassungen hingegen, wie es die französische oder auch die türkische sind und wie es die Weimarer Verfassung gerne gewesen wäre, die dem Buchstaben nach prinzipiell nicht zwischen der Kirche und einer beliebigen anderen Vereinigung unterscheiden, haben sich entschieden nachhaltiger mit der sogenannten "Verfassungswirklichkeit" als heimlichem Referenzrahmen auseinanderzusetzen.

Noch einmal: Festentschlossenheit wofür? Als die zwei

---

112 In den zahlreichen Ländern mit mehrheitlich muslimischer Bevölkerung werden sehr viele unterschiedliche Zielsetzungen diskutiert. Zum Beispiel ist die politische Unabhängigkeit vielen ein Anliegen, doch es stellt sich die Frage, wie "islamisch" sie eigentlich ist. Zunächst ist Unabhängigkeit kein Sonderrecht für Muslime, sondern für jeden, der sich in einer Abhängigkeit befindet, die ihn knebelt und zu erdrücken droht. Zweitens müssen wir uns als Muslime fragen, ob, und wenn ja, wann, wo und mit welchen Mitteln der Prophet Muhammad politische Unabhängigkeit als Ziel avisierte, die Gemeinschaft dorthin steuerte und sie zur Durchsetzung dieses Ziels anhielt.

wichtigsten ethischen Maximen, die der Koran mit dem Begriff der Festentschlossenheit verknüpft, bieten sich an:

1. **Gerechtigkeit:** Muslime dulden und begehen kein Unrecht, das an Starken (diese helfen sich selbst) oder an Schwachen (diesen muss geholfen werden) begangen wird;

2. **Vergebung:** auf Absolutsetzung des eigenen Rechtsanspruchs verzichten können.

Beides steht in einem Spannungsverhältnis zueinander, das in der Sure 42 auch deutlich zum Ausdruck kommt. Wir sind somit wieder bei der Zieldimension Jenseits, denn: Für den freiwilligen Verzicht auf Vergeltung gibt es nur bei Allah Kompensation; Ersatz für Billigkeit leistet nur Er. Wer den Frieden als das höhere Gut gegenüber der persönlichen Genugtuung, vielleicht auch gegenüber dem verbrieften Recht anerkennt, ist mit seiner Religion weiter als andere. Er hat mehr verstanden und kann mehr aushalten, er hat gelernt, auf Allah zu vertrauen.

Aber: Nicht alles und jedes ist auszuhalten. Es gibt auch den berechtigten Widerstand, nämlich dort, wo andere des Beistands bedürfen. Der Muslim ist gehalten, im Mitmenschen den "Bruder" zu sehen - mit ähnlichen Bedürfnissen, Hoffnungen und Wünschen und dem Auftrag, seine Aufgaben als Statthalter Allahs wahrzunehmen. Zu diesem Auftrag Allahs gehört es zuvörderst, den Schwachen zu beschützen.

Entschlossenheit wie?

Muslimische Intellektuelle ergehen sich gerne in der Schelte über den Zustand der islamischen "Weltgemeinschaft". Die Zerrissenheit zwischen Tradition und Moderne, zwischen Spritualität und Verweltlichung, zwischen Einfachheit und Technisierung hätten dazu geführt, dass maßgebliche Werte, wie sie der Koran setzt, nirgends mehr als realistische Ziele anerkannt seien. Ganz besonders wird beklagt, weder die islamischen Mikrogesellschaften[113], in denen junge Muslime aufwachsen, noch deren Elternhäuser verfügten über genügend Selbstreflexion, um es zu einer tragfähigen Kompetenz in der islamischen Erziehung zu bringen. Alle die schönen, der Schrift entlehnten Vorstellungen seien nichts als Theorie und Utopie. Es stelle sich sonach die drängende Frage: Wo anfangen?

Hier der Versuch einer einfachen Antwort: Entschlusskraft als Haltung aufzubauen setzt voraus, in der Erziehung auf die grundlegenden, im Koran im Zusammenhang mit *'azm* erwähnten, Etappenziele zu achten. In Zusammenfassung der bis hierher analysierten Koran-Stellen sind das durchweg Dinge, die konkret genug sind, um mit ihnen der Reihe nach schon heute und nicht erst morgen anzufangen:

- keine Mitgötterei begehen;
- die Botschaft Allahs als verbindlich und unumstößlich anerkennen;
- das Gebet einrichten;
- die *'ibâda* (sogenannten Gottesdienst, im engeren Sinne das Beten, Fasten, Spenden...) einrichten;
- im weiteren Sinne die islamische Lebensweise "wahr machen", Glauben und Leben in Einklang bringen;

---

113 Damit sind die Muslime gemeint, die in westlichen Nationen als Minderheiten leben und sich um die Errichtung einer Infrastruktur bemühen, wozu auch die Veränderung des Erziehungsverhaltens durch sporadische Fortbildungen in Form von Seminaren und Vorträgen, aber auch die Einrichtung von islamischen Privatschulen gehört.
Was sogenannte "islamische Länder" angeht, sind die Muslime gemeint, die sich im Islam profunder entfalten wollen als die "Normalbevölkerung", und die sich zu diesem Zweck zu Bewegungen und Organisationen zusammenschließen.

- Geduld (Standhaftigkeit, Ausdauer, Stehvermögen)[114] zeigen;
- die Prophetenschaft Muhammads anerkennen
- Beratung (die Verbindung mit der Gemeinschaft aufrechterhalten).

Um Lernziele zu formulieren, die in der Zielkategorie "Entschlusskraft" verankert werden können, muss in weiterführenden Erörterungen der unbequeme Weg der Konkretisierung und Operationalisierung obiger Zielangaben gegangen werden, die im Zusammenhang mit Entschlusskraft erwähnt werden.

Konfliktfähigkeit

Im Bund mit Allah den Ruhepunkt finden - das ist Voraussetzung für die Weiterentwicklung als Muslim und erfordert schon mal physisches und psychisches Stehvermögen. Ob er davon viel oder wenig hat und ob ihm alles Weitere schwer oder leicht fällt, hängt ab von der Beziehung zu Allah. Teil der vertrauensvollen Beziehung ist die Selbstgewissheit des Muslims, dass der "Herr" im Gegenzug für seinen "Knecht" einsteht. Diese Form von Obhutsverhältnis bezeichnet der Koran als *wilâya,* einen "beschützenden Freund" als *walî:*

> **257 Allah ist der Schutzfreund derjenigen, die geglaubt haben, Er bringt sie heraus aus tiefer Finsternis zum Licht...**
>
> **(Sure 2)**

Im gleichen Atemzug die Warnung vor "falschen Freunden":

> **257 ...und die den Glauben verweigert haben, ihre Schutzfreunde sind die Abgötter, sie bringen sie vom Licht in**

---

114 Auf Arabisch *sabr.*

tiefe Finsternis, diese sind die Gefährten des Feuers, sie bleiben dort ewig.

(Sure 2)

So sieht der Urbund zwischen Schöpfer und Mensch aus. Da schwingt ein Unterton mit, der schon im Zusammenhang mit der Festentschlossenheit zu vernehmen war: Der Bund erfordert eine Form von Kraft, von der der eine mehr hat als der andere. Art und Maß des Bemühens, zur Erfüllung des Bundes beizutragen, sind von Mensch zu Mensch und je nach Situation verschieden. Dennoch: Der Islam will jeden motivieren, sich als Muslim im Rahmen des ihm Gegebenen auf das Äußerste anzustrengen. Ungeachtet des unterschiedlichen Potenzials sind Hingabe und Regelmäßigkeit dem Halbherzigen und Sporadischen immer vorzuziehen. Ein Muslim soll zur Erreichung eines guten Ziels alle Mittel ausschöpfen, die ihm zur Verfügung stehen und die Allah erlaubt hat. Das ist es, was der Koran mit dem arabischen Wort *dschihâd* bezeichnet.

Dschihad, wörtlich "Anstrengung, Kampf", meint auch Zielstrebigkeit gegen Widerstände. Es geht nicht nur um Überwindung der inneren Trägheit, sondern auch um die Auseinandersetzung mit Hemmnissen, die dem angestrebten Ziel entgegenstehen. Handelt es sich dabei um Gegner, die zu gewaltsamen, existenzbedrohenden Mitteln greifen, dann bedeutet "Dschihad" auch Widerstand, Aufstand, notfalls sogar Krieg.

Das Ideal der Gewaltlosigkeit einerseits steht ebensowenig uninterpretiert in der Offenbarung wie andererseits die Forderung nach Festentschlossenheit. Dem Stillhalten und Ausharren setzt der Koran Grenzen, die er im historischen Kontext der frühen islamischen Gemeinschaft um den Propheten herum zwar spät, dafür aber um so präziser ausformulierte. In der Diskussion der islamischen Erziehung heute interessieren sie uns darum prinzipiell. Prinzip ist zum Beispiel das Gefühl des Vertrauens, dass Allah "hinter uns" steht, wenn wir unter Einsatz all dessen, was wir sind und haben, das zu schützen versuchen, was Allah uns anvertraut und aufgetragen hat. Bund und Kampf - ein Zusammenspiel, das an vielen Stellen der islamischen Offenbarung thematisiert wird. Hier ein berühmtes Beispiel[115]:

10 Ihr, die glauben, soll Ich euch zu einem Handel weisen, der euch rettet vor schmerzender Strafe?

11 Glaubt an Allah und Seinen Gesandten, und setzt euch ganz ein auf dem Weg Allahs mit euren Vermögensgütern und mit euch selbst, dies ist besser für euch, wenn ihr es wüsstet.

12 Er verzeiht euch eure Sünden, und Er lässt euch in Gärten hineingehen, unter denen Gewässer fließen, und gute Wohnstätten in den Gärten Edens, dies ist der gewaltige Gewinn,

13 Und etwas anderes, das ihr liebt: Hilfe von Allah und ein naher Sieg, und künde den Gläubigen Gutes an.

(Sure 61)

Es will vielleicht nicht gleich einleuchten, inwiefern der Komplex "Kampf" für den Bund überhaupt in eine islamische Bildungstheorie gehört, werden doch die martialisch klingenden Bestandteile des Islams ansonsten auch ins Historische fortinterpretiert. Folgende Gedanken beschäftigen einen muslimischen Pädagogen:

- Weltweit leben Muslime in Krisenregionen oder leiden unmittelbar unter kriegerischen Handlungen. Um es gleich anzufügen: Die muslimisch inspirierten politischen Systeme heutiger Prägung sind, bei aller wortreichen Anrufung Allahs in Ansprachen und

---

115 Berühmt, da von Orientalisten, die fast immer Islam-Kritiker zu sein haben, als Beleg für den "islamischen Triumphalismus" herangezogen. Aber auch Muslime mit dem nicht beneidenswerten Auftrag zur Herrschaftsausübung fürchten sich speziell vor dieser Sure 61. Sie sehen sich schon durch ihr bloßes Vorhandensein latent kritisiert.

Verfassungstexten, von rechtsstaatlichen Grundordnungen und ernstlichen Wertgebungen weit entfernt. Alle Muslime sind aber untereinander wie "ein Körper". Was in Kaschmir oder Palästina geschieht, lässt auch einen in der Bundesrepublik aufwachsenden Muslim nicht gleichgültig. Jeder, der sich im Bund mit Allah geborgen fühlt, trägt Mitverantwortung für die Lage der Muslime in anderen Gegenden. Es gehört zwangsläufig zur Perspektive islamischer Erziehung, die Not anderer Muslime wahrzunehmen, aktiv hinzusehen, das Leid nicht zu dulden, sondern zu seiner Beseitigung beizutragen. Der Islam verlangt von jedem Muslim Besinnung darauf, was er nach seinen Mitteln und Fähigkeiten für die Gemeinschaft tun kann. Er soll Bereitschaft entwickeln, sich für den anderen einzusetzen, ohne eine Wiedergutmachung in diesem Leben zu erwarten.

- Junge Muslime sollen ein Gespür dafür erlangen, aus welchen Ursachen und auf welchen Wegen im eigenen sozialen (islamischen und nicht-islamischen) Umfeld Konflikte entstehen. Sie sollen dann in einem weiteren Schritt lernen, zum Abbau von Aggression und Konfliktpotenzialen ihren Beitrag zu leisten.

- Sie sollen ermutigt werden, sich sowohl untereinander als auch mit nicht-muslimischen gesellschaftlichen Kräften zu solidarisieren, die sich mit friedfertigen Mitteln für die allgemein anerkannten sittlichen Werte einsetzen.

- Für den Fall, dass alle friedlichen Möglichkeiten für den Konfliktabbau ergebnislos ausgeschöpft sind, müssen junge Muslime lernen, sich ihrer Haut zu wehren.

Zusammenfassung

"Festentschlossenheit", arabisch *'azm,* ist Ziel der islamischen Erziehung. Dabei geht es um die Kraft hinter dem freien willentlichen Entschluss, den Bund mit Allah zu schließen und sich innerhalb seines Rahmens weiterzuentwickeln. Der Bund bedeutet Bindung an

- die Offenbarung Allahs,
- das Vorbild des Propheten Muhammad,
- die Form der islamischen Lebensweise und
- Gerechtigkeit und Vergebung als Maxime.

In Verbindung mit dem Grundgefühl, Allah vertrauen zu können (*tawakkul*), wird auf diesem Wege der "mündige Muslim" angestrebt. Die Gefahr gewaltsamer Anfeindungen "von außen" gegenüber den Muslimen als Individuen oder als Gemeinschaft, aber auch Fehlentwicklungen innerhalb der Gemeinschaft, machen

- kritisches Bewusstsein und
- Bereitschaft zu äußerster Anstrengung

zu wichtigen Pfeilern der islamischen Erziehung.

Sünde und Umkehr

Es gehört zur islamischen Lebensweise, zu tun, was Allah aufgetragen hat, und zu lassen, was Er verboten hat. Es gehört aber zur Lebenserfahrung, dass dies vielen Menschen Probleme bereitet. Um Gründe zu nennen, ist da einmal die persönliche Schwäche, die Bequemlichkeit, die es erschwert, das eigene Leben zu verändern. Dann sind da noch die Wissenslücken hinsichtlich der Offenbarung. Nennen wir noch widrige äußere Umstände, die mitunter keine andere Wahl zu lassen scheinen, als sich einer dominanten Lebenskultur zu fügen. Schließlich sind da auch die Zeitläufe, die zu veränderten Einschätzungen gegenüber früher führen: Gestern noch "Sünde", heute "normal"?

Was ist Sünde?

Wer mag diese Frage heute noch aufgreifen? Allein das Wort "Sünde" klingt schon so, als hätte es jemand aus dem hintersten Schrank der Sakristei hervorgeholt. Die Alltagssprache rückt den ergrauten Terminus obendrein mit verniedlichenden Attributen wie der "arme" Sünder, die "kleine", die "gelegentliche" Sünde in die Nähe des nicht ganz ernst zu Nehmenden. Solche Bagatellisierung darf uns nicht vom Versuch abhalten, zum Kerngehalt vorzudringen.

Forschen wir im Koran nach einer Formulierung, die dem Wort "Sünde" im obigen Sinn nahe kommt, werden wir durchaus fündig:

> **31 Wenn ihr euch von den großen Sünden fern haltet, die euch untersagt wurden, decken Wir eure Schlechtigkeiten zu und lassen euch ein ehrenvolles Eintreten nehmen.**
>
> **(Sure 4)**

Als "große Sünden"[116] gelten im Islam Verhaltensweisen, die das "Eintreten" ins Paradies unmöglich machen können, weil ihre Schwere oder ihre Häufigkeit das Zusammenspiel von Vergebung und Gerechtigkeit zu Ungunsten des Betroffenen zu beeinflussen drohen. Ein Bericht vom Propheten bringt diese verhängnisvolle Konsequenz zur Sprache:

> **"Die fünf vorgeschriebenen Gebete, und von Freitag zu Freitag, das enthält den Ausgleich für das, was zwischen ihnen liegt, solange ihr nicht die großen Sünden begeht."**
>
> **(Sammlung Muslim)**

Im Allgemeinen verstehen Muslime unter schweren Sünden so etwas wie die folgenden sieben "Todsünden":

- Allah Mitgötter geben,
- jemanden zu Unrecht töten,
- ehrbare Frauen verleumden,
- das Vermögen der Waisen veruntreuen,
- Zins nehmen,
- vor dem Feind fliehen und
- zur vorislamischen Lebensweise zurückkehren.

Es gibt aber auch alternative Aufzählungen, die noch andere Verfehlungen wie etwa den Ehebruch hinzunehmen. Die Zusammenstellungen der sieben größten Sünden weichen

---

116 Das arabische Wort heißt *kabâ'ir*, abgeleitet vom Verb *kabura* "wachsen, groß werden, übersteigen". Bei dem, was im Islam unter "Sünde" verstanden wird, handelt es sich um "große Sachen", das heißt um (ihrer Natur nach und in ihren Konsequenzen) Handlungen mit schwerwiegenden Folgen. Diese Wortfamilie legt darüber hinaus nahe, dass jede Sünde ihren Ursprung in einer anfänglich kleinen Sache hat, dann aber wächst und wuchert, weil man ihr unachtsamerweise den Raum dafür gelassen hat.

manchmal stark voneinander ab, wobei die Zahl 7 wohl eher ihres mythischen Gehalts wegen von Bedeutung zu sein scheint. Im islamischen Recht (die Rechtswirksamkeit von Sünde im Islam unterscheidet sich wesentlich von der bloßen moralisch-ethischen Ächtung in anderen Weltanschauungen) wird dagegen eine Definition von "großer Sünde" geliefert, die für juristische Formulierungen ausreichend präzise ist. Andererseits soll sie aber weit genug gefasst sein, um neu hinzutretende Phänomene auch dann als große Sünden greifen zu können, wenn sie in der Offenbarung nicht explizit erwähnt und in keinem klassischen Werk des islamischen Rechts zu finden sind (zum Beispiel organisierte Kriminalität).

Wie definiert das islamische Recht den Sündenbegriff? Das islamische Recht interessiert sich besonders dann für dieses Thema, wo es gilt, Schaden von Muslimen abzuwenden. Die sogenannten großen Sünden können zwar starr kanonisiert werden, aber flexible Erkennungskriterien scheinen da nützlicher zu sein. Eine große Sünde ließe sich beispielsweise beschreiben als jedes Verhalten,

- das über die Strafe im Jenseits eine Strafe im Diesseits nach sich zieht, die ausdrücklich in Koran oder Sunna erwähnt ist, oder

- das von Allah oder Seinem Gesandten verabscheut wird.[117]

Letzterer Ansatz bewog beispielsweise den islamischen Rechtsgelehrten Ahmad ibn Naqib al-Misri am Ende des 14. Jahrhunderts dazu, in seinem Werk *'Umdatus-Sâlik* sage und schreibe 74 "Schwere Sünden" (*kitâbul-kabâ'ir*) anzuführen und sie obendrein durch 28 "möglicherweise schwere

---

117 Diesen Zugang beschreitet Muhammad ibn Ahmad adh-Dhahabi in dem Buch *Kitâb al-kabâ'ir wa tâbi'în al-mahârim*, herausgegeben von Muhyiddin Mistu, Damaskus 1984.

Sünden" zu ergänzen. Seine Aufzählung beginnt - von der gerade aufgeführten etwas abweichend - mit diesen sieben Sünden:

- Allah Mitgötter geben (*schirk*),
- das Töten (*qatlun-nafs*),
- Zauberei (*sihr*),
- die Vernachlässigung des Gebetes (*tarkus-salâ*),
- das Zurückhalten der Zakâ-Steuer (*man'uz-zakâ*),
- der Ungehorsam gegenüber den Eltern (*'uqûqul - wâlidain*),
- das Zinsnehmen (*aklur-ribâ*)...,

Unter der Nummer 74 führt er am Ende an: "Muslime bespitzeln und ihre Geheimnisse preisgeben".[118]

Solche klassischen Kompendien islamischen Rechts - und so ist das auch mit den klassischen Koran-Kommentaren - müssen aus ihrem historischen Kontext heraus interpretiert werden. Parallel dazu sollten heutige Rechtsaussagen, seien es Bücher oder Rechtsgutachten, die manchmal sogar als sogenannte "Fatwas" wie morgenländische Dschinn durch die deutsche Presse geistern, zuerst vor dem soziopolitischen Hintergrund ihrer Herkunftsländer analysiert werden. Es macht aber vielleicht doch Sinn, solche Aufzählungen "großer Sünden", mögen sie auch eigenartig klingen, auf der Suche nach erzieherisch verwertbaren Aussagen zu durchforsten. Nicht, weil sich aus ihnen schon wieder Lernziele entwickeln ließen, sondern weil sie den Blick schärfen für die

---

118 "Möglicherweise schwere Sünden" sind bei al-Misri Dinge wie der Neid, die Übertreibung in der Religion, vulgäre Ausdrücke benutzen, nicht zum Hadsch zu fahren, obwohl man es könnte, oder den Schnurrbart nicht stutzen.

zahlreichen Abarten von Fehlverhalten in den Gesellschaften, in denen Muslime zu leben und zu erziehen haben. Kurz gesagt, hilft die Beschäftigung mit dem klassischen islamischen Recht, angesichts der Fülle von "Sündenfällen" eine halbwegs klare Bedingungs- und Ursachenanalyse zu bewerkstelligen. Diese ist die Voraussetzung für eine zielgerichtete und lernzielorientierte erzieherische Intervention.

Im Themenbereich "Sünde" hat die islamische Bildungslehre folgende vier Bereiche zu berücksichtigen: Wissen, Abschreckung, Empfindung und Vermeidung. Der fünfte Bereich, die Umkehr, wird im Anschluss daran gesondert behandelt.

1. Wissen und Kenntnis:

Kinder und Heranwachsende müssen über die islamischen Verbote und die nur wenigen Strafbestimmungen, die es in Koran und Sunna gibt, unterrichtet werden.[119] Das bedeutet neben der inhaltlichen Vermittlung insbesondere die Aufklärung über die möglichen Gründe für ein Verbot und damit über seinen Sinn. In manchen Fällen, wie etwa dem Alkohol-Verbot, ist das sogar für Nicht-Muslime relativ einfach nachvollziehbar. Darüber hinaus geht es aber auch darum, immer wiederkehrende Grundprinzipien aufzuzeigen.[120]

---

119 "Das Strafrecht in der Scharia umfasst nur ca. 3 Prozent aller Rechtsnormen.", A. Falaturi/U. Tworuschka, *Der Islam im Unterricht,* Braunschweig 1992.

120 Beispiel: Warum sind auch der Genuss von "weichen" Rauschmitteln wie Cannabis oder das gelegentliche Glas Rotwein genauso strikt verboten wie der Gebrauch von Crack oder die Teilnahme an einem Saufgelage? Wer mehr verträgt, soll der nicht auch die Freiheit haben, mehr zu konsumieren? Antwort: Hier greift das Prinzip, dass der Islam den Schwächsten schützt, indem er ihm den Einstieg in die Drogenkarriere ganz versperrt. Von den Selbstbeherrschten wird in dieser Hinsicht Solidarität und gutes Vorbild durch ihren Verzicht erbeten.

2. Abschreckung

Einige Strafbestimmungen im Offenbarungswerk sind drastisch. Der Islam räumt die Möglichkeit der Todesstrafe in bestimmten Fällen ein. Der Koran weist aber gleichzeitig Auswege mit dem Ziel, diese Höchststrafe vermittels anderer Sühnemaßnahmen zu umgehen, zum Beispiel durch finanziellen oder tätigen Dienst. Vor allen Dingen soll der potenzielle Täter abgeschreckt werden durch das Wissen, dass ihm das Leben via Rechtsprechung genommen werden kann. Auffällig im Übrigen, wie der Koran das Thema Todesstrafe in der Wortwahl mit dem Begriff "Leben" kontrapunktiert:

> **179 Und für euch ist Leben in der Wiedervergeltung, ihr mit Einsicht, damit ihr vielleicht gottesfürchtig werdet.**
> **(Sure 2)**

Es ist nicht daran zu rütteln, dass schweres Fehlverhalten, unter Berücksichtigung von entschuldbaren Umständen, im Islam bestraft wird. Das Strafmaß muss dazu klar umrissen sein und in angemessener Relation zur Schwere des Deliktes stehen. Es muss allgemein bekannt sein, was dem Täter blüht. Nur so ist es überhaupt möglich, dass die Vergegenwärtigung der möglichen Strafe den potenziellen Täter von seinem Vorhaben abhält. Ist diese Klarheit in der Sache nicht gewährleistet, kommt es zu allgemeiner Unsicherheit darüber, ob überhaupt, und wenn ja, wie schwer bestraft wird. Wird eine Strafbestimmung immer wieder umgangen, verliert sie ihre abschreckende Wirkung und mutiert darüber hinaus - wird sie zwischendurch doch einmal angewendet - nach islamischem Rechtsverständnis zum Unrecht.

Bestrafungen erfolgen nicht im Affekt, und sie haben verhältnismäßig und altersgemäß zu sein. Sie sind ein notwendiges Mittel, damit sich nicht bedenkliche Verhaltensweisen im Charakter des Heranwachsenden verfestigen, die man später, wenn er voll für sein Verhalten einzustehen hat, tatsächlich "Todsünde" wird nennen müssen. Das Ignorieren kann in manchen Situationen durchaus einmal pädagogisch angebracht sein, wenn das dazu führt, einen Konflikt zu entschärfen. Generell ist jedoch Duldsamkeit als falsch abzulehnen, und zwar auch gegenüber scheinbaren Bagatellen wie etwa dem gedankenlosen Anlügen, dem Beleidigen durch Kraftausdrücke, dem geringfügigen Diebstahl, der, wenn auch nur harmlosen, Sachbeschädigung, der gelegentlichen Rauferei in der Schule und dergleichen mehr.

Kein Unrecht begehen und kein Unrecht hinnehmen - so lautete eine der Wertbindungen für Entschlusskraft. Der Einsatz von Strafe in der Erziehung steht in engem Zusammenhang mit dem Anrecht auf einen gesicherten mitmenschlichen Umgang. Das ist natürlich eine Binsenweisheit. muss sie dann in einer Erziehungslehre überhaupt noch erwähnt werden? Wohl ja, denn im Islam fällt den penalen Maßnahmen noch ein Gesichtspunkt zu, der muslimischen Ohren nicht unbedingt vertrauter klingen dürfte als nicht-muslimischen: die Sache mit dem Gebet.

Aus welchem Grund hält der oben zitierte al-Misri die Vernachlässigung des Gebetes für eine schwere Sünde? Ist das denn nicht Privatsache? Hat das Gebet als Lerninhalt und Lernziel islamischer Erziehung nicht eher den Charakter eines Angebots an den Heranwachsenden, es als Ausdruck seiner Identität anzunehmen, oder aber es auch sein zu lassen? Oder sollen muslimische Kinder doch so an das Gebet herangeführt werden, dass sie keine andere Wahl haben, als es zu verrichten?

Letzteres ist nahe liegender.[121] Warum? Zunächst natürlich aufgrund der Verankerung des Gebets in der islamischen Lehre selbst und damit in ihrem Welt- und

---

121 Vergleiche dazu im Koran:

132 Und trage deinen Angehörigen (*ahl*) das Gebet auf und beharre geduldig auf ihm...

(Sure 20)

Menschenbild.[122]

---

122 An dieser Stelle darf einmal eine Frage gestellt werden, die sich so einem gläubigen Muslim eigentlich nicht stellt - die im Zuge der oft missverständlichen Anthropologisierung des christlichen Religionsunterrichtes und inzwischen wohl der Religion selbst zu verwirrenden Antworten führen kann, nämlich: *Warum soll der Mensch beten?*

Wenn man - wie dem anthropologisierenden Denkansatz zueigen - den Menschen in den Mittelpunkt der Aufmerksamkeit rückt, macht die Frage sogar Sinn.

Grob gesammelt, geht es nach Auskunft der Schrift Allahs bei der "Anbetung" (arabisch *salâ*) um dies (in Klammern Belegstellenangaben):

- Es gehört zusammen mit anderem (dem Fasten, dem Koranlesen) zu den unveräußerlichen Grundpflichten der islamischen Lebensweise. (2:43, 17:78)
- Es bietet vor allem in Verbindung mit Geduld als Haltung Beistand im Leben. (2:45)
- Es wird im Jenseits mit Gutem belohnt, es löscht die Sünden. (2:110)
- Es ist an Zeit und Form gebunden. (2:238, 11:114, 50:39, 52:48-49)
- Es erfordert Reinheit von Körper, Kleidung und Ort. (4:43, 5:6)
- Es besteht aus mehr als nur den formalen und inhaltlichen Komponenten (d.h. das Gebet ist Zwiesprache und damit mehr als nur "Anbetung" im Wortsinne), hängt mit dem Nachdenken über Allah und die Schöpfung zusammen und ist ein Bewusstsein schaffender und kein entrückender Akt. (3:191)
- Die Gebetspraxis des Propheten Muhammads ist für alle Muslime Vorbild. (73:1-8, 20)
- Es ist Ausdruck der Liebe und Barmherzigkeit zwischen Allah und den Menschen und somit eine tragende Säule in allen Arten der zwischenmenschlichen Beziehung - seien sie privater oder politischer Natur, zwischen Eheleuten oder Völkern. (30:17-22)

Das alles liefert aber noch nicht die stichhaltige Begründung für die verpflichtende Notwendigkeit des Gebets und reicht für die Antwort auf obige Frage nicht aus. Anders aber die folgende Stelle, die weder Nutzen in Aussicht stellt, noch das Verfahren regelt. Sie ordnet vielmehr das Gebet und damit den betenden Menschen in den kosmischen Zusammenhang der gesamten Schöpfung ein. Damit beendet sie die Spekulation um das Bild des Menschen, seine Geschöpflichkeit und seine Stellung im Weltganzen (abgesehen von der Verankerung des Gebetes in der Zieldimension "Allein Allah" im vorhergehenden Vers 14):

15 Und vor Allah wirft sich nieder, was in den Himmeln und auf der Erde ist, freiwillig und widerwillig, und ihre Schatten zur Morgenstunde und den Tagesenden.

(Sure 13)

Darüber hinaus aber spielt der Anspruch auf Solidarität, den ein Muslim gegenüber dem anderen hat, eine wichtige Rolle. Wer als Muslim einem anderen Muslim den Gruß "Friede mit Dir" entbietet, muss sichergehen können, dass dieser andere seinen Teil zu diesem Frieden beiträgt, indem er auch betet, fastet, die Bedürftigen unterstützt und sich für die Gemeinschaft einsetzt. Als der Prophet Muhammad die Gemeinschaft der Muslime "einen Körper" nannte, beschrieb er genau diesen multilateralen Anspruch auf Solidarität und Sicherheit.

Eine derartige Grundeinstellung, das sei zugestanden, kann zu Spannungen mit einem gesellschaftlichen Umfeld führen, welches die individuellen Entscheidungsrechte als unantastbaren Grundwert der Aufklärung obenan stellt. Darüber lässt sich diskutieren. Festgehalten sei aber doch, dass sich der Wunsch nach umfassender Verbrüderung und der Anspruch auf den "Islam des anderen" entscheidend auf die islamischen Erziehungsvorstellungen auswirken.

Wie wird die Lage eines Menschen sein, zu dessen Natur es als Geschöpf innerhalb der Schöpfung gehört, Allah anzubeten - und er tut es nicht, obwohl die gesamte organische und anorganische, beseelte und unbeseelte Natur um ihn herum es tut, *freiwillig und widerwillig*, und auf Arten, die uns verborgen bleiben? Allah nicht anzubeten heißt, sich dem Schöpfungsgeschehen entgegenzustemmen und mit aller Kraft eine Spannung aufrechtzuerhalten, durch die der Mensch selbst, aber auch andere um ihn herum und letztlich die Schöpfung insgesamt in Mitleidenschaft gezogen werden.
In diesem Zusammenhang bedeutet das Gebet für den Menschen, der aufgrund seiner willentlichen Entscheidungsbefähigung überhaupt erst zu "Freiwilligkeit" oder "Widerwilligkeit" in der Lage ist, seinem Gehorsam gegenüber Allah Ausdruck zu verleihen:

238 ... und steht vor Allah als Gehorsame.

(Sure 2)

Erst in der folgsamen und willentlichen Erfüllung dessen, was paradoxerweise ja schon anthropologische Grundfunktion ist, liegt das Besondere des Gebets begründet, nicht zuletzt aber auch seine Wirksamkeit:

6 ... damit Er Seine Gnade an euch vollendet, damit ihr vielleicht dankbar seid.

(Sure 5)

Die muslimische Gemeinschaft hat eine bestimmte Erwartung an die Kinder, die in ihrer Mitte aufwachsen. Die Zukunft, die sie in deren Hände legt, wird danach beschaffen sein, wie gut es gelungen ist, das Wesen der islamischen Lebensweise in Lehre und Praxis zu vermitteln. Eltern sowieso, aber auch die Gemeinschaft als kollektiver Miterzieher, stehen dafür ein, dass die Heranwachsenden sich nicht in Gesinnungen verlieren, die Allah oder der Prophet missbilligt haben.

3. Empfindung

Hier geht es um die Sensibilisierung gegenüber Sünde. Die Bewertung des eigenen Verhaltens als "schlecht", die Erkenntnis und das aufrichtige Eingeständnis sich selbst gegenüber sind eine Sache des Fühlens mit dem Herzen. Koran und Sunna nennen den Ort, an dem es sitzt, das "Innere". Der Prophet beschrieb Sünde als ein Etwas, das "in der Brust arbeitet".[123] Koran und Sunna sprechen von einem "Inneren", das angesprochen wird, wenn der Soll- und der Istzustand islamischen Verhaltens zu weit auseinanderdriften. Der Sollzustand aber ist abhängig vom Wissen, weshalb Bukhâri, einer der wichtigsten Sammler von

---

123 Von an-Nawâs ibn Sam'ân wird folgendes Wort des Propheten überliefert:

> **"Tugendhaftigkeit ist Schönheit des Charakters, und Sünde ist, was in deiner Seele webt, und du möchtest nicht, dass die Menschen davon erfahren."**
>
> **(Sammlung Muslim)**

Wâbisa ibn Ma'bad berichtet:

> **"Ich kam zu Allahs Gesandtem, und er fragte: 'Du bist gekommen, nach der Tugendhaftigkeit zu fragen?' Ich bejahte. Er sagte: 'Befrage dein Herz. Rechtschaffenheit ist das, worüber die Seele besänftigt und das Herz besänftigt ist. Und Sünde ist, was in der Seele webt und in der Brust widerhallt, selbst wenn die Menschen dir wieder und wieder einen guten Bescheid darüber gegeben haben.'"**
>
> **(Sammlungen Ahmad ibn Hanbal und Dârimî)**

Aussprüchen des Propheten, in seinem Kapitel über den Glauben (*kitâbul-îmân*) anmerkt:

> **"Sünden**[124] **haben ihren Ursprung in der Unwissenheit**[125]**."**

Das subjektiv schmerzhafte Empfinden nach einer Sünde ist die Voraussetzung für die Bewältigung dieser Situation. Es mobilisiert das Gewissen als Immunsystem der Seele. Die Auseinandersetzung mit dem fehlgeleiteten Selbst kann beginnen. Ableugnen, Beschönigung, Verdrängung sind nicht zu empfehlen. Darunter leidet letztlich jene Instanz, die als Hort der Sensibilität auch den Wunsch nach Buße wachzurufen vermag: das Herz. Unredlicher Umgang mit dem Gewissen gehört nach dem Verständnis des Korans zu den "Krankheiten des Herzens".

Gewissensregungen sind hartnäckig. Sie zu beschwichtigen, verlangt viel Energie. Oder aber Ablenkung. Die bietet unsere Zeit im Überfluss. Es fehlt nicht an Fluchtwegen, nicht an farbsatten Umwerbungen, nicht an falschzüngigen Offerten, die geeignet sind, das Gewissen zu betäuben. Ob's auf Dauer hilft?

Unstrittig ist: Die islamische Erziehung hat sich künftig vermehrt der gezielten Sensibilisierung für innere Gewissensregungen zu widmen. Es gilt die Ursachen und Mechanismen, die zur "Krankheit des Herzens" führen, sichtbar und

---

124 Hier nicht *kabâ'ir,* sondern *ma'âsin,* Mehrzahl von *ma'siya:* "Ungehorsam, Auflehnung".

125 Mit dem arabischen Wort *dschâhiliyya* meint man die Zeit vor dem Islam, was diesem Satz eine etwas andere Färbung gibt, nämlich: "Sünden haben ihre Ursache in Dingen, die aus der Zeit vor dem Islam stammen." Gemeint ist mit "Unwissenheit" im übertragenen Sinne die allgemeine Unkenntnis der göttlichen Offenbarung und ihrer Inhalte - nicht zu verwechseln mit der "Ablehnung" der Offenbarung (*kufr*), weshalb Bukhâri gleich klarstellt: "Ein Sünder ist solange kein Ablehner der Offenbarung (Glaubensverweigerer), solange er nicht Allah Mitgötter gibt" - dann zitiert er aus dem Koran Sure 4:48. Die Koran-Stelle ist zu finden in diesem Buch im Abschnitt über Schirk.

behandelbar zu machen. Es gilt Wege der Vermeidung aufzuzeigen.

4. Vermeidung

Sich starr auf die Frage zu fixieren, wo genau welche Sünde beginnt und wo sie endet, wird der Thematik nicht gerecht. Wie sinnvoll ist es dann, die Zonen des Fehlgehens mithilfe scharfer Grenzziehungen zu kartografieren? Liegt da nicht die Annahme nahe, man könne sich vielleicht beliebig nahe am Bösen entlangmogeln? Man müsse nur clever genug sein, nicht hintüber zu kippen? Das Problem ist bloß: Während der Mensch noch kalkuliert, was er sich an Übertretungen leisten kann, ist die Katastrophe vielleicht schon im Gange.

In der islamischen Erziehung müssen die Heranwachsenden damit vertraut gemacht werden, dass das Kraftfeld der Sünden über deren formale Grenze hinausstrahlt. Koran und Sunna sind darin eindeutig, dass es zur Vermeidung der Sünde gehört, sich von der Versuchung fern zu halten. Beispiel: Es reicht nicht, keinen Alkohol zu trinken - man setzt sich besser auch nicht mit denen zusammen, die gerade welchen zu sich nehmen. Oder: Es reicht nicht, sich der außerehelichen geschlechtlichen Beziehung zu enthalten. Der Koran erwartet mehr:

> 32 **Und kommt nicht dem Ehebruch nahe, er ist ja eine Abscheulichkeit und ein schlechter Weg.**
>
> **(Sure 17)**

Das Risiko des "Nicht-zu-nahe-Kommens", im Koran-Arabischen *lâ taqrabû,* wird vom Propheten Muhammad so ausführlich wie anschaulich vor Augen geführt:

> **"Das Erlaubte ist offenkundig und das Verwehrte ist offenkundig,**[126] **und zwischen den beiden sind zweifelhafte Angelegenheiten, über die viele Menschen nicht Bescheid wissen.**

---

126 Die arabischen Begriffe sind *halâl* für "erlaubt" und *harâm* für "verwehrt".

Wer die zweifelhaften Angelegenheiten meidet, hat sich damit frei gemacht[127], was seine Religion und seine Ehre angeht. Wer auf zweifelhafte Angelegenheiten hereinfällt, fällt in das Verwehrte, wie der Hirte, der seine Herde um den heiligen Bezirk herum weidet, im Begriff ist, darin zu weiden. Jeder Herrscher hat einen heiligen Bezirk, und Allahs heiliger Bezirk ist das Verwehrte. Im Körper ist ein kleiner Klumpen Fleisch, und wenn er gesund ist, ist der gesamte Körper gesund, und wenn er schlecht ist, ist der gesamte Körper schlecht. Dies ist das Herz!"[128] (Sammlung Bukhâri)

---

127 "Sich selbst frei gemacht"- auf Arabisch *qad istabra'a.* Das ist mehr als nur eine lexikalische Parallele zu 6:78, wo Abraham sich für "frei" von dem erklärt (*innî barî'un*), was die Götzendiener tun.

128 Das Herz als Organ ist eher groß als klein. Man sollte sich nicht darauf versteifen, dass in diesem Ausspruch von diesem Organ die Rede ist. "Herz" als Terminus, der den Sitz körperlichen und seelischen Empfindens beschreibt, kann sich auch auf eine andere anatomische Region beziehen. Im Malaiischen beispielsweise gibt es das Zwitterwort "hati". In geistigen Kontexten bedeutet es eben jenen psychosomatischen Komplex "Herz", als anatomische Vokabel hingegen bezeichnet es interessanterweise die Leber, nicht das Herz (malaiisch "jantung"). Und auch in der deutschen Sprache laufen einem die Läuse über die Leber...
Ob Herz oder Leber wichtiger für den Menschen sind, war in der islamisch-wissenschaftlichen Epoche der Medizin übrigens Gegenstand gelehrter Erörterung. So schreibt al-'Itâqî um das Jahr 1632 n.Chr. in seinem Werk *Taschrîhul-abdân* (*Treatise on anatomy of the human body,* Islamabad 1990): "Das Herz gibt dem ganzen Körper Führung... der Ort, von dem Wärme und Geist ausgehen." Allerdings erwähnt er den stets "notwendigen Ausgleich zwischen Leber und Herz". Er weist auf die Meinung von Ibn an-Nafîs hin, dem wohl die Leber wichtiger ist, und zitiert ihn mit dem Satz: "... denn es ist das Blut, das von der Leber kommt, das im Herzen zu Geist umgewandelt und von dort aus über den Körper verteilt wird. Allah weiß es besser." Al-'Itâqî meint dann allerdings, dass das wirklich entscheidende Organ, welches Einfluss auf Gesundheit oder Krankheit des ganzen Körpers habe, wohl die Gallenblase sein müsse. Er beschreibt in allen Einzelheiten, welchen Schaden unkontrolliert flottierende Gallflüssigkeit anrichten würde, und schreibt: "Um das zu verhindern, erschuf Allah in Seiner Allmacht die Gallenblase. So bleibt die Galle an ihrem Ort und wird nur bei Bedarf ein wenig freigesetzt."
Auch muslimische Psychologen haben sich mit obigem Bericht des Propheten beschäftigt. Den Begriff des "Herzens" unseziert stehen lassend, ordnen sie ihn zusammen mit anderen Begriffen aus dem Koran in eine Art Systematik der menschlichen Psyche ein. Zafar Afaq Ansari (Hrsg.), *Qur'anic Concepts of Human*

Die Sünde als Krise

Es hat etwas für sich, bei der Beschäftigung mit der Sünde den Begriff der Krise einzuführen. Das begünstigt den sachlichen, vorurteilsfreien Blick speziell dort, wo es um Wege zur Bewältigung geht. Was das genau heißt, soll weiter unten zur Sprache kommen. Vorangestellt sei aber erst einmal eine ermutigende Formulierung, die Allah den Muslimen im Koran mit auf den Weg gibt:

> 82 **Diejenigen, die glauben und ihren Glauben nicht mit Unrecht bedecken, diese, für sie gibt es Sicherheit, und sie sind rechtgeleitet.**
>
> **(Sure 6)**

Die Sünde bedeutet eine Krise nicht nur für den "Sünder" selbst, sondern, aus leicht einsehbaren Gründen, auch für das soziale Umfeld. Die Sünde kann, so gesehen, nicht nur als privates Problem verstanden werden, selbst dann nicht, wenn es dem Täter gelingt, die Tat zu verheimlichen. Die Tiefenwirkung der Privatsphäre in die Gemeinschaft hinein wurde bereits angesprochen.

In der islamischen Erziehung heißt es, die Heranwachsenden diesbezüglich erst einmal an eine tunlichst objektive Betrachtungsweise zu gewöhnen, so früh wie kognitiv möglich. Sie müssen in Sonderheit unterscheiden lernen zwischen Täter und Tat, denn:

Psyche, Islamabad und Lahore 1992, S.10ff, schreibt zusammenfassend: "*Rûh* ist das göttliche Element, das jeden Menschen in den Rang des Statthalters Allahs hebt. Es vermittelt das Potenzial der Gotteserkenntnis. Genutzt werden kann dieses Potenzial jedoch nur vom Herzen (*qalb*). Es ist der Ort der Wahrnehmung, des Denkens und des Fühlens und darum verantwortlich für Entscheidungen hinsichtlich des Handelns und dessen Zusammenhang mit dem Glauben."
Funktioniert das Herz, führt es zum Zustand der Achtsamkeit und Selbsterkenntnis. Anderenfalls schränkt es die kognitiven Fähigkeiten des Menschen ein und führt zum Dasein auf der Stufe des Tieres, dessen Lebensprinzipien unter Auslassung der Moral den Menschen in die Dynamik des moralischen Konflikts - *an-nafs al-ammâra bis-sû'* - entlassen und ihn letztlich *unter* die Stufe des Tiers (vgl. Koran 8:22 und 8:55) abgleiten lassen.

> **"Der Ehebrecher, der die Ehe bricht, hat solange keinen Glauben, wie er die Ehe bricht, und ein Dieb, der stiehlt, hat solange keinen Glauben, wie er stiehlt, und der Trinker, der trinkt, hat solange keinen Glauben, wie er trinkt."**
>
> **(Sammlung Muslim)**[129]

Wer den Sünder in seiner ganzen Person mit der Sünde gleichsetzt, verliert das Interesse daran, ihm zu helfen, denn ihn zu verdammen ist bequemer.

Ist genügend klargestellt, dass die Krise des Einzelnen eine Herausforderung für alle bedeutet, wird es spannend. Wie hat die Gemeinschaft mit dem Täter umzugehen? Antwort: Neben der Wiedergutmachung, der Offenlegung der Umstände, die zur Übeltat führten, und der Verhängung einer angemessenen Strafe achtet sie vor allem darauf, dem Übeltäter aus seiner Lage herauszuhelfen. Wie kann das, nach allem, was bis jetzt erörtert wurde, für den Betroffenen aussehen?

Die Krisenbewältigung: Umkehr zu Allah

Der Koran ruft jeden Menschen dazu auf, sich Allah zuzuwenden, wörtlich "hinzudrehen"[130]. Gemeint ist damit die Umkehr und das Ablassen vom Schlechten zugunsten des Guten. Muslime gehen zu diesem Zweck nicht zur Beichte, so wie man das als katholischer Christ gelernt hat. Der Koran ermutigt vielmehr immer wieder, sich selbst direkt vor Allah zu offenbaren. Von einer moderierenden Vermittlung zwischen Mensch und Gott ist im Koran nicht die Rede:

---

129 'Abdulhamid Siddiqi, der die Sammlung Muslim ins Englische übertragen und kommentiert hat (*Sahih Muslim*, Lahore 1972), weist in einer Fußnote zu diesem Bericht darauf hin, dass "Glaube (als Bewusstheit von Allah und Zuverlässigkeit in der Lebensführung) dynamisch und nicht statisch zu verstehen ist. Er wächst und nimmt ab und bleibt selten konstant."

130 Arabisch *tâba*.

70 Außer, wer reuig umgekehrt ist und geglaubt und Rechtschaffenes getan hat, also diesen wechselt Allah ihre Schlechtigkeiten in Gutes um, und Allah ist immer verzeihend, barmherzig.

71 Und wer reuig umgekehrt ist und Rechtschaffenes getan hat, so kehrt er um in wirklicher Reue zu Allah.

(Sure 25)

Der Fachausdruck für die Form des "tätigen Bereuens" - umkehren, glauben und rechtschaffenes Handeln - heißt im Islam *tauba*. Dahinter steckt ein islamisches Verfahren, an dessen Anfang die Regung des Herzens und an dessen Ende der Neubeginn steht. Die Reihenfolge der nachfolgend aufgelisteten Bewandtnisse und Forderungen rührt von der Erfahrung her und darf deshalb nicht zu dogmatisch gesehen werden:

1. Die innere schmerzhafte Verunsicherung wird ausgelöst durch
   a) das eigene Erkennen eines Fehlers oder
   b) Einsicht nach einem Hinweis von außen.

2. Es müssen die Ursachen geklärt werden, die zur Krise führten. Versteht sich, dass es bei der akuten Bewältigung noch nicht um die Ursachenbekämpfung gehen kann. Sie muss meistens langfristig angegangen werden.

3. Zweierlei ist wichtig: Reue und das rückhaltlose Eingeständnis. Es nützt nichts, nach außen zu bereuen, sich innerlich aber zugleich durch Ausflüchte zu beschwichtigen. Dieses "Ausweichen" widerspricht der inneren Erfolgsmotivierung, wie sie für die Tauba ausschlaggebend ist. So wird der Teufelskreis des chronischen Versagens in Gang gesetzt. Wer auf diese Weise die Flinte ins Korn wirft, wobei er ähnlich denkt wie damals der

Prophet Jonas[131]: "Das schaff' ich doch nie!", für den endet die Tauba hier.

4. Erst wenn die Herzensregung und der Verstand in der Analyse im Einklang sind, kann man von einem echten Verlangen nach Reue und Bereinigung sprechen. Der schmerzhafte Druck im Innern weicht der erwärmenden Hoffnung, die ihrerseits dazu motiviert, die Belastung aus der Welt zu schaffen.

5. Dazu gehört in einem nächsten Schritt, den Schaden wieder gut zu machen, den man eventuell angerichtet hat. Die Schwere des Schadens ist dabei nicht immer einfach zu bestimmen. Diebstahl beispielsweise lässt sich eindeutiger bemessen als üble Nachrede.

6. Auf jeden Fall empfiehlt der Islam die Kompensation durch eine gute Tat. Dazu der Prophet Muhammad:

   "Fürchte Allah, wo immer du bist, und lasse der bösen Tat die gute Tat folgen, um sie damit auszulöschen, und begegne den Menschen mit gutem Wesen."
   (Sammlung Tirmidhî)

7. Es kommt darauf an, sich nach vorne zu orientieren. Der Bund mit Allah muss neu bekräftigt werden, damit die Sünde nicht mehr begangen wird und ihre Ursachen angegangen werden können. Zu diesem Zweck verrichtet der Muslim ein kleines Gebet, das mit einer längeren freien Zwiesprache verbunden ist, in der er seine Absicht bekundet, das Unrecht nicht mehr zu tun. Dieses "Reuegebet" ist eine Herzenssache. Der Betroffene verrichtet es, wann und sooft ihm danach zumute ist.

---

131 Im Koran verraten 21:87 und 68:48 etwas mehr über die bereits erwähnte Bedrückung jenes Propheten Allahs und über die gelungene Bewältigung.

Soweit die allgemein anerkannte islamische Bewältigungsstrategie im Falle der Sünde. Wie aber steht es damit, einem guten Freund sein Herz auszuschütten? Gerade das kann ein wichtiger Schritt sein, wieder auf die Beine zu kommen. Das offene Gespräch mit einer Person des Vertrauens ist ein wichtiger Bestandteil der sozialen Beziehung. Es bedarf dazu einer dem Fall angemessenen überlegten "Dosierung". Der Islam kann und will hier nicht reglementieren. Daraus erklärt sich wohl auch die bei dem Thema zu beobachtende Zurückhaltung in der islamischen Literatur.

Der Islam rät dem Muslim generell zur Behutsamkeit im Umgang mit anderen. Dazu gehört es, lieber dreimal nachzudenken, ehe man den anderen mit einer eigenen, womöglich auch noch bedenklichen Angelegenheit behelligt.[132] Im islamischen Offenbarungswerk wird vielfach darauf hingewiesen, dass Allah den Schutz der Verschwiegenheit über den Fehlgehenden ausbreitet. Ganz in diesem Sinne ermahnte der Prophet seine Gemeinschaft, nicht etwa des Morgens hinauszutreten und auszuposaunen, man habe zur Nachtzeit dies und jenes getan. Wird gar ein Name in Verbindung mit einem schweren Fehltritt ruchbar, führt das schnell zur Stigmatisierung. Seine Akzeptanz innerhalb der Gemeinschaft wird herabgesetzt, worauf er mit Verstocktheit und Beharren reagieren könnte. Das erschwert es dem Betroffenen, sich aus dem Wirkfeld der Sünde zu befreien.

Vorsicht ist auch geboten, wenn ein Muslim "von außen" auf ein Fehlverhalten hingewiesen werden muss. Belehrungen haben diskret und unter vier Augen, oder noch besser, falls das hinreicht, indirekt[133] zu erfolgen.

---

132 Abu Huraira berichtet, dass der Prophet Muhammad sagte:

"Zum guten Islam eines Menschen gehört, zu lassen, was ihn nichts angeht."

(Sammlung Tirmidhi)

133 Bekannt unter Muslimen ist die Geschichte von Hassan und Hussein, die einen älteren Muslim dabei beobachten, wie er sich - leider vollkommen verkehrt - zum Gebet wäscht. Die beiden zerbrechen sich nun den Kopf

Im Zusammenhang damit sind einige wichtige sozialhygienische Grundprinzipien zutage getreten, die als Verhaltensziele für die islamische Erziehung weiter ausgearbeitet werden können:

- nicht petzen,
- sich nicht immer und in allem jedem offenbaren,
- Freundschaften zu vertrauensvollen Beziehungen ausbauen, sie pflegen, in sie investieren,
- die Belastungsgrenzen des Gegenübers abwägen (empathische Grundhaltung),
- für den anderen stets ein offenes Ohr haben,
- zuhören können,
- Verschwiegenheit wahren.
- Vor allem aber gilt: Jede noch so geheime Missetat schlägt irgendwann im sozialen Kontext zu Buche.

Zusammenfassung

Zum islamischen Verständnis von "Sünde" gehört Wissen um das, was das islamische Offenbarungswerk als Sünde bezeichnet. Abgesehen von den statischen, ausdrücklich genannten Sünden kommt es in der Erziehung darauf an,

---

darüber, wie sie als Jüngere den Älteren belehren könnten, ohne ihn zu kränken. Schließlich stellen sie sich neben ihn an den Brunnen. Der eine der beiden Jungen wäscht sich absichtlich falsch, nur um sich von dem anderen über die richtige Weise der Gebetswaschung unterrichten zu lassen. Ohne dass der Ältere direkt angesprochen werden musste, hat er doch als Zeuge dieses Vorfalls seine Lektion mitbekommen. Angenommen jedoch, er wäre nicht aufmerksam genug und die Demonstration der beiden deswegen vergeblich gewesen: In einem solchen Fall ist es letztlich nicht so wichtig, ob die Botschaft ankommt und - wie hier - der Ältere sich im Augenblick regelkonform wäscht oder nicht.

Sünde in dynamischer Hinsicht zu beschreiben. Dazu das erweiterte Sündenverständnis:

- die "empfundene", im Herzen nagende Sünde
- die Sünde verstanden als persönliche Krise
- Sünde verstanden als gemeinschaftliche Krise
- die Unterscheidung zwischen Sünde und Sünder (Kriterium der Objektivität)
- Wege zur Bewältigung

Für die islamische Erziehung spielt darüber hinaus die Frage der Bestrafbarkeit von Fehlverhalten durch die Gemeinschaft oder legitimierte Autoritäten eine wichtige Rolle.

Das Gewissen

Wie steht der Islam zur Freiheit des Gewissens? Diese Frage wird Muslimen von gebildeten Nicht-Muslimen immer wieder mal vorgelegt. Nicht selten mit Blick auf die globale politische Situation, also etwa so: Welchen Stellenwert messen die politischen Systeme der islamischen Staaten dem Gewissensentscheid ihrer Bürger bei? Schon halb vorwurfsvoll: Ein mündiger Bürger - hat das nicht einer zu sein, der den Mund aufmacht?

Mit der zunehmenden Okzidentalisierung der kulturgeographisch islamischen Räume ist das Gewissen tatsächlich für die Muslime zum bedeutsamen Thema geworden. Gewissen wird gebraucht gegen die totalitäre Vereinnahmung. Ein gesundes Gewissen kann nicht alles widerstandslos hinnehmen. Der "Gewissenhafte" wird sich, wo Gewissens-Terror herrscht, Gehör verschaffen, wird versuchen, wo Unrecht an Mitmenschen geschieht, die dafür Verantwortlichen in die Schranken zu weisen, notfalls unter Inkaufnahme von Entbehrungen, notfalls bei Gefahr für Leib und Leben. Der Prophet sagte:

> **"Der herausragendste Kampf ist ein Wort der Wahrheit vor einem ungerechten Herrscher."**
>
> **(Sammlung Ahmad)**

Gegen die gängige Einschätzung des Gewissens als der "allerletzten Instanz" ist aufs Erste nichts einzuwenden. Von nahe besehen, erweist sich allerdings die ebenso gängige zwillingshafte Verknüpfung der Begriffe "Gewissen" und "Freiheit" als prüfbedürftig. Wie legt der Gewissensträger seine Freiheit aus? Ich-bezogen? Gruppenbezogen? Gemeinschaftsbezogen? Der Islam erkennt in der Regung des Gewissens, kurz gesagt, die Erinnerung daran, dass Allah anwesend ist. Ausführlicher:

- Die letzte Instanz ist Allah.
- Das Gewissen ist eingebunden und nicht absolut.
- Es ist abhängig von seiner Ausbildung und Ausprägung.
- Es ist mehr als die Summe des Wissens und:
- Es kann im entscheidenden Moment auch versagen.

Das Gewissen ist nicht so sehr ein zerebrales "Modul", das persönliche Erfahrungen mit der subjektiven Tagesethik verrechnet, um nach einer gewissen Phase der Abwägung anzuspringen. Man könnte es verstehen als komplexe Funktion vieler individueller und überindividueller Bestandteile - wenn es überhaupt erstrebenswert ist, seine Feinmechanik ans Tageslicht zu holen...

> **154 ...und damit Allah prüft, was in euren Gemütern ist, und damit Er erprobt, was in euren Herzen ist, und Allah weiß vom Innersten der Gemüter.**
>
> **(Sure 3)**

Von außen ist demnach also kaum ein Weg, das Gewissen unmittelbar zu beeinflussen. Im Übrigen gibt es da noch diesen Spruch, der dem Propheten zugeschrieben wird:

> **"Zu den Lehren der früheren Propheten gehörte der Ausspruch: 'Solange du dich nicht schämst, tue, was du willst.'"**
>
> **(Sammlung Bukhâri)**

Es scheint damit ein der Gewissensfreiheit verwandtes Prinzip auch im Islam begründet zu sein - doch nur, solange es einen nicht stört, dass es sich um die Lehre der früheren Propheten handelt. Man kann das so und so sehen: Entweder bestätigte Muhammad damit die Gültigkeit eines seit Urzeiten bestehenden Grundgesetzes, oder er distanzierte sich durch den Verweis auf früher und meinte alles ganz anders. Was nun?

Die islamischen Verhaltensregeln lassen nicht zu, dass jeder unbedacht tut, was ihm beliebt. Das unterstreicht auch der wichtige Grundsatz des wechselseitigen Anspruchs auf Integrität, um den es im vorigen Kapitel ging. Statt eine Gewissensdebatte loszutreten, wird mit dem "Schamgefühl" eine konkrete, spürbare regulative Instanz ins Feld geführt. Es scheint, dass es aus islamischer Sicht nicht vorteilhaft ist, von einem "Gewissen" als holistischem Gebilde zu sprechen, zumal da wir ein identisches Wort im Koran vergeblich suchen. "Gewissenhaftes Verhalten" steht in Zusammenhang mit Ehrlichkeit, Sorge um das Wohl des anderen, Sorge um den eigenen Zustand im Jenseits, Wissen, was recht und was unrecht ist, Beharrlichkeit, Durchsetzungswillen und dergleichen mehr.

Der Koran bietet eine Schlüsselstelle, in der so etwas wie Gewissensfreiheit - genaugenommen Entscheidungsfreiheit - explizit erwähnt wird. Dieser wohl bekannte Vers wird gerne herangezogen, um in jeder erdenklichen Hinsicht den Vorwurf zu widerlegen, der Islam basiere auf Zwang und missioniere vermittels der Ingredienzen unseliger Kreuzzüge, mit Feuer und Schwert:

256 Kein Zwang in der Religion, das rechte Handeln ist schon klar geworden gegenüber dem Fehlgehen, und wer den Glauben an die Abgötter verweigert, und er glaubt an Allah, der hat sich schon am stärksten Haltegriff festgehalten, bei dem es kein Brechen gibt, und Allah ist hörend, wissend.

(Sure 2)

Jeder ist also in seiner Entscheidung frei. Dazu noch eine Textstelle aus dem Koran, die schon im Zusammenhang mit der Gehorsamsfrage eine wichtige Rolle spielte:

38 Und diejenigen, die ihrem Herrn antworten und das Gebet einrichten, - und ihre Angelegenheit ist in

Beratung zwischen ihnen, - und von dem, womit Wir sie versorgt haben, hergeben...

(Sure 42)

Wir sind uns einig, Gewissen braucht Schulung. Weglassen können wir die Gewissensfrage aus der islamischen Bildungstheorie also nicht mehr. Folgende Punkte sind darum für künftige Erörterungen vielleicht hilfreiche Denkanstöße:

- Das Gewissen entzieht sich dem direkten erzieherischen Einfluss und der Prüfung von außen. Es ist eine wandelbare innere Größe, zu der Wissen, Erfahrung, Charakter und Glaube gehören und die ihren Ausdruck im Handeln findet.

- Das Gewissen kommt in Entscheidungssituationen zum Tragen, weshalb man darüber nachdenken sollte, ob hypothetische Entscheidungssimulationen (Dilemmata) einen Schulungseffekt auf das Gewissen haben. Geschichten und das szenische Spiel können innere Regungen (Zustimmung, Protest) stimulieren, Äußerungen notwendig (Artikulation der Haltung) und Begründungszusammenhänge deutlich machen (Kognition und Präzisierung des Gewissensinhaltes, Bewusstmachung der Natur der inneren Regung, zum Beispiel Scham).

- In der islamischen Erziehung müssen dem Heranwachsenden die seinen Fähigkeiten gemäßen (und ein wenig darüber hinausgehende) Anlässe und Spielräume für selbständige Entscheidungen zur Verfügung gestellt werden (in der Familie, im Schulleben).

- "Gewissen" beruht auf Wissen, womit in erster Linie das verstehende Offenbarungswissen (Koran, Sunna) gemeint ist. Dieses "öffnet das Herz von innen":

24 Also bedenken sie nicht den Koran, oder sind vor den Herzen Schlösser?

(Sure 47)

Mit diesem Koran-Zitat - Herz und Verstand - ist indirekt zugleich eine Facette des islamischen Intelligenzbegriffs angeleuchtet, um den es im Folgenden gehen soll.

Intelligenz

Das Thema nimmt in der psychologischen Literatur einen geradezu erschreckend breiten Raum ein. Sollte es deswegen überflüssig sein, von der religionspädagogischen Warte aus noch etwas beizusteuern? Mitnichten. Ganz abgesehen von schulischen Tests an lern- und leistungsschwachen oder verhaltensauffälligen Kindern: Das schillernde Alltagswort "Intelligenz" allein macht es unmöglich, dem Thema auszuweichen.

Freilich: Speziell in den Erziehungswissenschaften führt der Intelligenzbegriff das Dasein eines Stiefkindes. Das Thema ist seit Jahrzehnten von der Testpsychologie besetzt. Sie hat "Intelligenz" als messbare Größe erfunden. Zwar - ihre empirischen und statistischen Methoden sind den klassischen humanistischen Geisteswissenschaftlern suspekt - aber wohl zu Unrecht, da im Verbund mit der neurophysiologischen Forschung und integrativen Forschungszweigen wie der Psychobiologie neue Zugänge zur Beantwortung der alten Standardfrage entstehen: Was ist Intelligenz überhaupt?[134]

Wenn die Geisteswissenschaft schließlich auch noch einem theologischen Fundament verpflichtet ist, dann kommt es bisweilen vor, dass Intelligenz zum Gegenbegriff von "Glauben" avanciert. Muslimische Studenten der Psychologie oder peripherer Disziplinen, so hört man das manchmal von ihnen, empfinden ihre eigenen Fachrichtungen als "Speerspitze des Atheismus". Aus diesem Grund

134 "Böse Zungen könnten sagen: Eine beneidenswerte Situation: Sie wissen nicht, was es ist. Aber sie können es messen." Mit diesem Zitat von R. Heiß kommentiert Prof. Kurt Heller die Paradoxie, dass ohne hinreichend befriedigende Antwort auf die Frage, was unter Intelligenz zu verstehen sei, Jahr für Jahr Intelligenzmessungen millionenfach durchgeführt werden, nicht zuletzt auch in der Schule; K. Heller, *Intelligenz und Begabung*, München und Basel 1976.

kann auch die Religionspädagogik nicht mehr viel mit dem Intelligenzbegriff anfangen. Er ist säkular kontaminiert.[135]

Können wir uns zutrauen, einen "islamischen Intelligenzbegriff" zu prägen, ohne mit den etablierten Modellen zu jonglieren oder gar so zu tun, als hätten wir ihn neu entdeckt? Verlockend, aber gefährlich! Manche muslimische Wissenschaftler sind in diese Falle gestolpert, seit sie um die "Islamisierung der Wissenschaften" ringen - ein Modetrend, der vor etwa zwanzig Jahren kreiert wurde, als eine Generation von muslimischen Studenten und Dozenten erwachte und sich in westlichen Ländern anschickte, den Nachweis der (sozial)wissenschaftlichen Trag- und Theoriefähigkeit des Islams zu führen. Die Falle, die sich hinter diesem ehrenwerten und wichtigen Anliegen verbirgt, sieht so aus: Man bedient sich wissenschaftlicher Teiltheorien, versieht sie mit Koran-Versen und islamischen Überlieferungen, die zufällig passen, integriert sie in ein ganzheitlich Größeres (letzteres ist ja genau das, wonach sich jeder halbwegs wissenschaftlich

---

135 Was sollte Religionsunterricht nach der "Bultmannschen Wende", der Intellektualisierung, Entmythologisierung und Psychologisierung der Religionsinhalte, leisten, wenn nicht mehr nur die Hinführung zum Glauben? Nach Meinung von Professor Gert Otto hatte Religionsunterricht "die Informierung der kritischen Intelligenz der Schüler" zu sein. Das meinte er nicht als Angriff auf den Glauben, sondern ganz im Gegenteil: Das Denken, insbesondere das geschichtliche, worunter er den historisch-kritischen Zugang zur Bibel verstand, mache ihre Autorität (nicht die ihr zugesprochene) erst wirklich erfahrbar.
Beeinflusst durch die Psychologie Jungs, und ganz ihrem Jargon verpflichtet, bedeutete von da an in der Frage des Glaubens "die Tiefe mehr als die Höhe". Es scheint so zu sein, dass im Zuge jenes einst "neuen" Denkens der Gottesbegriff an Kontur verloren hat. Bücher wie *Honest to God* des englischen Bischofs John A.T. Robinson haben zwar gefordert, dass "unsere (falschen) Vorstellungen von Gott weg müssen". Wer konnte aber dafür eine "richtige Vorstellung" anbieten? Hier steht die intelligente Auseinandersetzung mit Problemen der Theologie der (naiven?) Volksfrömmigkeit unversöhnlich gegenüber. Die versteht den Zweifel am tradierten Gottesbild von vornherein als Frevel. Es wäre falsch zu behaupten, dass ein vergleichbares Spannungsfeld zwischen "hinnehmen" und "auseinandernehmen" nicht auch in der muslimischen Gedankenwelt zu spüren sei.

Gebildete sehnt, nämlich dass die ganzen Mosaiksteinchen ein geschlossenes Bild ergeben) und versieht das Paket mit dem Etikett "islamisch". Wir reden nicht davon, dass ein Wissenschaftler sein wo auch immer erworbenes Wissen umschichtet, weil er als Muslim manche Dinge anders sieht. Der Unterschied besteht nur darin, das Offenbarungswerk insgesamt als theoriefähig anzunehmen, statt es bruchstückweise erkenntnistheoretischen Belastungstests zu unterziehen. Aus Koran und Sunna selbst müssen also Modelle gewonnen werden, die den unverwechselbar islamischen Charakter bewahren.

Schicken wir diesmal zum Einstieg eine Arbeitshypothese voraus. Unter "Intelligenz" des gläubigen Muslims verstehen wir:

- die Fähigkeit, Offenbarungsinhalte zu erschließen und zu verstehen,
- eine aufmerksame Umweltwahrnehmung und
- die Fähigkeit, das Erschlossene in der Lebenswelt umzusetzen, aus ihm Nutzen zu ziehen.

Einen ersten Hinweis auf die Haltung einer aufmerksamen und interessierten **Auf**nahme anstelle gedankenfaul mechanischer **Hin**nahme sollen die folgenden Koran-Zeilen liefern:

> 73 **Und diejenigen, welche, wenn sie an die Zeichen ihres Herrn erinnert werden, nicht ihnen gegenüber taub und blind niederfallen.**
>
> **(Sure 25)**

Dieser Vers ist insbesondere für alle diejenigen wichtig, die meinen, das "Sich-Allahs-Erinnern" (hier *dhukira* - erinnert werden) sei kein die Intelligenz ansprechendes, sondern ein spirituelles und unterbewusstes Ereignis. Das ist ein altes, weit verbreitetes Missverständnis. In Wirklichkeit verhält es sich so: Ein wichtiges Kriterium aller Akte des islamischen

Lebens, ganz besonders des Gebets, ist ihre "Bewusstheit", zu der die Klarheit des Geistes und die unverstellte Umweltwahrnehmung gehören.[136] Spirituelle Akte am Rande der Trance sind - anders als vielfach angenommen - nicht islamisch; sie dann auch noch als "Gottesdienst" (*'ibâda*) zu bezeichnen, ist unter Umständen sogar eine schwere Sünde[137].

Die oben zitierte Koran-Stelle spricht den Vorzug derer an, die die Aussagen der Schrift reflektieren und hinterfragen und daraus für sich und ihre Mitmenschen Nutzen zu ziehen wissen. Nutzen, arabisch *manfa'a,* findet auch in der folgenden Koran-Stelle im Verbund mit dem "Erinnern" (*dhikr*) Erwähnung:

1 **Er runzelte die Stirn und kehrte sich ab,**

2 **Weil der Blinde zu ihm gekommen war.**

3 **Und wie weißt du, vielleicht läutert er sich?**

4 **Oder er wird erinnert, und es nützt ihm das Erinnern?**
(Sure 80)

Das Nachdenken und Fragen dürfen wir ohne weiteres ausweiten auf das kritische Hinterfragen, auch auf das Zweifeln, denn der Koran lädt uns ein, die Aussagen genau zu prüfen. Dahinter steckt mehr als die viel bekannte Aufforderung Allahs[138] an die Gegner des Propheten, sie sollten die Schrift ruhig auf Ungereimtheiten und Widersprüche durchsuchen oder einen "besseren Koran" herbeibringen. Sie

---

136 Dazu ein Beispiel, nur die äußere Form des Gebetes betreffend: Ein Muslim soll beim Beten die Augen offen und nicht geschlossen halten, um Gefährdungen ausweichen zu können, wie etwa einem herannahenden giftigen Reptil (angelockt durch Licht oder die Körperwärme des Betenden in der Nacht).

137 Die Sünde der unerlaubten Einführung einer Neuerung (*bid'a*) in die islamische *'ibâda.*

138 In den Koran-Wissenschaften mit dem arabischen Terminus *tahâddin* bezeichnet.

hatten dem Propheten forsch unterstellt, er haben den Koran selbst erdichtet. In einer der Antworten, die ihnen Allah gibt, taucht ein bedeutsames Schlüsselwort auf:

82 **Bedenken sie nicht (*afalâ yatadabbarûna*) den Koran? Und wenn er von einem anderen als Allah wäre, bestimmt hätten sie darin viel Widerspruch (*ikhtilâfan*) gefunden.**

(Sure 4)

Es geht um das "Bedenken". Das arabische Wort (*tadabbur*) drückt so viel wie das "Prüfen auf Echtheit" aus. Bei Goldmünzen prüft man den Prägestempel, das Gewicht und das Material.

Verse wie 4:82 bieten Anlass für die Diskussion motivationspsychologischer Erkenntnisse. Die Erfahrung von Diskrepanzen ist aus lernpsychologischer Sicht für Erkenntnisgewinnung und Lernen generell wichtig. Widersprüche zur Vorerfahrung sind der ideale Ausgangsreiz für eine Impulskette, die von Verlaufsmotivation getragen ist.[139] Der obige Koran-Vers verwendet den Ausdruck *ikhtilâf*[140] für

---

139 Berlyne hat das ideale Reizpotenzial des menschlichen Nervensystems zwischen den beiden Extremen "Schlaf" und "Panik" angesiedelt und nachgewiesen, dass die besten Lernerfolge bei einem leicht erhöhten Erregungspotenzial in Ruhenähe erreicht werden, das hervorgerufen wird durch Widersprüche zwischen dem Neuen und dem, was man bereits gelernt hat. Das Neue wird aufgesucht (Neugier) oder vermieden (zu vertraut = langweilig, zu fremd = beängstigend). Wenn Widersprüche nicht beseitigt werden, bleibt ein Gefühl der Unzufriedenheit zurück. Dieses Gefühl zu vermeiden, halte letztlich die Motivation aufrecht; D.E. Berlyne, *Conflict, arousal and curiosity*, N. Y. 1960. Berlyne nennt drei Arten des kognitiven Konflikts: Zweifel (Konflikt zwischen der Tendenz, zu glauben, und der Tendenz, nicht zu glauben), Verwirrung (man hat mehrere gleichwahrscheinliche oder gleichsichere Überzeugungen) und begriffliche Inkongruenz (Beispiel: Zu einem Beitrag des Nachrichtensprechers über ein Erdbeben im Iran wird im Hintergrund versehentlich ein Bild des Papstes mit dem Untertitel "Urbi et orbi" eingeblendet).

140 *Ikhtilâf* ist eher bekannt unter der Bedeutung "Meinungsverschiedenheiten", was im Islam kein negativ besetzter Begriff ist, denn unter Muslimen gilt der fruchtbare Meinungsstreit als ein Segen für die Gemeinschaft. Die Wurzel des Wortes, *khalafa*, bedeutet "nachfolgen, ersetzen", wobei sie die Konnotation

solche Diskrepanzen. Auch wenn es nicht Aufgabe dieser Arbeit sein kann, unterrichtliche Artikulationsprinzipien abzuleiten, darf man jetzt schon sagen, dass das klassische Präsentieren-Memorieren von Lerninhalten, das heute in muslimischen Medressen noch genauso verbreitet ist wie vor Hunderten von Jahren, nur bedingt zur islamischen Methodik gehört. Erfolg versprechender scheinen, wenn Lernerfolg als Erwerb von erfahrenem, internalisiertem und präsentem Wissen und als verändertes Verhalten verstanden werden soll, dialektische und hermeneutische Erkenntnismethoden zu sein, die den Lernenden mit defizitären Ausgangssituationen konfrontieren, die er forschend, problemlösend und alternativ nachdenkend zu klären hat.

Was geschieht eigentlich, wenn man sich unreflektiert, historische und soziale Erkenntnisse vernachlässigend, mit den Inhalten des Korans befasst? Man heuchelt. Mit der Aufforderung, den Koran zu "bedenken" sind diejenigen angesprochen, die den Sinn der Offenbarung absichtlich verdrehen (*bayyata* - etwas aushecken):

> **81 Und sie sagen: 'Gehorsam', und wenn sie fortgegangen sind von dir, brütet ein Teil von ihnen bei Nacht etwas anderes aus (*bayyata*) als das, was du sagst, und Allah schreibt auf, was sie nachts ausbrüten, also wende dich von ihnen ab und vertraue auf Allah, und Allah genügt als Sachwalter.**
>
> **(Sure 4)**

---

der Zusammengehörigkeit und nicht der Unvereinbarkeit trägt. *Khalîf* ist jemand, der anstelle eines anderen, aber nicht auf Dauer, sondern auf bestimmte Zeit, eingesetzt ist und im Geiste seines Auftraggebers handelt; der Mensch ist *"khalîf"* Allahs auf Erden. Der VIII. Stamm des Verbs *khalafa* drückt zwar aus: "verschieden sein, verschiedener Meinung sein", aber ohne die Mitbedeutung der "Unversöhnlichkeit". Im Zusammenhang mit dem Intelligenzbegriff ließe sich *ikhtilâf* demnach so präzisieren:

- *Ikhtilâf* bedeutet einen abweichenden Standpunkt oder ein abweichendes Vorwissen, das einem veränderten Standpunkt oder einem ergänzten oder korrigierten Wissen vorausgeht. Die Relation zwischen Vorher und Nachher ist entweder Ersetzen oder Ergänzen, oder aber die Diskrepanz bleibt einfach bestehen.

Der verstärkte Umgang mit dem Koran zielt letztlich nicht auf professorale Gelehrsamkeit ab. Die Schrift soll zu einem tieferen Glauben und zu ernstem Gehorsam gegenüber Allah und dem Propheten verhelfen. Bemerkenswert, dass es im Koran ausgerechnet die nur äußerlich Frommen und Folgsamen sind, die den aufrichtig Gläubigen mangelnde Intelligenz bescheinigen. Sie kehren die Verhältnisse schlicht um:

13 **Und wenn zu ihnen gesagt wird: 'Glaubt, wie die Menschen glauben!', sagen sie: 'Wir sollen glauben wie die Schwachköpfe glauben?' Sind es nicht sie, welche die Schwachköpfe sind? Aber sie wissen es nicht.**

14 **Und wenn sie denen begegnen, die glauben, sagen sie: 'Wir glauben'. Und wenn sie zu ihren Teufeln davongehen, sagen sie: 'Wir sind mit euch - wir treiben ja nur Spott.'**

15 **Allah treibt Spott mit ihnen, und er verlängert es ihnen, in ihrer Grenzenlosigkeit irre zu sein.**

16 **Sie sind es, die sich das Fehlgehen mit der Rechtleitung erkaufen, also bringt ihr Handel keinen Gewinn, und sie sind nicht rechtgeleitet.**

17 **Ihr Gleichnis ist wie das Gleichnis desjenigen, der ein Feuer anzünden will, und wenn es erleuchtet, was um ihn herum ist, geht Allah weg mit ihrem Licht und lässt sie in tiefer Finsternis, sie erblicken nichts.**

18 **Taub, stumm, blind, also kehren sie nicht um.**

(Sure 2)

Seiner Sinne nicht mächtig zu sein ist nicht das Merkmal von Intelligenz, Achtlosigkeit (*ghafla*) gegenüber der Offenbarung und den Zeichen Allahs ist etwas anderes als das Prüfen (*tadabbur*), das wahrnehmende (*basar*) und das verstehende Erfassen (*fiqh*). Das alles bleibt nicht ohne Auswirkungen auf die islamische Erziehungstheorie.

Die Vielschichtigkeit, mit der der Auftrag zur Übernahme von Erziehungsverantwortung in 66:6 umzusetzen ist, macht es immer wieder notwendig, über die geeignete

Methodik nachzudenken. Die Ansprache des intelligenten Verstandes nimmt dabei eine hohe Stellung ein. Der nächste Koran-Vers offenbart aber noch eine andere und nicht minder wichtige Komponente, die wir uns ergänzend zum Verstand denken müssen. Sie fällt ein wenig aus dem steifen Rahmen, den ein streng empirisch gewonnener Intelligenzbegriff zur Verfügung stellt. Es geht um das "Herz" - wir haben schon vorher davon gehört:

179 Und Wir haben schon viele von den Dschinn und der Menschheit für die Hölle erzeugt, sie haben Herzen, mit denen sie nicht verstehen, und sie haben Augen, mit denen sie nicht erblicken, und sie haben Ohren, mit denen sie nicht hören, - diese, sie sind wie das Vieh, vielmehr sind sie mehr fehlgehend, diese, sie sind die Achtlosen.

(Sure 7)

Hier wird mangelnde Intelligenz anhand dreier Defizite konkretisiert: Sie verstehen nicht (*lâ yafqahûn*), sie erblicken nicht (*lâ yubsirûn*), sie hören nicht (*lâ yasma'ûn*). Das soll nicht heißen, dass sie dazu wahrnehmungsphysiologisch nicht in der Lage wären, auch wenn die Formulierung "für die Hölle erschaffen" ohne Kenntnis paralleler Koran-Stellen den falschen Eindruck erwecken könnte, es gebe Menschen (und Dschinn), die schon vor ihrer Erschaffung für die ewige Verdammnis vorgesehen seien und darum gar nicht anders könnten. Gemeint ist, sie wollen nicht (weshalb sie "schlimmer als das Vieh" sind, dem an sich kein Vorwurf daraus zu machen ist, dass es nicht anders kann). Sie wollen also nicht, sie haben mit der Verweigerung angefangen und beharren so hartnäckig darauf, bis auch Allah sich verweigert. Daher der unversöhnliche Ton dieser und ähnlicher Passagen (vgl. unten 39:23 "Allah leitet recht" und "lässt fehlgehen"), in denen solchen Leuten immer wieder vorgehalten wird, sie hätten zuvor "ihre Herzen zu Stein gemacht[141]".

Das Verstehen mit dem Herzen rangiert hier an erster Stelle. Damit ist eine Domäne beschrieben, die sich der empirischen psychologischen Forschung bislang noch zu entziehen scheint. Es spielen da Begriffe wie Intuition, Inspiration und Glauben hinein, die allesamt keine dinglichen Fakten liefern. Entscheidend für die islamische Erziehung ist, dass die spirituelle und die intellektuelle Sphäre (ebenso wie die kognitive und die emotionale, wie später am Beispiel Abrahams zu zeigen sein wird) nicht auseinander fallen, sondern fest ineinander verwoben sind. Das folgende Zitat soll das noch deutlicher machen; es klingt ähnlich wie die vorangegangenen der Suren 2 und 7:

21 **Gehorsam und ein rechtes Wort, - und wenn die Angelegenheit beschlossen ist, wenn sie zu Allah wahrhaft sind, bestimmt ist es besser für sie.**

22 **Also kann es sein, wenn ihr euch abkehrt, dass ihr auf der Erde Unheil anrichtet und die Verwandtschaftsbande zerschneidet?**

23 **Diese sind es, Allah hat sie verflucht, und Er hat sie taub gemacht, und Er hat ihre Blicke blind gemacht.**

24 **Also bedenken sie nicht (*afalâ yatadabbarûna*) den Koran, oder sind vor ihren Herzen Schlösser?**

(Sure 47)

---

141 Es ist das Verhalten der Menschen, durch das sie selbst ihre Herzen zu Stein werden lassen, und das Attribut der "Achtsamkeit" - gerade eben noch menschliches Intelligenzkriterium - trifft nun auf Allah selbst zu:

74 **Dann sind eure Herzen danach hart geworden, und sie waren wie die Steine oder stärker an Härte. Und von den Steinen, da brechen aus welchen von ihnen Gewässer hervor, und von ihnen spalten sich welche, und es kommt aus ihnen das Wasser heraus, und von ihnen fallen welche herab aus Furcht vor Allah, und Allah ist nicht achtlos (*wa mâ-llâhu bi-ghâfilin*) gegenüber dem, was ihr tut.**

(Sure 2)

Wenn man sich mit Verstand auf ihn einlässt, ist der Koran in der Lage, die "verschlossenen" Herzen zu öffnen (wiederum das Wortfeld *tadabbur* in Vers 24). Er ist der Schlüssel, der von innen ins Schloss passt. Hineinstecken und umdrehen muss der Mensch ihn selber. Das wird er natürlich nur tun, wenn er ein Interesse daran hat, Allah zu verstehen und Seiner Botschaft zu folgen. Hier kommt es wieder auf Absicht und Willentlichkeit an; Verstehen der Botschaft und Glaubensfindung funktionieren nicht per Knopfdruck.

Das darf nicht als Beleg dafür missverstanden werden, dass allein Intelligenz die Glaubensfindung garantieren könne. Es hat diese Überlegung in Epochen der islamischen Geistesgeschichte gegeben, und sie hat auch zu singulären Ansätzen für die Interpretation der Botschaft Allahs geführt.[142] Intelligenz soll hier aber nur deshalb als erziehungsrelevantes Kriterium hervorgehoben werden, weil sie gerade im Zusammenhang mit religiöser Erziehung manchmal vollends ins Abseits zu geraten droht. Insbesondere in Zeiten geisteswissenschaftlicher "Restauration", um sich greifender Wissenschaftskritik sowie weit verbreiteter Vorbehalte gegenüber analytischen und elementarisierenden Erkenntnismethoden werden allzu leicht Intellekt gegen Intuition, Wissen gegen Glauben und Sachlichkeit gegen Spritualität aufgewogen.

Der Koran nimmt nicht einseitig die analytisch-systematisierenden Gehirn-Regionen in Anspruch. Textstellen wie die folgende belegen, wie wichtig die Verbindung der kognitiv-informativen und der emotional-intuitiven Bereiche ist. Der Text knüpft wieder am Zustand des "verhärteten" Herzens an und spricht sogar von einer möglichen "Therapie":

22 Und wem Allah seine Brust für den Islam weit gemacht hat, und er ist im Licht von seinem Herrn? - Also wehe

142 Einst versuchte die Schule der sogenannten *mu'tazila*, den spekulativen Dogmatismus in den Islam einzuführen.

denjenigen, deren Herzen verhärtet sind vor dem Gedenken Allahs, diese sind in klarem Fehlgehen.

23 Allah hat den besten Bericht herabgesandt als Schrift, gleichscheinend, wiederholt, es schaudern davon die Häute derjenigen, die ihren Herrn fürchten, dann werden ihre Häute und ihre Herzen weich zum Gedenken Allahs. Dies ist die Rechtleitung Allahs, Er leitet recht damit, wen Er will, und wen Allah fehlgehen lässt, so gibt es für ihn keinen Rechtleitenden.

(Sure 39)

Beim Koranlesen laufen Prozesse ab, die über die bloße Informationsaufnahme hinausgehen. Sie werden in diesem Vers in ihrer psychosomatischen Symptomatik beschrieben. Dabei wird auch eine Technik erwähnt, die diesen Prozessen zugrunde liegt: die Wiederholung (fast genau) gleichscheinender Geschichten. Das erinnert an das oft beschworene Prinzip der erzählten Episode mit Wiederholungselementen, das in der Didaktik als Fachwissenschaft, zum Beispiel in Aeblis *Zwölf Grundformen des Lehrens* vertreten wird.[143]
Wir erfahren aus Textstellen wie der obigen, dass die Lektüre des Korans nicht dem Alter mit der vermeintlich höchsten kognitiven Stufe des formallogischen und abstrakten Denkens vorbehalten ist. Der Koran kann das Kind auf seiner jeweiligen intellektuellen und emotionalen Stufe direkt ansprechen, sei es, dass es ihn selber liest oder dass die Offenbarungsinhalte insoweit leichtverständlich vermittelt werden. Aufgabe in der "Fachdidaktik Islam" wäre es, die dafür geeigneten Textstücke herauszusuchen und ihren Einsatz sowie die passende Methodik gut zu begründen.

Da wir schon dabei sind - ein Wort zur Methodik. Dem in dieser Koran-Stelle erwähnten "Weiten des Herzens" liegt im Arabischen der Wortstamm *scharaha* zugrunde. Dieses Verb bedeutet "etwas aufschneiden, offenlegen". Dem Namenwort *scharh* kann man ohne Bedenken Begriffe wie

143 Hans Aebli, *Zwölf Grundformen des Lehrens,* Stuttgart 1991, geht zum Beispiel im Kapitel über die sprachliche Kommunikation darauf ein.

"die Präsentierung, die Erklärung, die Illustration, die Veranschaulichung" zuordnen. Was folgt daraus?

Das Weiten und Öffnen des Herzens ist nicht ein zufälliger oder ein mysteriöser Vorgang, sondern unterliegt eigenen, aus der Lehre des Islams noch zu entnehmenden Gesetzmäßigkeiten, die eine islamische Fachdidaktik zu erforschen und in den islamischen Unterrichts- und Erziehungsalltag einzubringen hat.[144]

Im Folgenden soll das Thema "Intelligenz" zusammenfassend zwischen zwei (vorläufigen) Bezugspunkten aufgespannt werden. Sie ergeben sich in noch lockerer Form aus den bisherigen Koran-Zitaten: Dinge, die zur Intelligenz selbst gehören, und Dinge, die dem Einfluss von Intelligenz unterliegen.

Zu den Intelligenzkriterien gehören:

- **Das "Sehen"** (*basara*), 25:73. Der Gegenbegriff wäre nach dieser Koran-Stelle "Blindheit" (*'aman*) im Sinne von "Dummheit" (*'amîya*).[145]
- **Das "Hören"** (*sam'*), 25:73. Der Gegenbegriff ist

144 Hier wäre vielleicht einmal auf die Demontage der muslimischen Identität in den allseits gängigen Formen des Ergänzungsunterrichts für Muslime hinzuweisen. Ursachen sind - neben dem ohnehin verfehlten Konzept eines muttersprachlichen Ergänzungsunterrichts - überforderte Lehrer aus der Türkei, die fatale Verquickung islamischer Lerninhalte (zum Beispiel Heimatliebe) mit nicht-islamischen (zum Beispiel Nationalismus), ferner die Auswahl von islamischen Lerninhalten ohne eine bildungstheoretische Grundlage und ohne Analyse der Lebenssituation der von diesem Unterricht betroffenen Menschen, und schließlich heillos unsachgemäße Unterrichtsmethoden, die teils weit hinter dem pädagogisch hochwertigen Regelunterricht zurückstehen.

145 Der Koran erwähnt die "Blindheit des Herzens" als Ursache dafür, dass die Menschen nicht "mit den Herzen begreifen":

46 Also reisen sie nicht auf der Erde umher, und haben sie Herzen, mit denen sie verstehen (*ya'qilûna*), oder Ohren, mit denen sie hören (*yasma'ûna*)? Also nicht die Blicke sind blind (*lâ tam'il-absâr*), sondern die Herzen sind blind (*tam'il-qulûb*), die in den Brüsten sind.

(Sure 22)

"Taubheit" (*samam*). Dies ist der direkte Bezugspunkt zu dem Begriff "Gehorsam" (*tâ'a*). Der Koran bildet an verschiedenen Stellen dieses Paar:

285 ...wir haben gehört und wir haben gehorcht...
(Sure 2)

- **Das "Bedenken"** (*tadabbur*), 4:82 und 47:24. Dies umschließt das Hinterfragen, das In-Bezug-Setzen und das Falsifizieren beziehungsweise Verifizieren. Dazu gehört auch das Lösen von Widersprüchen bzw. das Problem lösende Denken (der Ausgangsbegriff in 4:82 war *ikhtilâf*).

- **Das "Verstehen"** (*'aql, fiqh*); darunter ist zu verstehen das verstandesmäßige, kognitive Erfassen und das Begreifen mit dem offenen, weiten Herzen (*scharh*). Der Gegenbegriff wäre so etwas wie "zugeschlossen sein, verknotet sein" (*iqfâl*). Als Schlüsselstellen im Koran haben wir zitiert 7:179, 39:22 und 47:24.

- **Das "Erinnern"**, sich an Allah erinnern, an Ihn denken, 80:4. Dies steht in Zusammenhang mit dem "Nutzen", aber auch mit anderen an solchen Textstellen erwähnten erziehungswirksamen Konzepten wie die Selbstläuterung (*tazkiyya*).[146] Darüber hinaus ist es der

---

146 Denken wir an die schulischen Unterrichtsfächer, so ist dieser Punkt die Grundlage dafür, mathematische, sprachliche und musische Inhalte in Bezug zu Aussagen der Offenbarung zu setzen. Wir bringen "Allah" in die Fächer ein, anstatt zwischen nichtreligösem Fachunterricht einerseits und Religionsunterricht andererseits quasi nach Art einer schulischer Säkularisation zu trennen. An dieser Stelle sei an die unter Religionspädagogen altbekannte Forderung O. Willmanns erinnert (zitiert in F.X. Eggersdorfer, *Allgemeine Theorie des Schulunterrichts*, München 1928), die er in seinem für damalige Verhältnisse sehr auflagenstarken Werk *Didaktik als Bildungslehre nach ihren Beziehungen zur Sozialforschung und zur Geschichte der Bildung* erhob (Braunschweig 1882), nämlich dem Religionsunterricht eine zentrale Stellung einzuräumen und "die anderen Fächer sich an ihm konformieren zu lassen". Bei genauerem Hinsehen

Gegenbegriff zu "Vergessen" (s.u.). Der Koran weist vor allem darauf hin, dass der Mensch dazu neigt, die Begegnung mit Allah zu vergessen. Das Gegenteil, nämlich die Begegnung mit Ihm immer in Erwägung zu ziehen, gehört zum Begriffsfeld "Gottesfurcht" (*taqwâ*) (der passende Ausdruck für diese Haltung wäre *ihtisâb*):

- **Das "In-Erwägung-Ziehen"**, arabisch *ihtisâb*.
- **Das "Sprechen"**, ausgehend von 2:18 und dem Gegenbegriff "Stummheit" (*bakam*).
- **Das "Stehen"**, (*qawâm*: "gute Kondition, Kraft, Energie" oder *qiyâm*: "Ausführung, Umsetzung") oder:

1. Stehvermögen haben,
2. einen Standpunkt beziehen können,
3. für etwas gerade stehen können,
4. zu einer Sache oder zu jemandem stehen können und

wird zwar klar, dass Willmann für und nicht gegen den Religionsunterricht als Fachunterricht plädierte, was aus islamischer Perspektive nicht so positiv gesehen werden kann, aber er erkannte schon damals den drohenden "Machtverlust" der Geistlichkeit, die die Nivellierung des Religiösen durch eine relativistische Kulturpädagogik zu beklagen hatte. Er forderte dennoch nicht die Vormachtstellung des Religionsunterrichts, sondern "gegenseitiges Verstehen im ganzen sozialen Bereich des menschlichen Miteinander".
Mit Blick auf die islamische Kulturgeschichte dürfen wir das nicht auf den sozialkundlichen Bereich (das tut ja der Ethikunterricht mehr schlecht als recht) beschränken, sondern müssen den exakt-naturwissenschaftlichen Bereich mit hinzu nehmen, ebenso Sprache, Kunst und Literatur. Unter dieser Voraussetzung dürfen Muslime ruhig das Wort Willmanns vom "Heimischwerden im Religiösen" ausleihen. Die Achse dieses "Heimatbegriffs" ist für den Muslim Allah, für Willmann "die ewige Heimat des Gottesreiches".

5. für jemanden einstehen,[147]
   ausgehend von 25:73, wo die Gegenbegriffe *kharra* ("niedersinken, in der Hüfte einknicken"[148]) und *ghafla* ("Unachtsamkeit") erwähnt sind: Damit ist der Mangel desjenigen angesprochen, der die Offenbarung Allahs hört, aber ihre Konsequenz missachtet und seinem Handeln andere Maßstäbe zugrunde legt.

"Sprechen" und "Stehen" berühren den Bereich des Handelns, so dass man nicht mehr nur von Intelligenzkriterien im klassischen Sinne sprechen kann. Insofern ist die Zusammenstellung - zumal unvollständig - nicht als starre Systematisierung zu begreifen.

Mit diesem Übergang von Intelligenzkriterien zur Handlungskompetenz befinden wir uns dann schon inmitten der sekundären, das heißt der von den eigentlichen Intelligenzkriterien beeinflussten Faktoren. Hierzu gehören im Einzelnen:

- **Die "Mündigkeit"**, die "Beschlussfestigkeit", bekannt unter der Bezeichnung *'azm*, und das Urteilsvermögen

---

147 Deshalb, wohlgemerkt, übersetzt man den im Zusammenhang mit der Frauenfrage viel diskutierten Vers *ar-ridschâlu qawwâmûna 'alân-nisâ'* besser mit "die Männer stehen für die Frauen ein" und nicht mit "die Männer stehen über den Frauen"; Koran Sure 4:34.

148 Für sich genommen ist *kharra* kein Wort, das man negativ besetzen könnte. Es kommt dabei auf den Kontext an, z.B:

58 Diese sind es, denen gegenüber Allah gnädig gewesen ist von den Propheten aus der Nachkommenschaft Adams, und von denen, die Wir mit Nuh (Noah) mitgenommen haben, und aus der Nachkommenschaft Ibrahims und Israils und von denen, die Wir recht geleitet und Uns gewählt haben. Wenn ihnen die Zeichen des Allerbarmers verlesen wurden, sanken sie nieder (*kharrû*), in Niederwerfung und weinend.

(Sure 19)

(*hukm*). Ein Blick in den Kontext der Tadabbur-Stelle in 47:24 enthüllt das Zusammenspiel der Intelligenzkriterien mit der Fähigkeit, an einer beschlossenen Sache (*amr*, wörtlich "Befehl") ohne Zaudern und Hadern festzuhalten (47:21).

- **Die "Wahrhaftigkeit"**; sie geht aus dem vorangegangenen Punkt zwingend hervor. Sie ist zu wichtig, als dass man sie einfach irgendwo subsumieren dürfte. Diesem Aspekt sind folgende Gegenbegriffe zur "Stummheit" aus 2:18 beigeordnet:

  1. die Wahrheit sagen (*kalimatul-haqq*),
  2. Wahrhaftigkeit im Handeln (*sidq*),
  3. das gute Wort (*qaulum-ma'rûf;* 47:21),
  4. das Warnen vor dem Tag des Gerichts um der Sache willen und ohne Erwartungshaltung gegenüber dem Nächsten (*indhâr;* 2:6-7) und
  5. die gute Botschaft vermitteln, wiederum ohne Anspruch dem Nächsten gegenüber (*bischâra;* 2:25).

- **Das "Wissen"** im Sinne von *yaqîn* (verstehendes Wissen, Überzeugungswissen; vgl. das Kapitel über Abraham), nicht im Sinne von *'ilm* (Wissensinhalte, abfragbares Wissen). Ein Beispiel für *yaqîn* als "Wissen" von Dingen, die empirisch nicht erfahrbar beziehungsweise nachprüfbar sind, ist:

1 Alif. Lam. Mim.

2 Dies sind die Zeichen der weisen Schrift.

3 Rechtleitung und Barmherzigkeit für die Guthandelnden,

4 Die das Gebet einrichten und die Zakat-Steuer geben, und sie, - vom Jenseits sind sie überzeugt (*mûqinûn*).

(Sure 31)

- **Die "Weisheit"** (*hikma*), wie bereits in vorhergehenden Kapiteln besprochen.
- **Die "Folgsamkeit"** oder auch Gehorsam (*tâ'a*), wie bereits weiter oben eingehend erörtert. Ausgangspunkt sind die Textstellen 47:21 und 4:59.
- **Die "Rechtleitung"**; gemeint ist das Rechtgeleitetsein durch Allah (*hudan*), 2:16 und 39:23. Dieser Punkt ist so essenziell, dass Allah dem Koran gleich zu Beginn als erstes Attribut "Rechtleitung für die Gottesfürchtigen" zuordnet (2:2). Noch einmal: Es ist unverhandelbares Konsenswissen unter Muslimen, dass nur Allah rechtleiten kann. Dennoch: Rechtleitung ist nicht einfach Schicksal, man ist aufgerufen, etwas dazu beizutragen (s.o. "verstehendes Erfassen", *fiqh,* und "das Weiten des Herzens", "das Veranschaulichen", *scharh*).
- **Der "Nutzen"** (*manfa'a*; 80:4), das heißt die Offenbarung soll dem Muslim selbst, seinem Umfeld, allen Menschen und der Schöpfung insgesamt zugute kommen und nicht einfach "verpuffen". Der Koran spricht an vielen Stellen vom Nutzen für das Jenseits.[149]
- **Der "Schutz"** oder das Hüten, das Behüten (*wiqâya*, ausgehend von der Koran-Stelle 66:6 - siehe "Zieldimension Jenseits). Die Zielangabe, "sich und die Angehörigen vor dem Feuer zu (be)hüten", lässt sich in folgenden Punkten konkretisieren:

---

149 Als Beispiel die folgenden zwei Textstellen:

119 Allah spricht: Diesen Tag nutzt den Wahrhaftigen ihre Wahrhaftigkeit (*sidq*), für sie gibt es Gärten...

(Sure 5)

Und:

88 Am Tag, an dem Vermögensgut nichts nützt und nicht Kinder,
89 Außer wer zu Allah mit heilem Herzen kommt.

(Sure 26)

1. **Schutz vor der Verweigerung des Glaubens** (*kufr*). Die Textstelle 2:6-7 zeigt, dass die Glaubensverweigerung der Hauptgrund dafür ist, warum Allah "Herzen versiegelt". Dazu gehört ebenfalls der Schutz vor dem "Wort der Glaubensverweigerung" (*kalimatul-kufr*) als Gegenbegriff zu obigem "Wort der Wahrheit".

2. **Schutz vor Heuchelei** (*nifâq* oder *munâfaqa*), so wie in 2:10-20 veranschaulicht und in 25:73 und anderen Textstellen implizit angesprochen.

3. **Schutz vor dem Fehlgehen** (*dalâla*) in der Lebensweise als Folge der Glaubensverweigerung und des verhärteten oder versiegelten Herzens, so wie in 2:16 und in 39:22 erwähnt.

4. **Schutz vor dem Vergessen**, das in Form von Unachtsamkeit und Unaufmerksamkeit (*ghafla*) oder Verlust des Gedächtnisinhaltes (*nisyân*) in Erscheinung tritt.[150]

5. **Schutz vor dem Ungehorsam**, vor dem Sich-Widersetzen (*'isyân*). Dem "Hören und Gehorchen" (s.o.) setzen die Menschen nämlich entgegen:

93 ...Wir hören, und wir widersetzen uns...

(Sure 2)

6. **Schutz vor falschen Lehren**, die "ausgebrütet" werden, und vor ihren Lehrern (*mubayyita*), so wie in 4:81 beschrieben, wo dieses Übel dem "Gehorsam" gegenübergestellt wird. Dieser Punkt ist auch vor

---

150 Wortstamm *nûn-sîn-yâ*. Ein phonetisch eng verwandtes Wort ist *insân*, Wortstamm *alif-nûn-sîn*. Es mag zwar etwas weit hergeholt sein, aber hinter der Klangverwandtschaft steckt Bedeutung: Das Vergessen gehört zur Natur des Menschen, Leistungsschwächen des Gedächtnisses zum Schulalltag. Allah lehrt uns im Koran ein Bittgebet, das vor dem Vergessen schützt (2:286).

dem Hintergrund des um sich greifenden Sektentums wichtig, sei es islamischen oder anderen Ursprungs, gegen das vor allem junge Muslime nicht gefeit sind.

Zusammenfassung

Dem Koran lassen sich Prinzipien entnehmen, die entfernt an Intelligenzkriterien erinnern. Zu einem sich daraus ergebenden islamischen Begriff von "Intelligenz" rechnen zunächst Faktoren, die den sensorischen Wahrnehmungsbereich (Sehen, Hören), die Umwälzung von Information und Gedächtnisinhalten (Bedenken, Verstehen, Erinnern), das verstehende Erfassen mit dem Herzen und das Leben (Sprechen, Stehen) betreffen.

Aus der Grundthese heraus, dass kein Inhalt der Offenbarung abstrakt losgelöst im Raum, sondern stets im Bezug zum Leben steht, müssen zu einem islamischen Intelligenzbegriff jene "sekundären" Bereiche hinzugenommen werden, die sich aus einer Analyse der betreffenden Koran-Passagen ergeben. Diese sind: Mündigkeit, Wahrhaftigkeit, Wissen, Weisheit, Folgsamkeit, Rechtleitung, Nutzen und Schutz.

Die Rolle des Bösen

Das "Böse" ist eine ausgeschlafene und reale Macht. Die Ergebnisse ihres Wirkens springen uns täglich aus den Massenmedien entgegen. Ohne den Einfallsreichtum Satans wären Zeitungen so langweilig wie Telefonbücher. Besonders spektakulär inszeniert sich das Böse in grausigen Einzelfällen. Das vordem metaphorische, das "ferne" Böse nimmt auf einmal Gestalt an und kommt auf Armeslänge heran. Dann sehnt man sich nach seiner Ausrottung, mit Stumpf und Stiel. Vergleichsweise geräuschlos und gleichsam unter der Hand gibt sich das Böse in seinen alltäglichen Erscheinungsformen: dem latenten Egoismus, der stets paraten kleinen Lüge und den zahlreichen Nachlässigkeiten, mit denen wir unsere zwischenmenschliche Kommunikation verkomplizieren.

Fürwahr nicht einfach, in einem intelligenten Gespräch das Diabolische anzubringen. Dabei neigen allerdings auch aufgeschlossenere Gesprächspartner zur vorschnellen Flucht in bildliche Erklärungen. Womit sie die peinliche Einsicht von sich schieben, dass die Präsenz des Bösen konkrete Folgen für die eigene Lebensweise nach sich zieht. Die Einsicht auch, es könnten vielleicht unbequeme Veränderungen Not tun, sobald sie einmal zugegeben haben, dass der Teufel mehr ist als nur eine fantastische Figur, die sich von schlauen Bauern über den Tisch ziehen lässt.

Ob Philosophie oder Legende, Computerspiel oder Cartoon, Mythos oder Esoterik - dem an der Materie wirklich Interessierten stehen nur wenige seriöse Informationsquellen zur Verfügung. Wer als Pädagoge zaghaft nach dem Wesen des Bösen fragt, verstößt gleich schon mal gegen das beliebte Dogma des von Natur aus guten Kindes. Wer nachforscht, der stellt mit Erstaunen fest, dass sich gerade Wissenschaften wie die Psychologie, die mit Grenzfällen der menschlichen Psyche zu tun haben und mit dem, was da alles schief gehen kann, hinsichtlich des Bösen bedeckt halten. Der Teufel ist aus einer säkularen Weltsicht heraus genauso wenig wesenhaft existent wie Gott, sondern bestenfalls Sinnbild für das Zusammenfallen besonders unglücklicher Faktoren.

Was sagt der Islam über den Teufel?

Die großen Religionen, die den Konflikt zwischen Gott und Satan aufgreifen, gehen von der Tatsächlichkeit des Bösen aus. Im Unterschied zur oberflächlichen Annahme, das Unheil geschehe sozusagen jeweils an der Schnittstelle von unselig verkrümmten Lebenslinien, es handle sich insofern um eine nur zufällige Funktion, ist für die Religionen das Böse auch dann präsent, wenn es gerade nicht erkennbar wirkt. Urheber und Verwalter des Bösen ist der Satan. Die Schrift des Islams nennt ihn namentlich: Er ist der *Schaitân*[151] oder auch *Iblîs*[152].

Die Grundlehre vom Menschen verlangt nach einer klaren Aussage über die Natur des Bösen. Fehlt diese, bleibt das Menschenbild bruchstückhaft. Was also der Koran über den Satan mitteilt, ist für die islamische Bildungstheorie nicht Beiwerk, es gehört zu ihrem Kerngehalt.

Die Nachricht vom Scheitern Adams fand im Zusammenhang mit dem Begriff der Festentschlossenheit bereits Erwähnung. Die Schöpfungsgeschichte und ihre Fortsetzung sind sowohl im abendländischen, als auch im islamischen Denken fest verwurzelt. Adam wurde vom Satan verführt. Vordergründig betrachtet scheint das der Auslöser dafür

---

151 Das arabische Verb *schatâ* oder *schatana* bedeutet "er (ver-)brannte vor Wut"; *schatana* bedeutet daneben auch "er war weit entfernt", und die Gnade Allahs ist für ihn in unerreichbare Ferne gerückt.

152 Das arabische Verb *ablasa* heißt "er verzweifelte", denn Allah verjagte ihn (in 7:13 und 18). Diese Verzweiflung ist endgültig und schmerzhaft. Das Wort taucht auch in anderen Zusammenhängen auf, so in 30:12, wo am Tag des Gerichts "die Verbrecher verzweifeln" (*yublisul-mudschrimûn*).
Wer war Iblis? Der Koran-Kommentar Dschalâlain teilt mit (vergleiche 18:50): "...der Vater der Dschinn, der bei den Engeln war, aber nicht selbst ein Engel."

gewesen zu sein, dass wir Menschen bis ans Ende aller Tage unser Dasein im "Jammertal" fristen müssen, dessen Erfahrungsprämissen Körperlichkeit und Vergänglichkeit sind.

Das für den Pädagogen Ausschlaggebende an den koranischen Texten ist nicht, was wir über die Natur des Satans erfahren, sondern was das zwischen den Zeilen über die Natur des Menschen verrät. Die Besprechung der Textstelle 20:115 stellte dafür ein Beispiel: Allah sieht als Ursache für Adams Sünde seine "mangelnde Entschlossenheit". Der anschließende Aufenthalt auf der Erde ist nicht in erster Linie eine "Vertreibung" aus dem Paradies als Strafe, sondern im Schöpfungsplan Allahs von Anfang an vorgesehen. So auch die begrenzte Lebensdauer. Über diese müssen Adam und Eva bereits vor der Versuchung im Bilde gewesen sein. Denn der Satan lockte, wie aus der Koran-Stelle 7:20 (siehe unten) hervorgeht, unter anderem mit der Aussicht auf Unsterblichkeit.

Entweder hatten die Engel Einblick in den weiteren Verlauf des Schöpfungsplanes, oder sie wurden durch ihre natürliche Intuition geleitet. Jedenfalls wussten sie schon vor dem Sündenfall über die Grundkonflikte Bescheid, die eine dauerhafte Inbesitznahme der Erde mit sich bringen würde. Sie stellten das Vorhaben, Adam dorthin zu schicken, auf dass er in Allahs Sinne walte, in Frage:

30 Und als dein Herr zu den Engeln sprach: Ich mache auf der Erde einen Nachfolger (*khalîfa*), sagten sie: 'Machst Du dort einen, der dort Unheil anrichtet und Blut vergießt? Und wir preisen Dich mit Deinem Lob, und wir heiligen Dich!' Er sprach: Ich weiß, was ihr nicht wisst.

(Sure 2)

Im Islam nimmt der Sündenfall nicht ganz die Stellung als Ur-Determinante ein, die ihm in der christlichen Lehre zukommt. Was auch immer sich im Einzelnen "damals" zugetragen haben mag und inwieweit auch immer die

Einmischung Satans zu tun hat mit dem Zustand Adams - wir sind heute auf der Erde, weil Allah es so vorgesehen hat. Und wir tragen nicht das Mal jenes immanent Bösen an uns, das uns allen durch eine "Urwirkung" eingebrannt sein soll. Die Erbsündenlehre und die speziell von da hergeleitete Bedürftigkeit nach stellvertretender Erlösung (nicht die Erlösungsbedürftigkeit an sich) widersprechen dem Islam. Insgesamt vertritt dieser ein Menschenbild, das sich alles in allem positiver, optimistischer und weniger körperfeindlich ausnimmt als das abendländische. Von daher auch die auf Podiumsdiskussionen gelegentlich schon mal diskutierte Frage: Hat "Allah" mehr Vertrauen in seine Schöpfung als der "christliche Gott"?[153]

Ist der Mensch gut oder böse?

Adam und Eva, Prototypen der Gattung Mensch, tendieren aus dem Blickwinkel des Korans eindeutig zum Guten. Von alleine verspüren die beiden jedenfalls keinerlei Antrieb, dem Satan zu folgen. Der muss schon seine ganze Überredungskunst einsetzen, um ihre Skrupel auszuräumen:

> **20 Also flüsterte ihnen der Teufel ein, dass er ihnen sichtbar machen könne, was ihnen verborgen war von ihrer beider Scham, und er sagte: 'Euer Herr hat euch diesen**

---

153 Weiter gefragt: Lässt sich die christliche Anthropologie und damit ihre Erziehungslehre zu sehr von der Vorstellung des Bösen im Menschen und von der Annahme des stellvertretenden Charakters von Sündenfall und Kreuzestod beeinflussen? Welchen Stellenwert haben Texte wie der folgende aus den Briefen des Paulus?

> **"Ist durch die Übertretung des Einen der Tod zur Herrschaft gekommen, durch diesen Einen, so werden erst recht alle, denen die Gnade und die Gabe der Gerechtigkeit reichlich zuteil wurde, leben und herrschen durch den Einen, Jesus Christus.**
> **Wie es also durch die Übertretung eines Einzigen für alle Menschen zur Verurteilung kam, so wird es auch durch die gerechte Tat eines Einzigen für alle Menschen zur Gerechtsprechung kommen, die Leben gibt."(Röm 5, 17-18)**

Baum nur untersagt, dass ihr nicht zwei Engel werdet oder welche von den Ewigseienden werdet.'
21 Und er schwor ihnen beiden: 'Ich bin euch ja ein guter Ratgeber.'

(Sure 7)

Allah hingegen braucht den beiden weder etwas zu schwören, noch sie zu überreden, als drei Verse weiter die ganze Sache ans Licht gelangt. Sie verzichten auf Ausflüchte. Eingeständnis und die Reue kommen ehrlich und spontan, als er ihnen ihren Fehltritt vorhält:

23 Sie sagten: 'Unser Herr, wir haben uns selbst Unrecht getan, und wenn Du uns nicht verzeihst und uns barmherzig bist, sind wir ganz bestimmt welche von den Verlierern.'

(Sure 7)

Vereinfacht gesagt, geht der Islam vom Guten im Menschen aus, das zwar der Entwicklung bedarf, aber bereits angelegt und im Plan vorgesehen ist. Nun verhält es sich aber keineswegs so, dass sich im christlich-abendländischen Kulturkreis überwiegend Erziehungsmodelle etabliert hätten, die sich auf die Abwehr des Bösen konzentrierten. Andersherum sind die Erziehungsmodelle des islamischen Kulturkreises, soweit es überhaupt welche gibt, nicht gerade für ihre Kind-Orientierung bekannt. Insbesondere die Ideen Maria Montessoris, die ohne ihren Glauben an das spezifisch Christlich-Messianische nicht zustande gekommen wären, heben ab auf die Entfaltung der guten Anlagen des Kindes in einem dafür geeigneten Umfeld. Wegen eben dieses Ansatzes ist die Montessori-Pädagogik das unter islamischen Pädagogen weltweit am weitesten adaptierte westliche Modell. Montessori passt in den Grundzügen ins islamische Menschenbild wie die Sonne in den blauen Himmel.

Leider spielen reformierte Erziehungsmodelle im schulischen Alltag eine untergeordnete Rolle. Im Allgemeinen, man muss das leider sagen, überwiegt heute das

Misstrauen gegenüber dem Kind. Man billigt ihm vielleicht noch eine naturgegebene Urheberschaft für das Chaos zu. Die Beschulungsmodelle in Deutschland, das einst die besten Reformmodelle durch bildungstheoretisches Nachdenken und Experiment hervorgebracht und manche davon in alle Welt exportiert hat, geben sich heute insgesamt eher restriktiv. Ihnen liegt ein materialistischer Bildungsbegriff zugrunde, Bildung heißt **Aus**bildung. Erziehung soll dabei gewährleisten, dass der Mensch später einmal ordentlich funktioniert: fleißig, angepasst und grundgelehrt. Mehr als das gibt die ökonomische Perspektive, die einen nicht unerheblichen Einfuss auf das Schulsystem hat, nicht her. Dieser Einfluss ist so stark, dass sogar private islamische Grundschulen ihren Erfolg daran bemessen, wieviele ihrer Kinder sie nach der vierten Jahrgangsstufe am Gymnasium unterbringen konnten.

Weicht das etwa zu sehr vom Thema "Satan" ab? Nein, wir sind noch mittendrin. Die christlich-abendländischen Vorstellungen vom Bösen im Menschen und sein Wissen, für die großen globalen Katastrophen dieses Jahrhunderts verantwortlich zu sein, haben zu einem grundlegenden Pessimismus hinsichtlich der Erziehungskompetenz des Menschen und der Tauglichkeit von Erziehungslehren geführt. Das Vertrauen in den Schöpfer, er werde jedem jungen Menschen, den Er ins Leben ruft, schon das Richtige mitgeben, aus dem sich bei kundiger Erziehung das Beste machen lässt, hat sich verflüchtigt.

Frühere reformpädagogische Ansätze, die durch die Bank dem Kind mehr zutrauten und ihm mehr wirkliche Verantwortung überließen, sind nicht zuletzt aus einer Ablehnung des etablierten Schulsystems und seines damaligen Kasernenhof-Charakters entstanden. Leider ist die Schulsituation heute in vielen muslimischen Ländern noch viel schlimmer als gegen Ende der wilhelminischen Ära. Das Teuflische steckt in der Mechanik totalitärer Indoktrination. Längst gibt es deshalb in liberaleren Ländern wie Indonesien,

Malaysia, manchen arabischen Staaten und neuerdings Pakistan eine Vielzahl alternativer privater und islamisch inspirierter Schulprojekte. Sie alle sind sich in folgenden, noch sehr programmatischen Punkten weitgehend einig:

- **Fördern:** Allah hat das Gute im Menschen angelegt, islamische Erziehung bedeutet deshalb zuerst das Fördern des Guten.
- **Fordern:** Erziehung setzt das Vertrauen in Allah voraus, dass jeder Mensch im Rahmen seines Potenzials etwas Gutes schaffen kann. Er ist mit Blick auf seine religiöse Kompetenz leistungsfähig.
- **Mut:** Wo das Böse sich einmischt, muss es abgewehrt werden, egal wie populär oder unpopulär die notwendigen Maßnahmen sein mögen. Allah hat uns dazu berufen, und das autorisiert den Erziehungsmut.

Der "Böse" im Koran

Der Koran beschreibt den Satan als unseren Feind (*'aduww*), und zwar nicht als einen verborgen-nebulösen, sondern als einen, dessen Feindschaft so klar ist (*mubîn*), dass sie keines umständlichen Beweises bedarf. Jedermann kann ihn erkennen, da ist kein Irrtum möglich. Der Koran weist zuerst einmal darauf hin, dass nur die ganzheitliche islamische Lebensweise einen umfassenden Schutz vor der Einwirkung des Bösen verleiht:

208 Ihr, die glauben, tretet ein in das Friedensheil, gänzlich, und folgt nicht den Stapfen des Teufels, er ist ja für euch ein klarer Feind.

(Sure 2)

76 Diejenigen, die glauben, kämpfen auf dem Weg Allahs, und diejenigen, die den Glauben verweigern, kämpfen auf dem Weg der Abgötter, also kämpft mit den

Schutzfreunden des Teufels, die List des Teufels ist ja schwach.

(Sure 4)

Die List des Teufels ist schwach, so steht es da. Das bedeutet nicht, dass wir seinen Einfluss zu unterschätzen hätten. Die Strategien des Satans sind im Gegenteil besonders wirkungsvoll, weil er sich als intimer Kenner der psychischen und physischen Materie unsere Blößen zunutze zu machen versteht. Die Schwäche seiner List wiederum besteht darin, dass sie im Koran offengelegt und für jedermann einsehbar ist.

Es ist insoweit wohl eines der wichtigsten Anliegen des Teufels, dafür zu sorgen, dass das, was Allah über ihn im Koran preisgibt, gering geachtet, missverstanden, hinweginterpretiert oder gleich ganz vergessen wird. Für den Erzieher folgt daraus, dass er profunde Kenntnis über ihn und sein Vorgehen haben muss, um allen Anfängen wehren zu können. Ihm obliegt es, die vom Teufel ausgehende Versuchung den Heranwachsenden verständlich zu machen und Möglichkeiten aufzuzeigen, wie sie der Gefährdung wirksam begegnen können.

Christliche Religionspädagogen halten dem in der Diskussion manchmal entgegen, die von der schulischen Beschäftigung mit dem Satan ausgehende Faszination sei viel verhängnisvoller als die von ihm selber kommende Gefahr. Satanskult und Metallica seien doch Beweis genug. Außerdem würde man sowieso ausgelacht.

Ausgelacht? Damit kann man leben. Aber der Einwand ist ernst zu nehmen. Der richtige Zeitpunkt für das Thema, die passende Dosierung und vor allem der angemessene Stil - eine Gratwanderung, die Gespür und Erfahrung erfordert. Wie vor den dämonischen Einflüssen des Satans warnen und ihn zugleich entzaubern? Es gibt hier so wenig ein universelles Rezept wie für alle anderen methodischen Anforderungen auch. Das fragwürdigste aller Rezepte wäre wohl aber doch, sich des Problems durch Schweigen zu entledigen. Man käme damit den Absichten des großen Übeltäters geradewegs entgegen. Was ihn stark werden lässt, ist, ihn zu tabuisieren.

Der Koran befasst sich im Übrigen gar nicht so sehr mit dem Wesen Satans selbst, als vielmehr mit dem in der Natur des Menschen liegenden Gefährdungspotenzial. Wichtiger als alle phänomenologische Ausleuchtung, ist es, die List Satans und seiner Helfer und Helfershelfer zu erkennen und abzuwehren. Das ist es, was in den Unterricht gehört.

Was also wissen wir über den Satan? Was haben wir weiterzureichen (in Klammern sind Belegstellen im Koran unzitiert angegeben)?

- Er wähnt sich groß (großartiger und besser als der Mensch). Dadurch wird er zum Glaubenverweigerer. (2:34 und 7:12)

- Er lässt auf dem geraden Weg straucheln. (2:36)

- Er hält ab vom Streben nach Allahs Zufriedenheit. Er versucht zu verhindern, dass der Mensch gänzlich Muslim wird und legt "falsche Spuren". (2:207-208)

- Er ruft Geiz und Angst vor Armut hervor und hält dadurch vom Spenden ab. Er will den Weg versperren zum dem, was ihm selbst bereits verwehrt ist: Verzeihung und Gunst von Allah. Zu diesem Zweck verführt er zu abscheulichen Taten. (2:168-169 und 268)

- Er lässt Verbotenes als erlaubt erscheinen, zum Beispiel Zins. (2:275)

- Seine Helfer (unter den Menschen) sind die, in deren Herzen eine Krankheit ist und die Unruhe (*fasâd*) stiften (Sie tauchen im Koran noch vor dem Teufel selbst auf, gleichsam als seine Vorboten: 2:14). Es sind aber auch die (unter den Dschinn), über die der Prophet Sulaiman (Salomon) Macht besaß (Sie fischten für ihn Perlen:

21:82) und die in der Ära Sulaimans die Magie unter den Menschen verbreiteten. (2:102)

- Er ist "der mit Steinen Beworfene" (*ar-radschîm*), in Anlehnung an die Abraham-Geschichte "der mit Steinwürfen Verjagte". Die erste, die im Koran ihre Nachkommenschaft bei Allah vor dem "gesteinigten Satan" unter Schutz stellt, ist Maryam (Maria), die Mutter Jesu. (3:35-36)

- Er schürt die Angst vor dem Tod und vor seinen Helfern im Augenblick der Konfrontation, um damit von der Hinwendung zu Allah abzuhalten. Er erzeugt sinnloses Eventualitätendenken. (3:155-156 und 173-175)

- Er macht Angst vor dem Verlust an Leben, Gesundheit, Besitz und Wohlbefinden, mit dem Allah die Menschen prüft. (2:153-157)

- Er verleitet dazu, gute Taten nur um des Ansehens willen zu üben (*ri'â'a* - das Gesehenwerden). (4:38)

- Er bietet "bequeme" Lösungen und erleichtert so das Umgehen der Schranken, die Allah gesetzt hat. (4:60)

- Er erhebt in allem Anspruch auf einen festgesetzten Anteil (*nasîban mafrûdan*). (4:118)

- Er weckt Wünsche über Wünsche, und er lässt das eigene Wähnen des Menschen zu dessen erster Priorität werden. (4:120, auch 7:175-176[154])

---

154 Der Koran verweist dort auf die Geschichte von Bileam, der ein jüdischer Gelehrter war. Er sollte für eine großzügige Belohnung gegen Moses beten, was er leider auch tat. Warum tat er das?

176 ...aber er verharrte an der Erde, und er folgte seinen eigenen Wünschen...

(Sure 7)

- Seine Versprechungen sind nur Verblendung (*ghurûr*) und Täuschung (*nazgh*, 7:201). (4:120)
- Er befiehlt den Missbrauch der Schöpfung. (4:119)
- Er verführt zu sinnlosem Zeitvertreib (Glücksspiel) und zu Rauschmittelkonsum[155]. (5:90-91)
- Dies soll unter den Menschen zu Feindschaft und Hass führen, da sie Allah vergessen und nicht beten. (5:90-91)
- Er macht die Herzen hart und lässt die böse Tat gut erscheinen. (6:43)
- Er lässt vergessen. (6:44)
- Er schürt die Verzweiflung. (6:42-45)
- Er animiert zur Haarspalterei und zum Geschwätz (*khaud*). (6:68)
- Er versucht, von allen Seiten und mit allen Mitteln, auf die Menschen einzudringen. (7:17)
- Er ist der "Einflüsterer" und "Anstachler" (7:200-201 und 114:4) und er schürt Neid. (113:5)

Danach wendete sich sein Gebet gegen ihn selbst, und, so das Kommentarwerk von *Dschalâlain*, "seine Zunge hing ihm heraus auf seine Brust."

155 Sure 7 erwähnt:

201 **"Diejenigen, die gottesfürchtig sind, wenn sie eine Täuschung vom Teufel angerührt hat, erinnern sie sich, und dann sind sie es, sie haben *Einblick*."**

(Sure 7)

Der Begriff, um den es geht, lautet *mubsirûn*, abgeleitet von *basara:* "sehen" im Sinne von bewusst wahrnehmen. Drogen führen nicht zur objektiven Störung des Sehens (*yarâ*), aber sie bewirken, dass das Gesehene vom Gehirn verändert wahr genommen wird. Die enge inhaltliche Verknüpfung von "Gottesfürchtigkeit" (*taqwâ*) mit *basara* weist darauf hin, dass es bei dem islamischen Konzept von "Gottesfurcht" nicht um eine dumpfe Emotion geht, sondern um klares, hellsichtiges Vorsorge treffen für die Begegnung mit Allah.

Der Teufel versucht, die Ordnung, in der Allah die Dinge gefügt hat (*islâh*), nachhaltig zu zerstören (die Umwelt, die soziale Ordnung, Familien, den politischen Frieden, die Sprache...). Er ist der große Unordner und Unruhestifter.

Zusammenfassung

Der Islam lehrt die Existenz des Satans, der wesenhaft vorhanden ist und in das menschliche Leben hinein wirkt. Er will den Menschen abtrünnig machen und ihn dem Zorn und der Strafe des Schöpfers anheim fallen lassen. Der Mensch ist in seiner Entscheidung frei, ob er Allah oder dem Satan folgt. Ein Zwischenweg lässt sich der islamischen Lehre nicht entnehmen.

Für die Erziehung muss festgehalten werden:

- Der Mensch ist von Allah so geschaffen, dass er die Anlage zum Guten besitzt.
- Durch Vermittlung des Islams als vollständiger Lebensweise ("Friedensheil", *silm*, in 2:208) soll der Heranwachsende gegen den Satan gefeit werden.
- Für die unterrichtliche Behandlung dieses Themenkomplexes sind die Aussagen des Offenbarungswerkes über die Wirk- und Arbeitsweise des Satans hilfreich.

Erziehungsfelder

Im Folgenden geht es um das leibhaftige Auftauchen des Engels Gabriel in der Gemeinschaft des Propheten. Zu dieser Geschichte gibt es zahlreiche Schriften und Vorträge mit ebenso zahlreichen Interpretationen. Die nur wenigen Zeilen bergen nebenher auch einiges, was sie als pädagogisches Modell prädestiniert erscheinen lassen. Entsprechend nähern wir uns mit der pädagogischen Elle, ohne dass jedoch die spirituellen Bezüge deswegen ganz beiseite gestellt werden sollen.[156]

Das sozial-interaktive Lehrverfahren

Der Bericht stammt von 'Umar ibn al-Khattâb, einem engen Vertrauten des Propheten,[157] und er beginnt so:

> **Eines Tages, während wir bei Allahs Gesandtem saßen, erschien ein Mann vor uns, mit sehr weißen Gewändern und sehr schwarzem Haar. An ihm war keine Spur der Reise zu sehen und von uns kannte ihn keiner. Schließlich setzte er sich zum Propheten, lehnte seine Knie gegen dessen Knie, legte seine Handflächen auf**

---

156 Gabriel erscheint auch im Koran in menschlicher Gestalt. Er verkündet Maryam die Geburt Jesu:

> **17 Und sie nahm sich eine Abtrennung von ihnen. Da sandten Wir Unseren Geist (Gabriel) zu ihr, und er erschien ihr gleich einem ebenmäßigen Menschenwesen.**
>
> **(Sure 19)**

157 In späteren Jahren war 'Umar der Nachfolger Abu Bakrs, welcher nach dem Tod des Propheten mit der Leitung der Gemeinschaft betraut worden war. 'Umar war der zweite der insgesamt vier sogenannten "rechtgeleiteten Nachfolger" (*khulafâ'ur-râschidûn*). Ihm folgte 'Uthman, danach 'Ali. 'Umar spielt für die spätere Entwicklung des islamischen Rechts eine herausragende Rolle. Er ist berühmt für seine rationale Rechtsprechung, die den Erfordernissen der Gemeinschaft, der Lebenssituation des Einzelnen und den Umständen der Zeit Rechnung trug.

> **dessen Oberschenkel und sagte: "Oh Muhammad, unterrichte mich über *islâm*..."**

Hier wird ein didaktisches Szenario aufgebaut. Den Anwesenden steht eine grundlegende Lektion bevor. Der Gast verhält sich unkonventionell. Er verstößt gegen die Etikette. Es geziemt sich nicht, als Fremder einfach Platz zu nehmen und übergangslos das Gespräch an sich zu ziehen, ohne sich wenigstens vorzustellen. Und: Gabriel unterschreitet, so würden Psychologen das formulieren, die kritische Individualdistanz. Das verunsichert, kann sogar verärgern.

Gabriel, das wissen wir aus vielen Berichten, kann auch ganz anders auftreten. Aber offenbar gehört die Art und Weise, wie er sich gibt, mit zum Lernstoff jener Stunde. Der Besucher aus dem Nirgendwo verwirrt die Anwesenden, er mischt sich ein. Zu allem Überfluss verwickelt er den Propheten, wie sich später zeigen wird, auch noch in einen scheinbar sinnlosen Dialog, denn er stellt Fragen, deren Antworten vorweg feststanden.

Damit wird ein islamisches Verfahren für die unterrichtliche Unterweisung grundgelegt. Es beinhaltet folgende Prinzipien:

- einfühlsames, persönliches und vertrautes Herangehen an die ganze Person;
- die körperliche und originale Präsenz des Vorbildes; das bedeutet, dass anonymes und mediales Lernen durch sekundäre Repräsentanten (zum Beispiel Bücher) nicht ausreicht;
- die Schaffung von provozierenden, in Frage stellenden und gelenkt verunsichernden Ausgangslagen initiiert Lernprozesse (wir erinnern uns an die *Arousal*-Theorie im Zusammenhang mit dem Intelligenz-Begriff);
- Belehrung, vor allem öffentliche, geschieht vorzugsweise mittelbar.

Der Islam als Rahmen

'Umar, der Gewährsmann, aber fährt fort:

> **...Da sagte Allahs Gesandter: "*Islâm* ist, dass du bezeugst, dass es keinen Gott gibt außer Allah, und dass Muhammad der Gesandte Allahs ist, dass du das Gebet verrichtest, die Zakâ (Pflichtabgabe) gibst, im Ramadan fastest und zum Hause (Allahs in Mekka) pilgerst, wenn du dazu imstande bist." Er (Gabriel) sagte: "Du hast recht gesprochen", und wir waren erstaunt darüber, dass er ihn befragte und ihm dann recht gab...**

Mit der Frage nach dem Islam zielt Gabriel ab auf die Kategorie genau beschreibbarer Verhaltensweisen. Wer innerhalb dieses Pentagramms von Verhaltensweisen (gemeinhin bekannt als die "fünf Säulen des Islams") steht, ist Muslim. Er erfüllt zumindest den Rahmen. Wenn damit über seinen Glaubenseifer zwar noch nichts gesagt ist, so doch darüber, womit er sich grundsätzlich identifiziert.

Gabriel hätte es auch anders anstellen und gleich von sich aus die Glaubensregeln zur Sprache bringen, vielleicht sogar die Anwesenden eingehend über ihr Wissen und Handeln ausforschen können. Doch was bringt das, außer Unmut und Langeweile? So wie er vorging, konnte jeder im stillen über sich selbst Rechenschaft ablegen. Er fragt nicht ab, er fragt an. Niemand wird in Verlegenheit gebracht. Ein nachahmenswertes Verfahren - für so manchen muslimischen Prediger nicht zuletzt, der sich bei der Freitagsansprache mit hoch expressivem, bohrendem Ernst geriert, statt ans Denkvermögen des Auditoriums zu appellieren. Analoge Situationen werden auch in vielen Klassenzimmern inszeniert. Vor dem islamischen Grundrecht des Einzelnen auf differenzierende und diskrete Behandlung haben derlei mechanistische Abläufe keinerlei Bestand, als rhetorisches Mittel sind sie zweifelhaft.

Der Glaube als Inhalt

Der Bericht 'Umars geht weiter:

> **...Gabriel sagte: "Und nun unterrichte mich über *îmân*." Der Prophet erwiderte: "Das ist, dass du an Allah glaubst, an Seine Engel[158], an Seine Bücher[159], an Seine Gesandten und an den Jüngsten Tag, und dass du an die Bestimmung glaubst in ihrem Guten und ihrem Bösen." Gabriel sagte: "Du hast recht gesprochen."...**

Spätestens an dieser Stelle dürften die Freunde des Propheten sich bedeutungsvolle Blicke zugeworfen haben: Was soll das eigentlich, wenn der Fremde ohnehin schon alles weiß? Ihnen muss alsbald klar geworden sein, dass es mehr um die unterrichtliche Atmosphäre ging, um die Demonstration eines Verfahrens, freilich ohne Schmälerung der inhaltlichen Dimension, auch wenn diese zumindest für die im Islam Fortgeschritteneren ein wenig in den Hintergrund trat und die ganze Situation von ihnen zunächst geduldiges Abwarten verlangte.

Inhaltlich ist anzumerken, dass der Engel Gabriel hier die sogenannten "Glaubensartikel" erfragt. Der Rahmen des "formalen" Islam wird nun gefüllt mit dem Wesentlichen, von dem wir kognitiv und emotional eingenommen sind und an das wir glauben. Diese Sphäre der inneren "Religiosität" und die äußere Form der praktizierten "Religion" sind nicht einfach dasselbe, sondern gehören zusammen wie Bruder

---

158 "Nur Allah", so Ahmad ibn Naqib al-Misri in seinem Buch *'Umdatussâlik*, "kennt ihre wirkliche Anzahl, aber es gibt in den sieben Himmeln keinen Fußbreit Raum, auf dem nicht ein Engel im Gebet steht, sich beugt oder niederwirft. Wir kennen die folgenden Engel namentlich: Dschibrîl (Gabriel), Mîkâ'îl, Isrâfîl, 'Azrâ'îl, Munkar, Nakîr, Ridwân, Mâlik, und die beiden Engel zur Rechten und zur Linken eines jeden Menschen, die seine guten und schlechten Taten aufschreiben."

159 Die bekannten Schriften sind: die Thora (*taurâ*) des Moses, das Evangelium (*indschîl*) des Jesus, die Psalmen (*zabûr*) des David und der Koran (*qur'ân*) des Muhammad.

und Schwester. Man kann im Islam nicht, analog zum sogenannten "religionslosen Christentum", von einem anonymen, rein innerlichen und der äußeren Form entkleideten Muslimsein sprechen. Im Zweifelsfall aber haben Bekenntnis und innerer Gehalt stets Vorrang vor dem Formalen. Nicht vom "anonymen", wohl aber vom "verborgenen" Glauben, der mangels Form von den Menschen, nicht aber von Allah, unerkannt bleibt, spricht der Koran:

10 Und es ist gleich für sie, ob du sie warnst oder sie nicht warnst, sie glauben nicht,

11 Vielmehr warnst du den, welcher der Ermahnung folgt und den Erbarmer im Verborgenen fürchtet, also künde ihnen Verzeihung an und edelmütige Belohnung.

(Sure 36)

Die Schrift des Islams unterscheidet manchmal Form und Inhalt mit Blick darauf, dass im Alltag der Gläubigen Rahmen und Füllung aus unterschiedlichen Ursachen nicht immer zusammenpassen. Eine bekannte Textstelle, die auf dieses Problem eingeht, lautet:

14 Es sagen die Wüstenaraber: 'Wir glauben.' Sag: Ihr glaubt nicht, sondern sagt: 'Wir haben uns friedenmachend ergeben', und es ist der Glaube noch nicht in eure Herzen hineingegangen, und wenn ihr Allah und Seinem Gesandten gehorcht, - Er unterschlägt euch nichts von euren Taten, Allah ist ja verzeihend, barmherzig.

15 Die Gläubigen sind ja diejenigen, die an Allah und Seinen Gesandten glauben, dann nicht zweifeln und sich ganz einsetzen, mit ihren Vermögensgütern und sich selber, auf dem Weg Allahs, diese, sie sind die Wahrhaften.

16 Sag: Lehrt ihr Allah eure Religion? Und Allah weiß, was in den Himmeln und auf der Erde ist, und Allah weiß alles.

17 Sie tun es dir zu Gefallen, dass sie sich friedenmachend ergeben. Sag: Nicht mir ist eure

friedenmachende Ergebung ein Gefallen, vielmehr tut Allah euch einen Gefallen an, dass Er euch rechtgeleitet hat zum Glauben, wenn ihr wahrhaft seid.

18 Allah kennt ja das Verborgene der Himmel und der Erde, und Allah hat, was ihr tut, im Blick.

(Sure 49)

Wenn Gabriel nun nach dem formalen auch den inhaltlichen Maßstab anlegt, dann will er, dass die Zuhörer sich selbst fragen, ob das, was sie sagen und tun, zu dem passt, wie sie wirklich sind. Sie sollen prüfen, ob sie in letzter Konsequenz und in ihrer ganzen Person gläubige Muslime sind. Der Engel durchleuchtet sein Auditorium, ohne es zu entkleiden. Was halten wir prinzipiell fest?

- Die Vermittlung der islamischen Religion ihrer Form und ihrem Inhalt nach ist das Anliegen der islamischen Erziehung. Sie erschöpft sich dabei nicht in der Information. Die Abfolge "erst Islam, dann Glaube" kann nicht als naturgegeben oder zwingend notwendig abgeleitet werden. Es scheint aber ausgeschlossen, ein ethisch-moralisches Fundament ohne formale Religion zu legen. Entscheidend für die Findung und Stabilisierung des Glaubens ist die allumfassende und auch formal richtige islamische Lebensweise, in der Bekenntnis, Glaube und Handeln integriert sind.

Für muslimische Eltern stellt sich hier folgende Frage: Wie sollen sie ihre Kinder erziehen, deren Glaube auch in der islamischen Lebensweise Ausdruck findet? Wie erreichen sie den Grad der "Wahrhaftigkeit" (arabisch *sâdiqûn*, das heißt als die, "die den Islam wahr machen, ihn Wirklichkeit werden lassen"), von der die Verse 15 und 17 der gerade zitierten Koran-Stelle sprechen? Folgende Teilantwort ist möglich:

- Islam als formale Lebensweise und Glaube als spiritueller Inhalt bedingen sich gegenseitig.

Einerseits können wir sagen, dass ein Mensch, dem Allah den "inneren Glauben" möglich gemacht hat, auch in der Lage sein wird, den Islam als die zugehörige Lebensweise zu erkennen. Das ist erfahrungsgemäß auch der Weg, auf dem Erwachsene sich bis zum schließlichen Glaubenszeugnis auf den Islam zubewegen. Doch es wäre verfehlt, deswegen die scheinbar marginalen Elemente gering zu schätzen, die das muslimische Dasein entscheidend mitbestimmen. Die Vermittlung der "kleingedruckten" Inhalte ist im Islam großgeschrieben.

Die Haltung

Dieser dritte Sektor der islamischen Erziehung lässt sich inhaltlich am schwersten beschreiben. Man kann metaphorisch von Färbung sprechen. Die Person als Ganzes ist betroffen, nicht mehr nur das, was sie tut oder glaubt - in logischer Fortsetzung dessen, was Gabriel bisher an Islam und Iman, an Verfahren und Inhalt vom Propheten hat erklären lassen. Im Arabischen wird dazu mit *ihsân* ein Begriff geprägt, der im Allgemeinen von Muslimen als "beste Art" oder "Qualität" verstanden wird. Tatsächlich ist das in den meisten Kontexten, in denen von *ihsân* die Rede ist, eine passende Auslegung.[160] Muslime sind aufgerufen, in dem, was sie anstrengen, nur ja nichts halbherzig zu tun. So dürfen sie denn nun auch mit Recht einen Tipp erwarten, wie sie das innerlich bewerkstelligen sollen.

---

160 Ein Beispiel für "Qualität", das zugleich deutlich macht, warum Allah nicht will, dass Muslime auf Provokationen mit Gleichem reagieren, sondern dem anderen das Bessere zeigen, indem sie es vorleben:

34 Und die gute Tat und die schlechte Tat sind nicht gleich, - wehre ab mit dem, was besser (*ahsan*) ist, und dann ist derjenige, wo zwischen dir und zwischen ihm Feindschaft war, als ob er ein heißgeliebter Freund ist.

(Sure 41)

Der Bericht fährt fort:

> **Gabriel sagte: "Und nun berichte mir über *ihsân*." Der Prophet antwortete: "Das ist, dass du Allah dienst, als ob du Ihn sähest, und wenn du Ihn auch nicht siehst, so sieht Er dich doch."...**

Dieses Verfahren der Vergegenwärtigung soll helfen, auf dem geraden Weg zu bleiben und alle Entscheidungen am islamischen Qualitätsstandard zu orientieren, der sich kurz mit der "Zufriedenheit Allahs" umschreiben lässt. *Ihsân* - noch besser zu übersetzen mit "Haltung" - schließt drei Dinge ein:

- die Selbstbeobachtung (Was tue ich?),
- die Selbstbeurteilung (Ist was ich tue gut?) und
- die Selbstkontrolle (Warum tue ich es? Lasse ich es oder fahre ich fort?).

Die Technik ist einfach, das Zielgebiet allerdings unübersehbar weit, nämlich das ganze Selbst, die wahre Person ohne ihre Persönlichkeit(en) als schützender Vorbau. Aus psychologischer Sicht muss festgehalten werden, dass *ihsân* nicht von außen angewendet werden kann, sondern von innen wirkt. Wir kommen damit der Dimension des Gewissens ziemlich nahe.

Die rechte islamische Lebenshaltung geht im Idealfall als Resultat aus rechter Lebensweise und rechtem Glauben hervor. Aufgabe der Erziehung kann es nicht sein, wie von Geisterhand *ihsân* zu übertragen. Sie kann nur daran erinnern, dass es dieses Verfahren gibt und wie es funktioniert, um so den Muslim zu einem aufrichtigen Umgang mit sich selbst zu befähigen. Islamische Erziehung, darauf wurde bereits mehrfach hingewiesen, baut langfristig auf die Selbsterziehung. Mit zunehmender Autonomie des Heranwachsenden verbleibt die mentale Erfahrung der Gegenwart Allahs wohl als das wirksamste Erziehungsmittel. Die

Intensität dieser Vergegenwärtigung hängt ab von der Lebendigkeit der persönlichen Beziehung zu Allah. Daraus ergibt sich folgende didaktische Grundposition:

- Zur Unterweisung gehört die Vermittlung der richtigen Methodik, sich selber Wissen anzueignen, eigenverantwortlich zu lernen und das Eigenverhalten zu regulieren. Es muss das selbstständige Denken gelehrt werden.

Hier genau liegt aber der Haken. Es kann nicht übersehen werden, dass sich Muslime zu oft auf "Vordenker" verlassen.[161] Neben der gewöhnlichen Lethargie gibt es dafür auch historische Gründe. Die fatale Meinung jedenfalls, der Islam halte für sämtliche Eventualitäten des Lebens komfortable Verhaltensmodi bereit und die Passung sei lückenlos, ist weit verbreitet. Da steht die Annahme Pate, der Koran sei ein wortwörtlich zu nehmendes Universalienbuch für das Leben von frühmorgens bis zum Abend, von der Wiege bis zur Bahre. Allah habe nichts ausgelassen, und das gelte so für alle Zeiten.[162]

---

161 Im Islam bezeichnen wir es, vereinfacht gesagt, als *idschtihâd*, wenn Muslime durch eigenes Nachdenken islamisch annehmbare Antworten auf Fragestellungen finden, welche im Offenbarungswerk nicht explizit beantwortet sind. Es gibt über *idschtihâd* zweierlei Meinungen: Der Schwerpunkt der einen liegt auf dem Denken als verantwortlichem Akt; die Entscheidungsfindung als *Prozess* orientiert sich also nicht unbedingt an einem überlieferten Kanon. Die andere betont demgegenüber den kodifizierten *idschtihâd* als *Ergebnis*, das sind die klassischen Werke, worin frühere Gelehrte ihre Entscheidungen aufnotiert haben; genauer: Sie selber haben aus Sorge vor einer Vereinseitigung des islamischen Rechts zumeist nichts Schriftliches hinterlassen. Schreiber waren in der Regel irgendwelche Schüler von ihnen.
Der Autor Taha Jabir al-Alwani jedenfalls bedauert in seinem Buch über *idschtihâd* (*Ijtihad*, International Institute of Islamic Thought, Herndon VA 1993, S. 24): "Es ist eine Tatsache, dass heutzutage das islamische Denken und die vorherrschende intellektuelle Kultur orientierungslos auf der Stelle treten, vollkommen unproduktiv, wobei sich allenthalben Uneinigkeit breit macht."

162 Im Koran ist vielmehr alles enthalten, was der Mensch für den Umgang mit seinem Schöpfer und für die dementsprechende Lebensweise braucht.

Welche Auswirkung hätte solche Auffassung auf die islamische Erziehungsvorstellung? Diese: Alle Fragen sind schon beantwortet, folglich können die Kinder sich den Islam in vorverdauten Häppchen einverleiben. Sie brauchen dazu nur fleißig Glaubenssätze chorisch nachzusprechen. Falls sie nicht verstehen, was sie lernen, macht das auch nichts. Eigentlich geht es nur darum, nichts zu vergessen. Behalten geht vor Verstehen.

Nebenwirkung: Die islamische Denk- und Lebenskultur verkommt zu purem Konservatismus. Es ist bedauerlich, aber so gestrig wird im islamischen Kulturraum die Vermittlung des Islams in Kindergärten, Schulen und Universitäten weitgehend gehandhabt. Lebendige Lehranstalten gibt es wohl auch, aber sie sind die Ausnahme. Nicht besser steht es um den im türkischsprachigen Ergänzungsunterricht vermittelten Islam in unserer deutschen Bundesrepublik. Er verkommt, bildlich gesprochen, im Brackwasser endlos repetierter Litaneien, wie es vom Bosporus ungeklärt zu uns herüberschwappt. Solcher "Islam" geht (absichtlich?) an den Erfordernissen der Lebenswelt türkischer Migrantenkinder vorbei. Es verwundert manchmal, wie leicht Muslime das Denken und die damit einhergehende Verantwortung für Denkresultate abdelegieren oder gleich ganz unterdrücken, räumt doch gerade der Islam der Eigenverantwortlichkeit eine Sonderstellung ein. *Ihsân* ist nun genau hierfür das Verfahren.

Wir halten fest:

- Werden in der islamischen Unterrichtung Inhalte und Handlungsanratungen vermittelt, ist ihr Zustandekommen in den sozialen und historischen Bezügen transparent zu machen - und nicht etwa nur in der gymnasialen Oberstufe! Mit etwas Geschick und methodischem Aufwand kann der Lehrer schon im Primarbereich diesem Anspruch gerecht werden.

- Abhängig von der jeweiligen Intelligenz, dem Grad in der Vergegenwärtigung sowie dem Ausmaß der Beziehung zu Allah gibt es in der religiösen Entwicklung junger Menschen unterschiedliche Stufen. Das sind nicht universale Stufen im strengen Sinne Piagets, sondern individuelle Lernplateaus, ähnlich wie beim Erwerb einer Fremdsprache oder einer zweiten Muttersprache. Der Erzieher muss diese Plateaus erkennen und anerkennen, und er muss in der Lage sein, den Heranwachsenden auf dessen nächsthöheres Plateau zu führen. Dafür gibt es keine verbindlichen Skalen, und es ist fraglich, ob die bisher entworfenen Skalenmodelle für den muslimischen Erzieher von Nutzen sind. Zweifelsohne aber bedeutet jedes höhere Plateau einen Zuwachs an religiöser Autonomie und Verantwortung.

- Die Kinder sollen auf dem ihnen entsprechenden Lernplateau Muslime sein. Zu fragen ist nicht so sehr, welche Rechte und Pflichten objektiv gesehen ein Vierzehnjähriger im Vergleich zu einem Siebenjährigen hat, sondern was beide ihrem Potenzial gemäß jeweils schaffen können. Von Interesse ist, welche Elemente der islamischen Lebensweise der stufengemäßen Religiosität Ausdruck verleihen können. Das wird bei gleichem Alter individuell sehr unterschiedlich sein.

- *Ihsân* (Haltung) bedeutet, die Kinder sollen zur Beobachtung, Evaluation und Kontrolle des eigenen Verhaltens angeleitet werden.

- Als Grundbegriff der inneren Vergegenwärtigung besagt *Ihsân* ferner, dass Kindern die Freiheit gelassen werden muss, Allah ihrer kindlichen Art und Weise entsprechend in ihre Lebenswelt hineinzuholen. Das islamische Recht untersagt weitgehend die figürliche und ikonische Darstellung. Das geht indessen nicht soweit, einem Kind sein Stofftier wegzunehmen, in welchem es ob dessen anthropogener Ausstrahlung ein geliebtes Gegenüber findet. Und was, wenn das Kind wegen diffuser Affinitäten am Ende gar mit dem übermächtig aufragenden Münchner Olympiaturm verbal und emotional Kontakt aufzunehmen versucht? Wir vertreten die Hypothese, dass es das Objekt seiner Zuneigung in einer ersten vorkognitiven Stufe als Allah identifiziert. Kein Scherz! Das Beispiel soll lediglich helfen aufzuzeigen, dass Gebote nicht einfach nur exklusive, von den natürlichen Umständen unabhängige Größen sind. Was in der islamischen Lehre als Mitgötterei grundsätzlich abzulehnen ist, kann, wie wir später auch im Fall der Abraham-Geschichte noch sehen werden, ein für die religiöse Entwicklung notwendiges Stadium sein.

Die Perspektive

Der Gabriel-Hadith hat bisher deutlich gemacht, dass die islamische Erziehung in den äußeren und inneren Dimensionen des Islams zielgerichtet ist. Sie umfasst, das sagen wir hier nicht zum ersten Mal, die Person in ihrer Gesamtheit und verleiht ihr eine Richtung. Aber: Keine Zielrichtung ohne Zielangabe. Die Zielkategorien der islamischen Erziehung, vor allem die Zieldimension Jenseits, wurden in den ersten Kapiteln bereits ausführlich behandelt. Nun geht es auch in diesem Bericht um die Perspektive der Begegnung mit Allah.

'Umar berichtet:

> **...Gabriel sagte: "Und nun berichte mir über die Stunde." Der Prophet antwortete: "Darüber weiß der Befragte nicht mehr als der Fragende." Gabriel erwiderte: "Dann berichte mir über ihre Anzeichen." Muhammad sagte: "Dass die Magd ihre Herrin zur Welt bringt, und dass du siehst, dass die barfüßigen, nackten und mittellosen Schafhirten anmaßend im Bauen sind."**

Was Gabriel hier erreicht, ist, gelinde gesagt, die Verwunderung der Versammelten. Sie müssen hören, dass nicht einmal der von ihnen respektierte Gesandte Allahs weiß, wann die Schöpfung ihr Ende erreichen wird. Dafür erfahren sie von ihm etwas von dem, was sich im Vorfeld des Endgültigen ereignen wird. Allerdings schockiert er sie nicht, wie man vielleicht erwarten könnte, mit irgendwelchen kosmischen Sensationen. Es sind vielmehr, allegorisch verbrämt, zwischenmenschliche Desaster, auf die er warnend verweist: Das schmerzhafte Zerreißen sozialer Bindungen, groteske Wertumkehrungen, dumpfe Besitzwut und seelenloser Größenwahn - für uns Heutige durchaus vertraute Muster.

Was ist die Botschaft dahinter? Die Stunde, nach der Gabriel fragte, ist für uns zwar nicht bestimmbar, ihr schließliches Eintreffen jedoch unumstößlich.

Methodisch gesehen verknüpft Gabriel das Unerklärbare (die Stunde) mit etwas Erfahrbarem und nicht Unbekanntem (den Anzeichen der Stunde). Das ist eine Grundform des Lehrens: Er holt die Anwesenden dort ab, wo sie stehen, und führt sie auf ein für alle Muslime verbindliches Niveau. Das bedeutet für die einen Lernfortschritt, für die anderen lediglich Wiederholung, was ja auch nicht schadet. In einem zweiten Schritt, und das ist emotional-affektives Lernziel, machen dann alle die Erfahrung, dass das Bekannte seine Vertrautheit verliert. Die Auflösung ist total; der Koran spricht oft davon, bemerkenswerterweise auch in der Sure mit Luqman, in der es zusammengefasst um die wahren Bindungen des Menschen und ihr richtiges Verhältnis zueinander geht:

33 **Ihr, die Menschen, fürchtet euren Herrn und habt Furcht vor einem Tag, an dem kein Vater für sein Kind etwas vergilt und kein Kind Vergeltendes für seinen Vater ist, das Versprechen Allahs ist ja wahr, also darf keinesfalls das Leben dieser Welt euch verblenden, und es darf keinesfalls der Verblender euch über Allah verblenden.**

34 **Ja, Allah, bei Ihm ist das Wissen der Stunde, und Er lässt den reichlichen Regen herabkommen, und Er weiß, was in den Mütterleibern ist, und es weiß keine Seele, was sie morgen erwirbt, und es weiß keine Seele, in welcher Erde sie stirbt, Allah ist ja wissend, kundig.**

(Sure 31)

Menschen, die zeitlebens erfahren müssen, dass sie sich bar jeder zwischenmenschlichen Bindung quasi im luftleeren Raum befinden, erkranken an den Folgen dieser Deprivation seelisch und schließlich auch körperlich. Das totale Verlassensein ist der psychische Horror schlechthin und wird in Gesprächen nicht umsonst als "lebendig Begrabensein" umschrieben. Genannt sei hier die Zersplitterung der Familie, das Allein-Gelassen-Sein in der häuslichen Erziehung, die Vereinsamung im späten Alter und - mit steigender Tendenz - auch schon in der frühen Jugend.[163]

Die Perspektive, welche Gabriel anfragt und die dann der Prophet entwickelt, besagt, dass die wahre und dauernde Beziehung in intellektueller und emotionaler Hinsicht nur zwischen dem Menschen und Allah selbst möglich ist. Nur

---

163 Bindungslosigkeit, das Gefühl des Alleingelassenseins und vergleichbare Probleme des Alltags alter Menschen werden erst seit kurzem mit Blick auf das Jugendalter diskutiert. Muslime sollten sich an diesen Diskussionen beteiligen. Wir wissen aus der Biographie des Propheten Muhammad, dass er früh Vollwaise war. Dass sich zuerst viele seiner Verwandten und später seine ganze Heimatstadt gegen ihn wandten, machte ihm sehr zu schaffen. Allah tröstet ihn im Koran. Die betreffende Textstelle verrät uns etwas über Faktoren der sozialen Bindung, die für den Heranwachsenden wichtig sind: das Gefühl des Angenommenseins, die Vermittlung einer dauerhaften Perspektive, gesicherte Versorgung, ein Ort der Zugehörigkeit ("Heimat, Gegend" wie in Sure 90, *al-balad*) und klare Richtlinien für die Lebensführung:

3 **Dein Herr hat dich nicht allein gelassen und nicht verabscheut,**
4 **Und bestimmt ist das Jenseits besser für dich als das Diesseits,**
5 **Und bestimmt wird dein Herr dir geben, und du bist zufrieden.**
6 **Hat Er dich nicht als Waise gefunden und dir Bleibe gegeben?**
7 **Und hat Er dich fehlgehend gefunden und rechtgeleitet?**
8 **Und hat Er dich verarmt gefunden und reich gemacht?**

(Sure 93)

sie ist original. Jede andere Form, ob Freundschaft, ob Verwandtschaft, Solidargemeinschaft oder Ehe, steht in ihrem Schatten und spiegelt - im Guten wie im Schlechten - die jeweilige Beziehung zu Allah wider.

Schließlich beendet 'Umar seine Erzählung:

> **Danach entfernte er (Gabriel) sich, und ich verweilte für eine Zeit. Dann fragte Muhammad: "'Umar, weißt du, wer der Fremde war?" Ich sagte: "Allah und Sein Gesandter wissen es am besten." Er sagte: "Es war Gabriel, der zu euch gekommen ist, euch eure Religion zu lehren."**
>
> **(Sammlung Muslim)**

Dass der Prophet den Engel kannte, braucht angesichts des vertrauensvollen Verhältnisses, das er zu ihm hatte, nicht zu verwundern. Gabriel, der ihm in Abständen Offenbarungen von Allah überbrachte, war in seinem Hause "ständiger Gast". Nicht zu vergessen: Muhammad blickte auf dem "Berg des Lichts" bei Mekka in Gabriels Antlitz, noch bevor er Allahs Stimme vernahm.

Ergänzend zu dem, was bereits über die Zieldimension Jenseits gesagt wurde, ist in methodischer Hinsicht noch anzumerken:

- Die Kinder sollen einen emotionalen Zugang zum Ende aller Dinge und allen Seins erhalten (Betroffenheit). Jeder soll den Tag des Gerichts zu seinem eigenen Leben in Bezug setzen und die Beziehung zu seinen Mitmenschen in diesem Licht bewerten lernen.

- Dabei legt die Abfolge *islâm, îmân* und *ihsân* eine mögliche didaktische Sequenz (Verfahren, Inhalt und Haltung) nahe:

  1. Zeugnis ablegen über Allah und den Gesandten,

2. die grundlegenden Lebensregeln des Islams befolgen,
3. glauben, dass es Allah gibt,
4. an Allah glauben und Ihm vertrauen,
5. Allah im Zwiegespräch mit Ihm, gleichsam von Angesicht zu Angesicht, in die eigene Lebenswelt hineinholen,
6. eine Beziehung zu Allah aufbauen,
7. diese Beziehung als Priorität erkennen und die Beziehungen zu den Mitmenschen nicht mehr losgelöst von der Hoffnung auf das Jenseits betrachten.

Zusammenfassung

Im sogenannten Gabriel-Hadith, einem Bericht, in dem der Engel Gabriel als lehrender Fremder inmitten der frühen muslimischen Gemeinschaft in Medina erscheint, gibt es Hinweise auf folgende wichtige Felder der islamischen Erziehung:

- Das Lehrverfahren unterliegt sozial-interaktiven Grundsätzen.
- Inhaltlich ist die islamische Lebensweise als Rahmen zu vermitteln.
- Der Glaube ist Gehalt dieser Vermittlung.
- Wichtigstes methodisches Regulativ im Zusammenhang mit der Auffassung von Erziehung als Selbsterziehung ist eine Haltung der Vergegenwärtigung Allahs im Leben.
- Perspektive sind das Jenseits und die Begegnung mit Allah.

Die Entfaltung

In religiös motivierter Erziehungspraxis begegnen wir oft der Grundhaltung des Forderns. Kinder sollen im Laufe der Zeit so oder so werden und dies oder das tun oder unterlassen. Bisweilen lassen aber die zahlreichen Forderungen die Einsicht in ihre Angemessenheit missen, und dem Fordernden fehlt nicht selten das Vermögen, sich in das Gegenüber einzufühlen und einzudenken. Im Vordergrund steht das Absolute, nicht das Machbare oder das Zumutbare.

Auch in der islamischen Erziehung werden die Heranwachsenden mit klaren Forderungen und Vorstellungen konfrontiert, wie man das von klassischen Defizit-Theorien kennt. Das unterscheidet die Muslime heute wesentlich von den Anhängern anderer Religionen. Der Grund hierfür liegt in der Unverrückbarkeit und Unantastbarkeit des Offenbarungswerks. Der Muslim weiß seine Religion normalerweise genau zu beschreiben. Der Islam lässt für private Exegesen nur wenig Spielraum.

Auf der anderen Seite ist bei der Kenntlichmachung vermeintlicher Defizite und der vorschnellen Ableitung von Erziehungszielen vorsichtige Zurückhaltung geboten. In diesem Sinne wollen wir gleich einen Schritt weiter gehen und den Zweck von Erziehung einmal hypothetisch in Frage stellen.

Die Sure 66 erwähnte Pharaos Frau, die - trotz vermutlich massiver Erziehungseinflüsse - aus der Sicht ihres Mannes und der herrschenden Doktrin plötzlich aus dem Ruder lief, um fromm zu werden. Andersherum die Ehefrau Lots und die Familie Noahs, die trotz sachkundiger Führung und ausreichender Warnsignale beharrlich auf den Abgrund zumarschierten: Absturz. Na und? Bedeutet der muslimische Glaubenssatz "Ich glaube an die Bestimmung in ihrem Guten und ihrem Bösen" vielleicht nicht, dass Wohl und Wehe eines jeden Menschen ganz in der Hand des großen Sozialisators liegen? Wir wollen doch nicht besser machen, was Allah schon in bester Form geschaffen hat? Maßen wir uns mehr erzieherischen Sachverstand an als Noah und Lot? Haben wir etwa größere Machtfülle als ein Pharao? Können wir überhaupt irgend jemanden umlenken, der seinen Weg geht, einfach, weil er ihn gehen zu müssen vermeint?

Wäre wirklich alles vorherbestimmt, könnten wir die Hände in den Schoß legen und darauf verzichten, in der Ferne liegende Erziehungsziele zu formulieren. Das hieße die Kinder sich selbst überlassen. Wir wissen aber alle auch ohne das Trauma antiautoritärer Experimente, dass das so nicht geht. Leugneten wir andersherum die Vorherbestimmung, müssten wir sehr exakte Etappenziele beschreiben und sie bis ins Kleinste ohne Duldung der geringsten Abweichung verfolgen - Trauma totalitäre Erziehung.

Der Islam lässt beides - unwillentliche Bestimmung und willentliche Entfaltung[164] - nebeneinander stehen. Das Wechselwirkungsgefüge zu beschreiben, bedürfte eines philosophischen Exkurses, den wir uns hier ersparen. Wir verstehen aber das darin implizierte Gebot des Schöpfers an den Erzieher: 'Ich habe meinen Geschöpfen bereits Dinge mit auf den Weg gegeben, die du begreifen und berücksichtigen musst, bevor du ans erzieherische Werk gehst.' Würden wir also die islamische Bildungslehre als Defizit-Theorie sehen, wie das schon mal geschieht, und die islamische Erziehung allein auf das Fordern bauen, wir bauten auf Sand. Der Schöpfer hat uns zu viele unverrückbare Eckpfeiler der menschlichen Natur aufgezeigt, als dass wir an ihr vorbei von oben nach unten Ziele, Inhalte und Methoden je nach Gutdünken oder gerade gängigem erziehungswissenschaftlichem Trend etablieren könnten.

Wir dürfen - müssen! - zuerst "vom Kinde" ausgehen, also gleichsam von unten nach oben, vom Potenzial zum Ideal

---

164 *Qadr:* "Bestimmung dessen, was geschieht", und *qadâ:* "Entscheidung, was ich tue, z.B. Gutes (*khairihi*) oder Schlechtes (*scharrihi*)."

und nicht umgekehrt. Damit sind wir statt beim Fordern beim Fördern. Was hat der Islam zu diesem von allen Pädagogen hochgeschätzten Glaubenssatz Neues beizutragen?

Vorab: Im Zusammenhang mit dem Fördern kommt hier dem Umfeld erhöhte Bedeutung zu, während in der einen oder anderen Defizit-Theorie die Rolle von Umfeld und Modell eher nachrangig behandelt wird.

Wenn Luqman seinem Sohn mitteilt, worauf er zu achten habe, dann ist er sich als Mann der Weisheit vollkommen über seinen eingeschränkten Einfluss auf das Potenzial im Klaren, das Allah dem Sohn mitgegeben hat. Er kann ihn nur mit passenden Forderungen fördern, das Beste aus ihm herausholen und ihn als mündigen Gläubigen auf eigene Füße stellen. Den gegebenen Rahmen zu erkennen, ihn nicht gewaltsam zu brechen und so den Heranwachsenden optimal zu fördern - dies ist Allahs Auftrag an alle, die zu erziehen haben.

Dabei ist das Fördern keineswegs als Antithese zum Fordern zu verstehen, sondern als notwendige und gleichrangige Ergänzung. Die islamische Erziehung läuft sozusagen auf beidem wie auf beiden Beinen.

Nachfolgend und abschließend soll nun auch noch von der natürlichen Entfaltung zum festen Glauben die Rede sein. Beispielgebend steht dafür Abraham (*Ibrâhîm*), der Prophet Allahs. Grundlage sei die sechste Sure des Korans. Die zahlreichen anderen Textstellen, die gleichfalls von Abraham handeln, bleiben unerwähnt. Abgesehen von den einer klassischen Stufentheorie vergleichbaren Elementen, die jetzt in den Vordergrund geraten, ist diese Sure in ihrer Gesamtheit von Interesse, wenn wir an die Zielkategorie Tauhid denken.

Die Sure behandelt unter anderem die Problematik von Gesellschaften, in denen sich Mitgötterei verfestigt hat. Ihre Verse 136 bis 140 ermöglichen einen überraschend eindeutigen Vergleich mit unserer heutigen Zeit; sie setzen Mitgötterei und ökonomische Fehlentwicklungen zueinander in Bezug.

Zuerst aber zurück in eine Zeit lange vor Abraham. Ein kryptisches Ereignis, das zeitlich, wie es scheint, vor dem Anfang aller Dinge anzusiedeln ist. Der rationale Zugang zu ihm ist verwinkelt. Am besten, man nimmt die Sache zuerst einfach so, wie sie da steht, ohne den Versuch einer Erklärung oder Veranschaulichung:

> **172 Und als dein Herr von den Kindern Adams aus ihren Rücken ihre Nachkommenschaft nahm und sie gegen sich selbst Zeugnis gaben: Bin Ich nicht euer Herr? Sie sagten: 'Ja doch, wir bezeugen es!' (*schahidnâ*) - dass ihr nicht am Tag der Auferstehung sagt: 'Wir waren ja diesem gegenüber achtlos!',**
>
> **173 Oder ihr sagt: 'Unsere Väter haben vorher Mitgötter gegeben, und wir waren die Nachkommen, nach ihnen, also vernichtest Du uns wegen dem, was die Taugenichtse getan haben?'**
>
> **(Sure 7)**

Schahidnâ - "wir haben bezeugt" - erinnert in seiner Semantik an jene Stelle in Sure 3:18, wo es heißt *schahida-llâhu* - "Allah hat bezeugt" (dass es keinen Gott gibt außer Ihm). Ohne allzu viel spekulieren zu wollen, liest sich das so, als seien "damals" sämtliche Nachkommen Adams zugegen gewesen - nicht nur die seinerzeit lebenden, sondern auch alle "zukünftigen", also auch wir heute, ebenso alle, die noch nach uns kommen werden, Frau und Mann. Das ließe, bei aller Vorsicht, die folgende These zu:

- Glaubensfindung hat etwas zu tun mit Erinnerung. Das vermeintlich Neue ist in Wirklichkeit vertraut, das Finden ein Wiederfinden und die Entwicklung das "Ent-Wickeln" eines Bewusstseins, das immer schon da war.[165]

---

165 Viele, die zum Islam gefunden haben, beschreiben die Grundstimmung während ihres Weges als Heimkehr, als ein Wiederfinden, sobald sie den Wall an Exotik durchdrungen hatten, der mancher Ausprägung islamischer

Sagen wir so: Wenn es ein Wort an den Anfang unserer menschlichen Geisteskultur zu stellen gilt, dann dieses Zeugnis der Einzigkeit Allahs als Schöpfer und Herr. Vielgötterei und die Vorstellung von wesenhaft göttlich beseelten Naturphänomenen haben sich aus einem ursprünglichen Glauben an einen einzigen Gott entwickelt. Die These, der Monotheismus sei in einer Art geistiger und kulturgeschichtlicher Evolution aus dem Natur-Animismus entstanden, muss aus islamischer Sicht angezweifelt werden. Mitgötterei ist nicht das Gen der Religion, sondern ihre Degenerierung.

Das bleibt nicht ohne Auswirkung auf die Bildungstheorie, sofern wir von natürlichen Anlagen sprechen. Kognitive Stufentheorien des Kindesalters versuchen quasi naturgesetzlich gegebene Stadien der geistigen und intelligenten Entwicklung des Kindes zu beschreiben.[166] In ihrem Phasenaufbau lehnen sie sich an das biogenetische Grundgesetz an, das Ernst Haeckel gegen Ende des 19. Jahrhunderts so formulierte: "Die Entwicklung des Einzelwesens (Ontogenese) ist eine Rekapitulation der Entwicklung der Spezies (Phylogenese)." Eine Übertragung jener Erkenntnis als ein Grundprinzip, gewonnen anhand des Vergleichs der Übergangsstadien der Embryonalentwicklung (Kiemen, Fell...) mit der damals relativ neuen und noch lückenhaften zoologischen Systematik der Arten, wagte 1904 der amerikanische Entwicklungspsychologe G. Stanley Hall mit seiner "psychogenetischen Rekapitulationstheorie": Die mensch-

---

kultur zu Eigen ist und der man auf Reisen in den Orient oder nach Asien noch begegnet.

166 Die erste umfassende Beschreibung, die bis heute in Nachfolgemodellen nachwirkt, stammt von Piaget. Er hat aus der gezielten Beobachtung von Einzelfällen verallgemeinernde Schlüsse gezogen, was zwar, wenn man unbedingt will, wissenschaftstheoretisch bemängelt werden kann, es war seinerzeit aber einfach so üblich. Piaget stellt eine Schnittstelle her zwischen frühester experimenteller Entwicklungspsychologie und der damals neuen empirischen Pädagogik. Er war kurz gesagt seiner Zeit weit voraus.

liche Individualentwicklung ist eine Wiederholung der kulturellen und biologischen Geschichte der Menschheit.[167]

Übertragen auf die Evolutionsgeschichte der menschlichen Religiosität, würde das die Annahme stützen, die frühkindliche Affinität zum Natur-Numinosen repräsentiere erste kindliche, einer frühhumanen Stufe entsprechende Religiosität.[168] Das Axiom dieses Vergleichs zielt natürlich dahin, der Natur-Animismus sei vorher da gewesen, der Glaube an eine Gottheit habe sich erst später entwickelt.

Der Islam stützt eher eine andere Annahme: Polytheistische Gedankensysteme sind entstanden, indem sich Gesellschaften und Kulturen in ihrer Geschichte jeweils vom natürlichen Empfinden für Gott und vom Wissen um Seine absolute Existenz entfernten. Warum? Nun, offenbar passte ihnen Allahs Ratschluss nicht ins Konzept. Sie wollten etwas anderes, sie wollten mehr. Das ist das übergeordnete Thema der sechsten Sure des Korans, der "Sure mit dem Weidevieh", aus der wir auch die Abraham-Geschichte herausnehmen.

---

167 Hall weist darauf hin, dass das Kind im Spiel die kulturelle Evolution des Menschen wiederhole.

168 Eine Übertragung zwar nicht Haeckels, aber der Entwicklung des moralischen Urteils nach Piaget auf die religiöse Entwicklung, stammt von dem Schweizer Fritz Oser. Mit Rückgriff auf Kohlberg hat er ein Stufenkonzept der religiösen Entwicklung erarbeitet; F. Oser und A. Bucher, *Wenn zwei das gleiche Gleichnis hören...*, Theoretische und empirische Aspekte einer strukturgenetischen Religionsdidaktik; in: Zeitschrift für Pädagogik, Jahrgang 33, 1987 Nr. 2. Er nennt fünf Stufen, die sich in etwa mit folgenden Begriffen fassen lassen: Abhängigkeit vom Allmächtigen, Vertrag ("do ut des-Religiosität"), Auflehnung (Ausgrenzung des Allmächtigen von Ich-autonomen Bereichen), Arrangement (Rückbindung der Ich-Autonomie an den Allmächtigen) und Einswerdung (Aufhebung der Polarität von Ich-Autonomie des Menschen und Allmacht Gottes).
Ein anderes religionspädagogisches (und eher populärwissenschaftliches) Strukturmodell stammt von dem Amerikaner James Fowler. Er beschrieb sieben Glaubensstufen, beginnend mit dem Säuglingsalter ("ursprünglicher Glaube" - hier als die Beziehung zwischen Eltern und Kind verstanden, also rein diesseitsbezogen, und endend mit dem "allumfassenden Glauben" des mittleren und späteren Lebensalters; Zeitschrift "Psychologie Heute", Juni 1984.

Wie kann die islamische Bildungslehre ohne den haeckelschen Behelf jene kindliche Stufe interpretieren, in der eine gewisse Empfänglichkeit für die Wesenhaftigkeit belebter und unbelebter Dinge zu beobachten ist? Ist das eine Fehlbeobachtung, ein Artefakt, vielleicht doch alles nur anerzogen? Der Schlüssel liegt tatsächlich im erzieherischen Umfeld. Dazu die folgende Hypothese, die uns am Beginn der Abraham-Geschichte wiederbegegnen wird:

- Kinder nehmen das latente Misstrauen ihrer Umgebung in Gott, den alltäglichen Aberglauben und den Gewohnheitsokkultismus ihrer Lebensumwelt auf natürliche Weise wahr. Da jene Dinge insgesamt im Gegensatz zur natürlichen Anlage stehen, Gott zu erkennen und anzuerkennen[169], stellen sie als Defizitimpuls einen Lern- und Entwicklungsanreiz dar. Der erste Schritt, diesen Anreiz zu bewältigen, ist, das aufzugreifen, was angeboten wird. Kindlicher Natur-Animismus stellt als Umweltreflexion den ersten Lernschritt zur nächst höheren religiösen Lernebene dar.

Wir wollten einen Bogen spannen. In der hinteren Apsis steht der Ureid der Menschheit auf Allah aus Sure 7:172. In der vorderen hat der Logik gemäß eine Lebensweise zu stehen, die die Entfaltung dieses Urwissens von Gott hin zum festen Glauben und rechtschaffenen Handeln begünstigt. Aus der Sicht der islamischen Bildungslehre ist der Endpunkt dieses Bogens so zu beschreiben:

19 Die Religion bei Allah ist ja der Islam...

(Sure 3)

---

169 Diese "Anlage" bezeichnet der Koran als *fitra*. Das ist die unveränderliche Naturanlage des Menschen, Allah als den Einzigen und als den Schöpfer sowie sich selbst als geschaffen zu erkennen und darüber Zeugnis abzulegen. Veränderlich ist demgegenüber die Eigenschaft des Menschen, durch die Summe seines Handelns seinem Gehorsam gegenüber dem Schöpfer mehr oder weniger Ausdruck zu verleihen. Das nennen wir im Islam *akhlâq* (Charakter).

Was aber liegt zwischen ursprünglichem Glauben und Muslimsein, welche Entwicklung wird von diesem Bogen überdacht? Bei den nun folgenden Koran-Versen, die diese Frage klären, wird nur auf die Schlüsselbegriffe näher eingegangen, die für das Thema bedeutsam erscheinen. Dabei ist zu beachten, dass sich die zitierten Stellen nicht in dieser thematisch sehr eng bemessenen Auslegung erschöpfen. Das gilt für jede Interpretation von Koran-Stellen. Es handelt sich auch hier um eine "bevorzugte Lesart" mit dem gewissen Risiko, ohne Befugnis die Bedeutung einzuschränken.[170]

Nach jedem Abschnitt soll versucht werden, das Lernplateau Abrahams einer Stufentheorie entsprechend in Stichworten zu beschreiben.

Abraham sieht

Mitgötterei ist zu Abrahams Zeit keine zufällige Strömung, sondern die Grunddoktrin der Gesellschaft, in der er aufwächst. Sie tritt ihm anschaulich, ja figürlich auf Schritt und Tritt entgegen. Sein Vater Therach, genannt Azar, von dem es heißt, er habe mit der Produktion von Götterbildern seinen Lebensunterhalt verdient, repräsentiert das System mit all seinen erzieherisch wirksamen Einflüssen. Abraham reagiert seiner natürlichen Anlage gemäß auf diese Ausgangssituation; sie ist provokativ, weil sie seinem unterbewussten Urwissen um die Einzigkeit des Schöpfers widerspricht und eine unangenehme Reizspannung auslöst (vergleiche Intelligenzkriterium *ikhtilâf*):

74 Und als Ibrahim zu seinem Vater Azar sagte: 'Nimmst du dir Götzen als Götter? Ich sehe ja dich und dein Volk in klarem Fehlgehen.'

(Sure 6)

---

170 Ergänzend zu der hier selektiv behandelten Sure 6 sollten auch die anderen Abraham-Stellen des Korans nachgelesen werden, zum Beispiel die Verse 41 bis 50 der Sure 19.

Die Schlüsselwörter dieses Verses sind "sehen" (*yarâ*) und "klar" (*mubîn*). Das arabische Wort für "sehen" bezeichnet hier nichts weiter als den physikalischen Vorgang. Es geht noch nicht um "erkennen" oder "verstehen". Instinktsicher spürt Abraham, dass mit dem System, das sein Vater vertritt, etwas nicht stimmt. Dafür bedarf es keines weiteren Beweises (die Wortfamilie von *mubîn* meint das, was für sich selbst spricht, zum Beispiel auch in der Wendung *al-kitâbul-mubîn* = "die klare Schrift" als Bezeichnung für den Koran).

- Abraham befindet sich auf folgendem Plateau:

Ausgangslage:	**kognitiver Konflikt**
kognitive Stufe:	**Sehen**
emotionale Stufe:	**eventuell Sorge um den Vater**
religiöse Stufe:	**Kritik; kein prophetisches Wissen, keine Offenbarung**
Handlung:	**ansprechen**

Abraham nimmt wahr

75 Und derart haben Wir Ibrahim die Herrschaftsgewalt der Himmel und der Erde gezeigt, und damit er einer von den Überzeugten sei.

(Sure 6)

Wichtigstes Schlüsselwort dieses Verses ist "zeigen" (*arâ*, wörtlich "er ließ sehen") als Ableitung von "sehen" im vierten Verbalstamm. Der Unterschied in der Bedeutung ist dieser: "Zeigen" ist zielgerichtet und mit einer Absicht des Zeigenden - Allah - verbunden, es lenkt das vorhandene Sehen in eine Bahn. Was Er beabsichtigt, verrät das zweite Schlüsselwort dieser Stelle: Abraham soll zu denen gehören, "die überzeugt sind" (*al-mûqinûn*). Diese Art von Überzeugung, die wir im Islam *yaqîn* (derselbe Wortstamm) nennen, wird hier als Zielangabe für die weitere Entwicklung Abrahams eingeführt.

- Abraham befindet sich auf einer Art vorkognitiven Stufe. Er besitzt noch keine Klarheit hinsichtlich der inhaltlichen Dimension, die gleich im Anschluss unter den Stichworten "malakût" und "yaqîn" vorweggenommen werden soll, um das weitere Verständnis zu erleichtern:

Ausgangslage:	**Allah zeigt**
kognitive Stufe:	**Hinsehen**
emotionale Stufe:	**Neugier, Staunen**
religiöse Stufe:	**Aufmerksamkeit, Achtsamkeit** (vgl. die Intelligenzkriterien)
Handlung:	**keine**

Malakût

Da dieser Vers die übergeordnete Zielangabe formuliert und mit *malakût* zu Inhalt und Verfahren eine Aussage trifft, muss an dieser Stelle etwas detaillierter darauf eingegangen werden. Gezeigt werden Abraham großartige Einzelphänomene des Kosmos, die von Allah künden (*malakût*), wobei es im Einzelnen um folgende drei Charakteristika der Phänomene und damit um den "Charakter Allahs" als künftiger "Bezugsperson" Abrahams geht: Allah als Erschaffer, als Beender, als Besitzer:

1. Der Erschaffer:

   81 Und ist nicht Er derjenige, der die Himmel und die Erde geschaffen hat, imstande, dass Er ihresgleichen schafft? Ja doch! Und Er ist der immer wieder Schöpfende, der Wissende,

   82 Sein Befehl ist ja, wenn Er etwas möchte, dass Er dazu sagt: Sei!, und es ist.

83 **Also Preis dem, in dessen Hand die Herrschaftsgewalt (*malakût*) aller Dinge ist, und zu Ihm werdet ihr zurückgebracht.**

(Sure 36)

2. Der Beender:

185 **Und haben sie nicht nach der Herrschaftsgewalt (*malakût)* der Himmel und der Erde gesehen, und was Allah alles geschaffen hat, und dass es sein kann, dass ihre Frist schon nahe gekommen ist? Und an welchen Bericht danach glauben sie?**

(Sure 7)

3. Der, dem alles gehört und der auferstehen lässt:

Zur Veranschaulichung dessen soll eine Textpassage des Korans zitiert werden, die eine in sich geschlossene Sinneinheit darstellt. Inhaltlich ausschlaggebend sind die Verse 79, 82 und 88, aber der gesamte Abschnitt zeigt, wie das Sehen, das Hinsehen, das Wahrnehmen, das Erkennen und das Verstehen als Elemente der kognitiven Entwicklung miteinander verbunden sind. Allah appelliert an Herz und Verstand, nicht wider besseren "Hörens" und "Sehens", nicht wider Einsicht und Gefühl Allah als Herrn und Muhammad als den Gesandten zu leugnen. Diese Textstelle zeigt aber auch, dass die herkömmlichen Intelligenzkriterien allein nicht hinreichend sind, um zu Einsicht und Rechtleitung zu gelangen. In Klammern sind die arabischen Grundformen wichtiger Schlüsselbegriffe wiedergegeben, die (bis auf *malakût*) auf kognitive Prozesse hinweisen und die zum Teil bereits erörtert wurden:

78 **Und Er ist es, der für euch das Hören (*sami'a*) und die Blicke (*basara*) und die Herzen (*af'ida*) hat entstehen lassen, wenig ist es, was ihr dankt,**

79 **Und Er ist es, der euch auf der Erde erzeugte, und zu Ihm werdet ihr zusammengebracht,**

80 Und Er ist es, der lebendig macht und sterben lässt, und Sein ist der Wechsel von Nacht und Tageszeit, also habt ihr keinen Verstand (*'aqala*)?

81 Vielmehr sagen sie das Gleiche, was die Früheren gesagt haben,

82 Sie sagen: 'Wenn wir gestorben sind und Erdreich und Knochen, werden wir wirklich auferweckt?

83 Dies ist uns und unseren Vätern schon vorher versprochen worden, dies sind nur Fabeleien der Früheren.'

84 Sag: Wessen ist die Erde und was in ihr ist, wenn ihr es wisst (*'alima*)?

85 Sie werden sagen: 'Allahs!' Sag: Also lasst ihr euch nicht erinnern (*dhakara*)?

86 Sag: Wer ist der Herr der sieben Himmel und des gewaltigen Thrones?

87 Sie werden sagen: 'Allah!' Sag: Also seid ihr nicht gottesfürchtig (*taqâ*)?

88 Sag: In wessen Hand ist die Herrschaftsgewalt (*malakût*) über alle Dinge, und Er gibt Schutz, und es gibt keinen Schutz gegen Ihn, wenn ihr es wisst (*'alima*)?

89 Sie werden sagen: 'In Allahs!' Sag: Also wie seid ihr verhext[171]?

90 Vielmehr haben Wir ihnen die Wahrheit gebracht, und sie sind ja bestimmt Lügner.

(Sure 23)

Yaqîn

Wir sind noch in Vers 75 der Abraham-Geschichte. Nach der näheren Betrachtung des Begriffs *malakût* geht es nun um die Frage, was Allah von Abraham erwartet. Die Zielangabe

171 Damit wird den Mekkanern der Ball zurückgespielt, denn sie selbst hatten zuvor den Propheten der Zauberei (*sihr*) und der Lüge (*kidhb*) bezichtigt.

yaqîn (Wortstamm *yaqina*), die der Vers erwähnt, bedeutet etwa "von einer Sache so überzeugt sein, als habe man sie gesehen". Das drückt etwas mehr aus als das bloße "Glauben" und betrifft im Einzelnen die folgenden drei Bereiche: Allah ist der Herr, der Tag des Gerichts ist wirklich, unsere Umwelt legt von beidem Zeugnis ab:

1. Allah ist der Herr

Das ist eigentlich ohne zusätzlichen Beweis klar. Aber gerade Ereignisse, in deren Verlauf dem "Beweisen" eine Schlüsselfunktion zukommt, zeigen mitunter: Ein Beweis kann noch so eindeutig sein und dennoch nicht überzeugen. Das Beispiel von Moses und dem Pharao lehrt, wie Voreingenommenheit sämtliche Zugänge zu Kopf und Herz versperren kann. Je klarer der Beweis, desto hartnäckiger die Verweigerung. Die Mächtigen im Reich, allen voran die Magier und Priester, sind anwesend und hören zu:

23 Pharao sagte: 'Und was ist der Herr der Welten?'

24 Er sagte: 'Der Herr der Himmel und der Erde, und was zwischen beiden ist, wenn ihr sicher sein würdet (*yaqina*)?'

25 Er sagte zu denen um ihn herum: 'Hört ihr nicht zu (*sami'a*)?'

26 Er sagte: 'Euer Herr und Herr eurer früheren Väter.'[172]

27 Er sagte: 'Euer Gesandter, der zu euch gesandt wurde, ist ja bestimmt besessen (*madschnûn*).'

28 Er sagte: 'Der Herr des Ostens und des Westens und was zwischen beiden ist, wenn ihr verstehen würdet (*'aqala*).'

29 Er sagte: 'Wenn du dir einen anderen Gott als mich nimmst, ganz bestimmt mache ich dich zu einem von den Gefangenen.'

---

172 Hier liegt die eigentliche Kollision mit dem Pharao, der selbst den Anspruch erhob, allerhöchster Herr (*rabb* im Sinne dessen, der nicht nur die Herrschaft hat, sondern sie auch ausübt) zu sein; vgl. 79:24.

30 **Er sagte: 'Und wenn ich mit etwas Klarlegendem (*bi schai'in mubîn*) komme?'**

31 **Er sagte: 'So bringe es, wenn du einer von den Wahrhaften bist.'**

32 **Da warf er seinen Stock, und da war es eine klar erkennbare (*mubîn*) Schlange.**

33 **Und er zog seine Hand heraus, und sie war weiß für die Zuschauenden (*nadhara*).**

(Sure 26)

Wie der Pharao auf die Beweise reagierte, wissen wir: Er eröffnete die Jagd auf Moses und dessen Volk. Warum nur? Der Ursprung für die rechte Überzeugung liegt eben im Inneren des Menschen. "Beweise" können allenfalls letzte Anstöße geben, gemäß der Überzeugung zu entscheiden und zu handeln.

Der Prophet Muhammad konnte erst gar nicht begreifen, wieso seine mekkanischen Landsleute sich von ihm abwandten und mit welcher Unnachgiebigkeit und wachsender Aggression sie sich der Botschaft Allahs entgegenstemmten. Allah hat ihn deshalb im Koran (und nicht zufällig in derselben Sure wie der der Abraham-Geschichte) darauf hingewiesen, dass die innere Haltung ausschlaggebend ist, nicht der Beweis. Die Leute wollen nicht, und auch Allah will irgendwann nicht mehr:

35 **Und wenn ihr Sich-Abwenden etwas Schwieriges für dich ist, und wenn du imstande wärest, dass du einen Tunnel in der Erde finden möchtest oder eine Leiter in den Himmel, und wenn du ihnen ein Zeichen bringen würdest - und wenn Allah gewollt hätte, bestimmt hätte er sie auf der Rechtleitung versammelt - also sei du bestimmt nicht einer von den Unwissenden.**

(Sure 6)

Der Koran selbst wird mit dem Attribut "klar" versehen, ist also Beweis genug. Entscheidend ist aber auch hier nicht die Qualität des Beweises, sondern die Haltung derer, die sich diesem Beweis gegenüber sehen. Ihr Verhalten (hier ihr Spott über den Propheten) steht für andere, *yaqîn* entgegengesetzte Qualitäten:

1. *kidhb*, "Lügen beim Sprechen" in Sure 23:90,
2. *schakk*, "Zwiespalt im Inneren" und
3. *dalâla*, "Fehlgehen im Handeln".

Dazu im Koran:

1 Ha. Mim.

2 Bei der klaren (*mubîn*) Schrift,

3 Wir haben ihn ja in einer gesegneten Nacht herabgesandt, Wir sind ja Warner.

4 In ihr wurde jede weise Angelegenheit entschieden,

5 Als Befehl von Uns, Wir sind ja Entsendende,

6 Als Barmherzigkeit von deinem Herrn, Er ist ja der Hörende (*sami'a*), der Wissende (*'alima*),

7 Der Herr der Himmel und der Erde und was zwischen beiden ist, wenn ihr überzeugt wäret (*mûqinîn*).

8 Kein Gott außer Ihm, Er gibt Leben und lässt sterben, euer Herr und Herr eurer früheren Väter.

9 Vielmehr sie sind in Zwiespalt (*schakk*), sie spielen.
(Sure 44)

2. Der Tag des Gerichts ist wirklich.

Die Auferstehung im Jenseits ist unumstößliche und für uns transparent gemachte Realität. Sie wird aber trotz aller "Beweise" angezweifelt:

10 Und sie sagen: 'Wenn wir uns in der Erde verloren haben, sind wir wirklich in einer neuen Schöpfung?' Vielmehr sind sie Glaubensverweigerer (*kafara*) an die Begegnung mit ihrem Herrn.

11 Sag: Es nimmt euch der Engel des Sterbens zu sich, der Sachwalter für euch gemacht wurde, dann werdet ihr zu eurem Herrn zurückgebracht.

12 Und siehst du nicht, wenn die Verbrecher ihre Köpfe neigen vor ihrem Herrn: 'Unser Herr, wir hatten Einblick (*basara*) und haben gehört (*sami'a*), also schicke uns zurück, wir tun Rechtschaffenes, wir sind überzeugt (*mûqinûn*).'

(Sure 32)

3. Unsere Umwelt enthält Zeichen von Allah und der Wirklichkeit des Jenseits.

Die nähere und weitere Umgebung, auch wir selbst in unserer körperlichen und geistigen Beschaffenheit verfügen über Anzeichen, die "klar" genug auf diese beiden Grundwahrheiten hinweisen.

20 Und in der Erde sind Zeichen für die Überzeugten (*yaqina*),

21 Und in euch selbst, also habt ihr keinen Einblick (*basara*)?

(Sure 51)

Wie sieht nun der sensorische Zugang in seinem Ablauf aus, welche Sequenz des "Sehens" liegt der Entwicklung hin zur verstehenden Überzeugung zugrunde?

1. Wir sollen sehen (*yarâ*),
2. genau anschauen (*nadhara*), was uns gezeigt wird (*arâ*),
3. wahrnehmen, mit Aufnahmebereitschaft und Einblick (*basara*) und
4. erkennen und verstehen (*'aqala*).

Wir sollen nicht leugnen (*kadhaba*) und uns nicht verweigern (*kafara*). Wir sollen nicht **weg**schauen, sondern **hin**schauen. Damit ist gemeint: hin auf das eigentliche Ziel allen Sehens. Das Wort *basara* drückt den Übergang von der Ahnung eines ewiggültigen Sinns zum wirklichen Wissen über den

Schöpfer aus. Die Überzeugung, die eintritt, wenn das vermeintlich Irreale, das man einst leichtfertig verspottete, bereits vor der Tür steht, kommt zu spät. Eine Umkehr, wie im Koran-Vers oben angesprochen, wird nicht gewährt.

Im Zusammenhang mit dieser Entwicklung vom optischen und akustischen Wahrnehmen hin zum Wissen von der Wirklichkeit und zur Überzeugung von der Wahrheit stellt sich die Frage, welche Auswirkung das Unmaß an medial vermittelter Wirklichkeit haben könnte. Zwingen uns das Fernsehen, die virtuelle Realität, die Vorherrschaft des grell Ikonischen und Ausschnitthaften über die stille sinnliche, ganzheitliche Erfahrung nicht dazu, Abraham als Modell für die religiöse Entwicklung fallen zu lassen? Kann heute das Betrachten des Firmaments noch mit *Star Wars* konkurrieren?

Was hat der "kleine Abraham" bisher geleistet? Er hat den Ruf Allahs hinter den oberflächlichen Erscheinungen gehört und näher hingeschaut. Nun ist er auf dem Weg, die vergänglichen Dinge zu **durch**schauen und die unvergänglichen Realitäten zu sehen. Erst hier beginnt das eigentliche Wissen. "Wissen" bedeutet im Islam nicht nur Kenntnis der Phänomene und ihrer Abläufe, sondern ihre Verknüpfung mit dem, was hinter ihnen steht, und ihre In-Bezug-Setzung zur eigenen Lebenssituation. Mit Blick auf die heutige medial vermittelte Scheinrealität würde Abraham vermutlich fragen: Wie kommt es eigentlich, dass die Zuschauer nicht denken, sondern denken lassen?

Abraham sucht

Das Schwergewicht verlagert sich, ganz atypisch für Stufentheorien, erst einmal weg von der kognitiven hin zur emotionalen Sphäre (in Klammern wieder die arabischen Grundformen wichtiger Schlüsselwörter):

76 Und als die Nacht über ihm dunkel wurde, sah er (*yarâ*) ein Gestirn. Er sagte: 'Dies ist mein Herr!', und als es

niederging, sagte er: 'Ich liebe (*ahabba*) nicht die Niedergehenden!'

(Sure 6)

Der gefühlsorientierte zwischenmenschliche Bezug ist ein Grundelement kindlicher Erkenntnisgewinnung. Ob etwas gelernt wird, unterliegt zu einem Gutteil der Frage, von wem es empfangen wird. Lernen - das kam weiter vorne schon kurz zur Sprache - hängt ab von der Beziehung zwischen dem Lernenden und dem Lehrer. Also ist es ganz natürlich, dass in Abraham nun der Wunsch entsteht, den zu finden, der für den anfänglichen kognitiven Konflikt verantwortlich ist. Abraham will lieben und selbstverständlich auch geliebt werden.

Das Gestirn bietet sich an - nebenbei gesagt auch heute noch für viele Menschen Gegenstand affektiver, wenn nicht affektierter Hinwendung, wohl aber eher unter Erwachsenen als unter Kindern. Da Abraham das Gestirn sinken sieht, ist eine tiefe und anhaltende Beziehung nicht möglich. Es ist auch anzunehmen, dass Abraham das Verblassen des Gestirns sinnbildlich für die Vergänglichkeit aller materiellen Dinge empfindet, was seinen Drang nach einer "echten", unvergänglichen Beziehung nur verstärken muss. Dabei darf nicht vergessen werden, dass seine Kritik an der Lebensweise seines Vaters den Verlust der wahrscheinlich einzigen Bezugsperson bedeutet, also eine umfassende Erschütterung seines Lebens (von seiner Mutter ist seltsamerweise nirgends die Rede). Nach heutigen Maßstäben - aber was bedeuten die schon - wäre er suizidgefährdet. Sein Vater bedeutet ihm viel. Das lässt sich daran erkennen, dass er seinen ganzen Mut zusammennimmt, ihn in einer so umwälzenden Sache anzusprechen. Er hätte auch einfach weggehen können.

Was Abraham nun bevorsteht, ist die Loslösung von allen gewohnten Bindungen an seine Lebenswelt, ohne dass er schon einen angemessenen Ersatz gefunden hätte. Er wird Kraft brauchen. Das weiß er, denn er sucht ja nicht nach einem Gott (*ilâh*) oder dem Herrscher (*malik*), zu dem die

Herrschaftsgewalt (*malakût*) korrespondiert, sondern nach dem, der wirklich in sein Leben eintritt und bei dem, was ihm bevorsteht, hinter ihm steht (*rabb*).[173]

Abraham erkennt, dass "Herr" jemand sein muss, der seinen Zustand nicht verliert und nicht verändert (*afala*), und der in seiner Existenz so absolut real sein muss, dass durch die Beziehung zu ihm jede andere Beziehung nur noch mittelbar von Bedeutung ist. Das Besondere daran ist, dass er das Objekt seiner Suche nicht wirklich wird sehen können.

- Abraham befindet sich auf einer emotional-affektiven Stufe, die er übrigens nie wieder ganz verlassen wird.[174]

Ausgangslage:	**exploratives Verhalten (*trial and error*)**
kognitive Stufe:	**(Da)hin(ter)sehen, Suchen**
emotionale Stufe:	**Liebe und Suche nach Liebe**

---

173 Hier knüpft beispielsweise bei Markus die Frage nach dem "wichtigsten Gebot" an:

> **Jesus antwortete: Das erste ist: Höre, Israel, der Herr, unser Gott, ist der einzige Herr. Darum sollst du den Herrn, deinen Gott, lieben mit ganzem Herzen und ganzer Seele, mit all deinen Gedanken und all deiner Kraft... (Mk 12,29-30)**

Damit bekräftigt Jesus die Grundforderung aus Deuteronomium 6,1-4: Liebe und Furcht.

174 Dazu diese interessante Episode aus dem Koran, die in einem viel späteren Lebensabschnitt Abrahams spielt. Für die Beruhigung seines Herzens begibt er sich zurück auf die zweite Stufe - Allah soll ihm nochmals etwas *zeigen*. Er will nicht, dass sein Zweifel an der Auferstehung die Beziehung zu seinem Herrn beeinträchtigt. Allah - das ist ein wichtiges Detail - gesteht ihm das zu:

> **260 Und als Ibrahim sagte: 'Mein Herr, zeige (*arâ*) mir, wie Du die Gestorbenen lebendig machst.' Er sprach: Und glaubst (*âmana*) du nicht? Er sagte: 'Doch, aber damit mein Herz beruhigt ist.' Er sprach: Also nimm dir vier von den Vögeln und mache sie dir zugeneigt, dann lege auf jeden Felsenberg einen Teil von ihnen, dann rufe sie, sie kommen zu dir geeilt, und wisse, dass Allah mächtig, weise ist.**
>
> **(Sure 2)**

religiöse Stufe: **Unsicherheit**
Handlung: **Antworten**

Abraham hofft und fürchtet

Jede Erschütterung des gewohnten Lebens und der normalen zwischenmenschlichen Beziehungen geht einher mit der Sorge um das eigene Wohl. Abraham fragt sich: Was soll nur aus mir werden? Er weiß, dass es für ihn kein Zurück mehr gibt, er kann nur noch vorwärts. Das heißt in der Terminologie unseres Stufenmodells: weitersuchen, Sicherheit gewinnen, Antworten finden:

77 **Und als er den Mond hervorkommen sah (*yarâ*), sagte er: 'Dies ist mein Herr (*rabb*)!', und als er niederging (*afala*), sagte er: 'Wenn mich nicht mein Herr rechtleitet (*hadâ*), bin ich ganz bestimmt einer von den fehlgehenden Leuten (*dalla*)!'**

(Sure 6)

Mit dem Mond verhält es sich ähnlich wie mit dem Gestirn, nur dass er etwas größer ist (der Größenvergleich kommt erst im nächsten Vers richtig zur Sprache). Abraham nähert sich seinem Ziel dennoch. Erstmals bringt er eine ganz konkrete Erwartung zum Ausdruck, die er an den numinosen Herrn seiner Suche stellt. Es ist ein erstes Kriterium, das die zu erwartende Beziehung inhaltlich füllen soll: Rechtleitung, arabisch *hidâya*. Er hat erkannt, dass seinem Volk diese Rechtleitung fehlt und dass es deshalb in einem falschen System verharrt. Seine Mitmenschen gehen fehl, und Abraham ist sich inzwischen ganz sicher, dass er nicht dazugehören will. Seine eigene Standpunktbestimmung fällt insofern etwas leichter, sein Gottesbild nimmt Konturen an. Es darf vermutet werden, dass Abraham zu diesem Zeitpunkt ein wenig älter ist und dass die Zyklen der verschiedenen Himmelskörper nicht zwangsläufig bedeuten, dies alles sei in einer Nacht geschehen, an deren Ende ein neuer Abraham geboren war. Jedoch, wer weiß. Möglich ist alles.

Aus erziehungswissenschaftlicher Sicht kann jedenfalls folgende Erkenntnis gewonnen werden:

- Muslime gehen davon aus, dass Rechtleitung nur von Allah kommt. Aus der Geschichte Abrahams wird deutlich, dass zur Rechtleitung durch Allah zuerst eine emotionale Komponente gehört, die schon im sehr jungen Alter stark in die Lebenssphäre des Menschen hineinwirkt. Sie zu vernachlässigen kann Rechtleitung verhindern.

Abraham hat die formallogische Stufe, die sich nach Piaget etwa ab dem 10. Lebensjahr durchzusetzen beginnt und die in religionspädagogischen Stufenlehren Voraussetzung für die Emanzipation des Kindes von unmündiger Religiosität ist, noch nicht erreicht. Sie müsste als die Stufe des Verstehens gleich nach den Stadien des Sehens, Hinschauens und Durchschauens folgen. Abraham jedoch geht einen anderen, eigenen Weg. Ungeachtet des hohen Anspruchs der mündigen intelligenten Religiosität liegt auf der direkten, unmittelbaren, emotionalen und nicht immer verbalisierbaren Stufe der liebevollen Hinwendung, auf die er zusteuert, größeres Gewicht. Das ist nicht etwa ein Indiz für unemanzipierte Gotteserfahrung, sondern Voraussetzung für die echte Beziehung zu Allah. Erst sie macht es möglich, im Glauben mit den Widerständen des Intellekts zurecht zu kommen, ohne sich selbst etwas vormachen zu müssen (vgl. 2:260, wo Allah ihm Raum gibt, seine Herzensunruhe hinsichtlich der Wahrheit der Auferstehung zu artikulieren).

- Noch befindet sich Abraham auf einer Stufe, die man als egozentrisch-finalistisch bezeichnen könnte: Er sorgt sich darum, wie es mit ihm selbst enden soll. An die anderen denkt er nur im Zusammenhang mit seiner Abgrenzung von ihnen.

Ausgangslage:	**explorative Verhalten (*trial and error*)**
kognitive Stufe:	**Suchen nach Rechtleitung, Antizipieren von Wirkungen**
emotionale Stufe:	**Furcht vor dem eigenen Fehlgehen**
religiöse Stufe:	**weniger Unsicherheit, Konturierung des Gottesbildes**
Handlung:	**Antworten**

Abraham wendet sich ab

Noch ist Abraham nicht klar, dass er seinem Herrn nicht sehenden Auges begegnen kann. Sein Beharren auf dem ikonischen Zugang zu ihm erklärt sich aus seiner Erfahrungswelt, in der die bildhafte Darstellung göttlicher Eigenschaften dominiert. Soviel wir wissen, gab es einen Götzen des Erfolgs, einen der Fruchtbarkeit und des Wachstums, einen der Zeit und des Schicksals (arabisch *dahr*), einen für den Wohlstand, einen für die Gesundheit... Natürlich muss dieser Versuch scheitern. Abraham wird am Ende dieser Episode von *trial and error* zu einer falsifizierbaren oder verifizierbaren These gelangen müssen (in diesem Falle tatsächlich beides).

In Abrahams drittem Anlauf geht es um die Sonne:

78 Und als er die Sonne hervorkommen sah, sagte er: 'Dies ist mein Herr, dies ist größer (*akbar*)', und als sie niederging, sagte er: 'Mein Volk, ich bin losgesagt (*bari'a*) von dem, was ihr an Mitgöttern gebt.

(Sure 6)

Das nach allgemeinem Weltwissen Größte und Hellste alles Vergänglichen, die Sonne, in kindlicher Terminologie "die gute Sonne", hält dem abrahamitischen Größenvergleich zunächst stand: Sie ist größer als alles andere. Das ist eine typisch vorkognitve Sichtweise, und man kann sie als eigene Stufe irgendwo im Alter zwischen 6 und 9 Jahren ansiedeln. In dieser Zeit gelingt in der Regel die Loslösung vom egozentrischen Weltbild, das ja auch bei Abraham im vorhergegangenen Vers noch deutlich vorhanden war. Man erkennt diese Stufe daran, dass Kinder Dingen ihre eigene Existenz und Größe zumessen können, auch wenn sie außerhalb des Gesichtsfeldes ("Bäume können 60 Meter hoch werden.") oder gar außerhalb der empirischen Wahrnehmungsmöglichkeiten liegen ("großen oder wenig Mut besitzen, starke oder schwache Liebe"). Als Messlatte werden, so lange es irgend geht, Elemente der sichtbaren und der allernächsten Lebenswelt angelegt. Dabei ist schon ein Gespür dafür vorhanden, dass sich die Entfernung zum Mond beispielsweise mit dem 30cm-Lineal aus der Schultasche nicht mehr so ohne weiteres bestimmen lässt.

Es ist auch das Alter, in dem Kinder nach der Größe und Macht Allahs fragen. Muslimische Kinder wollen schon mal im Alter von sechs bis acht Jahren wissen, wie groß Allah sei, etwa so groß wie das Haus? Nein, größer. Etwa so groß wie der Münchner Olympiaturm (fast 300 Meter)? Nein, größer. Bis über das Weltall? Noch größer. Dann bin ich ja für ihn kleiner als eine Bakterie! Wie kann er mich dann sehen? Er ist der Größte[175] und sieht das Kleinste[176] - wie soll das gehen?

Solche Fragen sind ein erfreuliches Indiz für eine lebendige, da anschauungsbezogene Auseinandersetzung mit Gottesbegriffen, die aus der Erwachsenenwelt in die des Kindes diffundieren. Sie belegen auch, dass eine natürliche Entwicklung zum Begreifen (Be-**greifen**; kann man Allah anfassen?) der Eigenschaften Allahs voranschreitet. Man antwortet am besten, indem man auf komplizierte

---

175 Diese Eigenschaft beschreibt der arabische Teilsatz *allâhu akbar*.

176 Diese Eigenschaft beschreibt der arabische Teilsatz *latîfun khabîr*, zum Beispiel in der Luqman-Stelle, Sure 31:16.

Rationalisierungen, aber auch - schlimmer noch - auf kindertümelnde Phrasen verzichtet. Allah ist eben so - fertig. Noch einmal: Es ist nicht so sehr ausschlaggebend, was wir dem Kind über Allah sagen, sondern:

1. wie wir vertreten können, was wir sagen, und
2. was Allah dem Kind selbst über Sich an Erkenntnis zufließen lässt.

- Abraham befindet sich auf einer Stufe, auf der er über den Weg der vergleichenden Anschauung mehr Klarheit über sein Gottesbild zu erlangen versucht. Er hat verstanden, dass nichts größer sein kann als sein Herr. Nach den Mitteln, die ihm im Rahmen der Anschauung zur Verfügung stehen, kann das nur die Sonne sein. Als er erkennt, dass auch sie untergeht, wird ihm endgültig klar, dass die Zugänge zum Göttlichen, die seine Zeit parat hält, unzulänglich sind. Er erkennt, dass das Anbeten von bildhaften Darstellungen keinen Weg zum höchsten Herrn weist, sondern ihn im Gegenteil blockiert. Hier liegt die Wurzel für den späteren teilweise gewalttätigen Konflikt mit seinem Volk, denn Abraham stellt die Verbindlichkeit des Systems in Frage - zunächst zwar nur für sich (*innî barî'un* - "ich bin frei"), durch die Abgrenzung aber für die anderen auch (sinngemäß "ihr seid nicht frei, solange ihr euch nicht auch von den Götzen freigemacht habt"). Er hat die egozentrische Stufe hinter sich gelassen. Die Lossagung entspringt nicht mehr nur der Sorge um das eigene Wohl, sondern dem Streben nach religiöser Autonomie.

Ausgangslage:	**explorativesVerhalten (*trial and error*), Erkenntnis, Falsifikation**
kognitive Stufe:	**Verstehen, Resümieren**

emotionale Stufe:	**Sorge um die anderen**
religiöse Stufe:	**Standortbestimmung der anderen, Beginn religiöser Autonomie, Konkretisierung des Gottesbildes (Gott ist größer als alles andere).**
Handlung:	**Ansprechen, Abgrenzen**

Abraham wendet sich hin

Abraham muss jetzt seinen eigenen Standpunkt genauer beschreiben, da mit einer heftigen Reaktion der Angesprochenen zu rechnen ist. Er erreicht jene Plattform, die man als mündige Religiosität beschreiben könnte. Allerdings fehlt noch ein wichtiger Bestandteil: Der Umgang mit Gleichgesinnten, mit der eigenen Gefolgschaft. Bisher ging es nur um ihn selbst und um sein Volk. Er ist noch nicht richtig für andere verantwortlich.

> **79 Ich wende mein Antlitz zu dem, der die Himmel und die Erde hervorgebracht hat, als Rechtgläubiger (*hanîf*), und ich bin nicht einer von den Mitgöttergebenden.**
> **(Sure 6)**

Hier verabschiedet sich Abraham nicht mehr nur von den Götzen, sondern auch von seinen Landsleuten, die dem Götzenkult frönen. Es ist vorstellbar, dass er spätestens hier den väterlichen Haushalt verlässt. Seine Beziehung zu dem Herrn, nach dem er suchte, wird mit dem Namen *hanîf* als "Religion" charakterisiert, die durch die Entfaltung der natürlichen Anlage zum Glauben und durch die Entwicklung in Stufen schließlich inhaltlich Gestalt angenommen hat:

- Der Herr liebt und wird geliebt, er leitet recht, er vergeht nicht, er ist am größten, er ist der Einzige und er hat Himmel und Erde erschaffen.

Zu dieser Erkenntnis ist Abraham, wohlgemerkt, ohne vorausgegangene Lehre gelangt. Mit der Beschreibung erschließt sich letztlich jedwede Religiosität, egal in welchem Gewand sie auftritt, welcher Kultur sie entspringt und wie sie von den Menschen genannt wird. Die unumstößliche Überzeugung von diesen Grundwahrheiten (es sei an die Zielangabe *yaqîn* in Vers 75 erinnert) und die Beibehaltung der dazu passenden Lebensweise nennt sich Islam.

Auch der, den Abraham eigentlich sucht, erhält hier seinen ersten Namen: *al-fâtir*. Das arabische Grundwort *fatara* bedeutet "spalten, aufbrechen" und im übertragenen Sinne "hervorbringen, ins Leben rufen". Allah in seiner Eigenschaft als *al-fâtir* ist der, der die Dinge hervorbringt, sie lebendig macht und ihnen ihre Natur verleiht.[177] Die korrespondierende Fähigkeit im Menschen, in den belebten und unbelebten Dingen Allah als den Hervorbringer zu erkennen, wird mit der entsprechenden arabischen Ableitung *fitra* ("Natur, Anlage") gekennzeichnet. Abrahams *fitra* wurde durch die widersprüchlichen Impulse aus seiner Lebenswelt und durch die Begegnung mit der Schöpfung Allahs angeregt und führte ihn auf natürlichem Wege zur Gotteserkenntnis.[178]

---

177 Dazu im Koran, ein paar Verse nach der Abraham-Stelle:

95 Allah ist es ja, der das Korn und den Dattelkern aufbricht, Er bringt das Lebendige aus dem Gestorbenen hervor, und Er ist der Hervorbringer des Gestorbenen aus dem Lebendigen. Dies ist Allah, also wie seid ihr getrogen?

(Sure 6)

178 *Fitra* wird im Koran in einer Passage näher beschrieben, deren Semantik an die Formulierung Abrahams "Ich wende mein Antlitz zu..., als Rechtgläubiger..." in Sure 6:79 erinnert:

30 Also richte dein Gesicht zur Religion als Rechtgläubiger (*hanîf*), die natürliche Weise Allahs, nach der Er den Menschen die natürliche Weise gab, - kein Umändern für die Schöpfung Allahs, dies ist die aufrechte Religion, aber die meisten Menschen wissen es nicht.

31 Seid Hingewandte zu Ihm, und fürchtet Ihn, und richtet das Gebet ein, und seid nicht welche von den Mitgöttergebenden,

- Abraham verfügt nun über ein kognitiv und emotional vollständig reflektiertes Selbstkonzept. Er hat eine sichtbar eigene religiöse Identität, er kann sie verbalisieren, seinen Herrn und seinen Weg namentlich benennen und dies in einer eigenen Lebensweise zum Ausdruck bringen. Er findet dadurch die Kraft, nach außen zu treten und den folgenschweren Disput mit seinen Landsleuten auszuhalten. Dass er sich stellt, und nicht einfach auswandert, ist wahrscheinlich schon auf prophetische Berufung durch Allah zurückzuführen, ganz gewiss aber auf eine neue Qualität, die unbedingt zur Stufe der mündigen Religiosität gehört, nämlich eine altruistische Grundhaltung, verbunden mit der Fürsorge für seine Mitmenschen. Mit oder ohne Berufung zum Propheten - er kann sein Volk nicht einfach so im Stich lassen.

Ausgangslage:	**Erkenntnis, Verifikation, Rechtfertigung (reaktiv)**
kognitive Stufe:	**Gewissheit (*yaqîn*)**
emotionale Stufe:	**Sorge um die anderen**
religiöse Stufe:	**Sicherheit, mündige Religiosität, inhaltlich vollständige Lehre, Vervollständigung des Gottesbildes**
Handlung:	**Lehren, Anwenden (Defensive)**

---

32 **Von denjenigen, die ihre Religion spalten und zu Gefolgschaften werden, - jede Gruppierung erfreut sich über das, was bei ihr ist.**
(Sure 30)

Um die Kriterien der sozialkompetenten Religiosität schon vorab zu vervollständigen, die am Ende dieses Kapitels noch gesondert zusammengestellt werden, muss an dieser Stelle als Ziel für die islamische Erziehung genannt werden:

- Wachsamkeit gegenüber Gruppen und Organisationen, die im Namen des Islams auftreten, jedoch nicht primär die Botschaft Allahs an die Umwelt weitergeben, sondern in Wahrheit politische und wirtschaftliche Machtinteressen verfolgen.

Abraham streitet

Es wäre bequem, das Stufenmodell an dieser Stelle enden zu lassen, haben wir doch nach dem Verständnis kognitiver Stufentheorien die oberste Sprosse erreicht. Bei genauerem Hinsehen müssen wir freilich feststellen, dass das aus islamischer Sicht nicht hinreicht. Es geht noch ein bisschen weiter. Zur Komplettierung des höchsten Plateaus fehlt noch die soziale Komponente, die Konsequenz aus dem emotionalen Niveau der vorangegangenen Stufen: Der, der die Wahrheit erkannt hat, hat Verantwortung für die anderen zu übernehmen. Diese hohe und positive Entwicklung ist mit Pflichten den Mitmenschen gegenüber verbunden, die nicht mehr nur sozialfürsorglicher Natur sind.

Wir sprechen von einem Identitätsniveau, das auch heute noch leicht zu Konflikten mit einer säkularen Weltsicht zu führen vermag. Diese lässt unter dem Vorzeichen der individuellen Freiheitsrechte die ganz private Höherentwicklung zwar gerne zu, ist aber nicht selten hilflos, wenn jemand mit dem Anspruch auftritt, Grundrisse zu ändern. Abraham wagt die argumentative Auseinandersetzung, die, wie wir wissen, schließlich in dem vergeblichen Versuch der wütenden Landsleute endet, sich seiner durch Feuer zu entledigen.[179]

80 Und sein Volk disputierte (*hâdscha*) mit ihm. Er sagte: 'Disputiert ihr mit mir über Allah, - und Er hat mich schon rechtgeleitet? Und ich fürchte (*khâfa*) nicht, was ihr Ihm an Mitgöttern gebt, außer dass mein Herr etwas will, mein Herr erreicht alles an Wissen, also erinnert ihr euch nicht?

81 Und wie fürchte ich, was ihr an Mitgöttern gegeben habt, und ihr fürchtet nicht, dass ihr Allah an

---

179 Im Koran:

68 Sie sagten: 'Verbrennt ihn und helft euren Göttern, wenn ihr etwas tut.'
69 Wir sprachen: Feuer, sei kalt, und Friede über Ibrahim!

(Sure 21)

Mitgöttern gegeben habt, wozu Er keine Ermächtigung auf euch herabgesandt hat? Und welche der beiden Seiten (*faraqa*) hat mehr Recht auf Sicherheit (*amn*), wenn ihr es wisst?'

(Sure 6)

Der Austausch von Argumenten (*hâdscha* im III. Stamm) entwickelt sich zur Polarisierung in zwei unversöhnliche Lager (*farîqain*). Offenbar beginnen hier auch die massiven Drohungen gegen ihn ("Pass gut auf dich auf, wenn du aus dem Haus gehst!"), denn als neue emotionale Komponente wird "Furcht" (*khauf*) ins Feld geführt. Die in Vers 78 erwähnte "Befreiung" Abrahams liegt darin, dass es für ihn in der Welt der vergänglichen Dinge nichts mehr gibt, was er zu fürchten hätte, nicht einmal den Verlust an Sicherheit seines Besitzes und seines Lebens.

Wichtig: Die neue Freiheit muss deutlich von Beliebigkeit abgegrenzt werden. Es geht nicht um moralische Anarchie oder die Zerstörung des vorhandenen Systems (auch Unrechtssysteme besitzen ein Normengefüge), sondern um den Aufbau einer neuen Ordnung, eines neuen Wertesystems. Deshalb wird "Furcht" als Regulativ an allerhöchster Stelle verankert, und zwar in Allah selbst. "Freiheit" und "Furcht" (*barî'* und *khauf*) bilden hier ein zusammengehöriges und doch beinahe gegensätzliches Paar.

Die Weiterentwicklung zur Stufe der religiösen Sozialkompetenz, um die es hier geht, wirkt sich auch auf das Gottesbild aus, das in den vorangegangenen Versen konturiert und komplettiert wurde. Der Herr, nun "Allah", hält sich nicht vornehm zurück, sondern tritt aus dem Hintergrund als Urheber hervor und steht Abraham näher als zuvor. Der beschreibt Ihn als den, der "alles an Wissen erreicht" (*wasi'a kulla schai'in 'ilman*). Allah sieht, hört und umfasst alles. Ihm entgeht nichts von dem, was die Leute gegen Abraham im Schilde führen. Die Beziehung zu Allah wird um die neue Qualität des Vertrauenkönnens auch unter existenzieller Bedrohung bereichert.

- Abraham erreicht eine Stufe, auf der er den Disput mit seiner Gesellschaft führt. Er reagiert nicht mehr nur, sondern übernimmt die Initiative. Er rechtfertigt sich nicht mehr für seine andere Lebensart, sondern verlangt die Rechtfertigung von den anderen. Ganz konkret fordert er von ihnen den Nachweis, dass ihr System Berechtigung hat (arabisch *sultân* in Vers 81). Das scheint darauf hinzuweisen, dass er selbst eine solche Berechtigung besitzt, eventuell in Form der Berufung zum Gesandten Allahs. Dies geht aus dem unten folgenden Vers 83 noch deutlicher hervor.

Ausgangslage:	**Anklage; die andern sollen sich rechtfertigen; Disput (proaktiv)**
kognitive Stufe:	**Gewissheit (*yaqîn*)**
emotionale Stufe:	**Vertrauen in Gott**
religiöse Stufe:	**Sicherheit, mündige Religiosität, inhaltlich vollständige Lehre, Erweiterung des Gottesbildes, (Name "Allah"), religiöse Sozialkompetenz**
Handlung:	**Lehren, Anwenden (Initiative)**

Abraham lehrt

Abraham offenbart drei wesentliche Inhalte seiner Lehre, anhand derer sich die vorangegangene Polarisation in zwei Lager dingfest machen lässt. Darüber hinaus ist hier ein Stadium erreicht, in dem Abraham nicht mehr nur für sich, für Allah und für die Lehre spricht, sondern auch für die, die ihm offensichtlich zu diesem Zeitpunkt bereits folgen (das geht hervor aus der Mehrzahl *al-muhtadûn* - "die rechtgeleitet sind", wogegen es bis dahin Rechtleitung nur in der 1. Person Singular - *yahdinî* - gab, also Rechtleitung der Person

Abrahams). Es müssen wohl auch erste Offenbarungen vorhanden sein, die die Lehre inhaltlich weiter ausbauen und das religiöse Zusammenleben gestalten. Dennoch ist das, was dieser Vers darüber verrät, immer noch essenzielle Grundlehre des Religiösen an sich. Ihre drei Inhalte sind

1. Glauben (*îmân*),
2. Gerechtigkeit ("Glauben ohne den Schatten des Unrechts" - das arabische Wort für Unrecht heißt *dhulm* und bedeutet eigentlich "Finsternis") und
3. Sicherheit (*amn*).[180]

- Hier endet die Entwicklung Abrahams in Stufen. Das Wort des Korans für "Stufen" heißt übrigens wörtlich "Ränge" (*daradschât*):

83 Und dies ist Unser Argument, Wir haben es Ibrahim gegenüber seinem Volk gegeben, Wir erheben an Rängen, wen Wir wollen, dein Herr ist ja weise, wissend.
(Sure 6)

Das heißt nicht, dass er sich in seinem langen Leben und auf seinen weiten Reisen nicht irgendwie weiterentwickelte.

---

180 Sicherheit fur die Glaubigen war stets ein zentrales Anliegen Abrahams, dem er auf vielfältige Weise Ausdruck verliehen hat. Das ist nicht ohne Nachwirkung auf die Muslime heute geblieben; die Wallfahrt nach Mekka geht auf Abraham zurück:

126 Und als Ibrahim sagte: 'Mein Herr, mache dies (die Ka'ba als Ort des Wiederkommens und das Tal von Mekka) einen sicheren (*âminan*) Landstrich und versorge seine Leute von den Früchten, wer von ihnen an Allah und an den Letzten Tag glaubt', sprach Er: Und wer den Glauben verweigert, so lasse Ich ihn es ein wenig genießen, dann zwinge Ich ihn hin zur Strafe des Feuers, und ganz elend ist das letztendliche Sein.
(Sure 2)

Über das Recht auf soziale Sicherheit als Grundbestandteil der islamischen Sozialethik hat Dr. Hussain Hamid Hassan geschrieben (*Right to Social Security*, International Islamic University Islamabad 1995).

Keiner, der ernsthaft einen Glauben praktiziert, bleibt da stehen, wo er ist. Aber wir lassen hier unsere erziehungsrelevanten Interpretationen enden. Es ist vorstellbar, dass Abraham nun in der Blüte des jungen Erwachsenenalters steht und Allah ihn zum Gesandten berufen, ihm also tatsächlich die "Ermächtigung" (*sultân*) gegeben hat. Andernfalls würde Abraham den Gläubigen nicht Sicherheit verheißen können. Es gehört zur allerhöchsten Stufe religiöser Kompetenz, von Allah keinesfalls etwas zu sagen, was man nicht von Ihm selbst gehört, das heißt Seiner Offenbarung unmittelbar entnommen hat. Und nur Allah kann - wie der Nebensatz "außer dass mein Herr etwas will" in Vers 80 impliziert - Sicherheit geben. Darum seien der Vollständigkeit halber noch abschließende Kriterien erwähnt, die in dieser Konstellation in der islamischen Erziehung nicht angestrebt werden, weil der Prophet Muhammad der letzte Gesandte, das Siegel aller Gesandten war:

Ausgangslage:	**Führung (*îmâma*)**
kognitive Stufe:	**Weisheit (*hikma*)**
emotionale Stufe:	**Verantwortung (*mas'ûliyya*)**
religiöse Stufe:	**Berufung (*risâla*)**

Zusammenfassung

Was wird nun aus Murat? Welchen Nutzen wird Abrahams Werdegang für die Entwicklung eines jungen mitteleuropäischen Muslims des 21. Jahrhunderts abwerfen? Belässt man es in der Diskussion um den Islam in Deutschland bei dem Versuch, diesen in inhaltlicher und rechtlich-formaler Hinsicht so eng wie möglich einzukesseln, wird Murat auf Dauer nur durch das elterliche Erziehungsvermögen und in seiner eigenen charakterlichen Ausstattung Halt finden. Die Überlegung aber, was eine institutionalisierte und öffentlich anerkannte islamische Unterrichtung und Erziehung zu leisten imstande wäre, jenseits vom Dürfen und Nicht-Dürfen, würde Wege zur Erprobung islamischer Erziehungsgrundsätze in der Unterrichtspraxis weisen. Eine damit einhergehende Normalisierung des Verhältnisses zwischen Muslimen und Andersdenkenden könnte jedenfalls Murats Eltern etwas von dem latenten Rechtfertigungsdruck im Gespräch mit dem Lehrer[181] nehmen helfen, einmal abgesehen vom subjektiven Empfinden vieler Muslime im Westen Europas, dass die wiederholten Grundrechtsbeschneidungen im Bildungssektor, die einem bürgerlichen Negativ-Konsens zu entspringen und ihn dann wieder zu unterfüttern

181 In Klammern gefragt: Warum kann Murat nicht selber mit seinem Lehrer sprechen? Geht es ihm so wie vielen muslimischen Kindern, denen es einfach die Sprache zu verschlagen scheint, sobald sie von ihren Lehrern und Klassenkameraden gefragt werden, warum sie beim schulischen Sommerfest partout keine Würstchen essen wollen?
Hier wird man wohl doch - bei aller kritischen Einstellung gegenüber jedem religiösen Fachunterricht als solchem - für den islamischen Religionsunterricht, und zwar den in deutscher Sprache, eine Lanze brechen müssen: Mit ihm ließe sich der weit verbreiteten Unfähigkeit vieler Muslime begegnen, islamische Lebensprinzipien sprachkulturell angemessen zu artikulieren. Und die Saphir-Whorfschen Hypothesen in Betracht gezogen, dass Denkkategorien und Umweltwahrnehmung ihrerseits durch selektiven Sprachgebrauch beeinflusst werden und ihn nicht nur bedingen, würde eine differenziertere sprachliche Schulung in Sachen Islam letztlich auch eine geschultere Betrachtung des eigenen Islams und damit eine ehrlichere Selbstwahrnehmung und eine freundlichere Fremdwahrnehmung begünstigen.

scheinen, wohl nur auf dem juristischen Konfliktwege abzuwenden sein werden.

Egal. Murat also auf dem Weg zu einer gefestigten muslimischen Identität, vermittels eines von Muslimen mitbestimmten Erziehungsumfeldes, und nicht notwendigerweise als Schüler einer privaten islamischen Bildungseinrichtung privilegiert - aber warum auch nicht? - wie ließen sich da die wichtigsten Etappen beschreiben?

- Die Abraham-Geschichte in der 6. Sure des Korans hat gezeigt: Murats Glaubensfindung geschieht in Stufen. Ihr liegt zunächst seine intuitive Suche nach Gott und seine innere Entwicklung in der Auseinandersetzung mit der Umwelt zugrunde. Sie beruht auf naturgegebenen Anlagen, bedarf jedoch der Steuerung. Zielsetzung ist die religiöse Lebensweise - in der islamischen Erziehung sonach die islamische Lebensweise.

- Es erscheint sinnvoll, die Entwicklungsstufen hin zur reifen Religiosität auch empirisch weiter zu erforschen. Das sollte es möglich machen, den jeweiligen Standort Murats genauer zu bestimmen, um ihn in seiner Entfaltung gezielter und somit ohne überzogenen Aufwand fördern zu können.

- Allah zeigte Abraham und ließ ihn sehen, ohne sich selbst schon am Anfang in den Vordergrund zu schieben. Das spricht dafür, dass für Murats Entfaltung

    1. die ermunternde Förderung vor dem Fordern,
    2. das Zeigen vor dem Erklären,
    3. die originale Begegnung vor der medialen Vermittlung,
    4. das "Lehren zu sehen" vor dem Präsentieren,
    5. die Tiefe vor der Oberfläche (gemeint ist die Durchdringung von Thematiken)

6. die exemplarische Auswahl vor der Menge (kein didaktischer Materialismus) und, nicht zuletzt,
7. das Zeitlassen vor der Eile rangieren.

- Provozierende Ausgangslagen können auch in der unterrichtlichen Methodik (Dilemmata) dazu geeignet sein, seine Weiterentwicklung zu höheren Plateaus anzuregen.

- Zu Murats religiöser Entwicklung gehört das Verfahren von *"trial and error"*, selbst im religiös intakten Elternhaus. Auffällige Verhaltensweisen künden noch lange nicht von der nahenden Katastrophe. Bei aller Wachsamkeit und Bereitschaft zur Intervention sind seinen Eltern eher Geduld und moderierende Begleitung anempfohlen. Eine nur unvollkommen bewältigte Stufe kann - das legen Stufentheorien ja seit jeher nahe - zum gestörten Gleichgewicht der nachfolgenden Stufen oder gar zu völliger Stagnation seiner religiösen Entfaltung führen.

- Wie allen Entwicklungsmodellen zu Eigen, muss man auch bei Murat auf die Möglichkeit der zeitweisen Retardierung gefasst sein. Die Geradlinigkeit von Abrahams Entfaltung in der oben ausgewählten Koran-Stelle entsprach zwar ganz dem Modell, aber wie bereits erwähnt, neigte auch ein erwachsener Prophet dazu, sich vergewissern zu wollen. Manchmal ist ein Schritt zurück notwendig, um danach besser vorwärts zu kommen; vor allem wenn es bergauf gehen soll. Jede religiöse Erziehung muss dafür Platz lassen, jeder religiös motivierte Erzieher dazu die Gelassenheit finden.

- Liebe ist eine Säule der Beziehung zwischen Murat und seinem Schöpfer, ebenso ein Element seiner Bindung an die Welt und an seine Mitmenschen. Zu seiner religiösen

Entfaltung gehört es, die Bindung an Allah als primär und alle anderen Bindungen als von dieser abhängig zu sehen.[182] Nur so kann der gelebte Islam Murat in folgenden Bereichen von Nutzen sein:

1. Stärkung für den möglichen Verlust zwischenmenschlicher Bindungen,
2. Schutz von Vereinsamung schon im Jugendalter,
3. Freiheit von den Zwängen fehlerhafter Bindungen an die Welt und schädlicher zwischenmenschlicher Abhängigkeiten,
4. Bereitschaft zur Verantwortung für sich selbst anstatt der Überantwortung seiner selbst an die Mitmenschen,
5. Immunität gegenüber Ersatzreligionen, die die primäre Bindung nicht in Allah sehen,
6. Schutz vor "Liebe" als Konsumgut,
7. Fähigkeit, mit Ängsten umgehen zu können (die wie bei Abraham ihren Ursprung in Bedrohungen aus dem sozialen Umfeld haben können).

- In der islamischen Bildungslehre können wir schließlich ein Niveau der sozial-kompetenten Religiosität beschreiben. Das bedeutet für Murat unter anderem die Entwicklung hin zu folgenden Grundhaltungen und Persönlichkeitsmerkmalen:

---

182 "Liebe" schafft Zugang zum Glauben. Vom Propheten Muhammad wird berichtet, dass er gesagt hat:

> **"Es gibt dreierlei, wer es in sich trägt, hat zum wahren Glauben gefunden: dass Allah und Sein Gesandter ihm lieber sind als alles andere, und dass er alle anderen nur um Allahs willen liebt, und dass er es ebenso verabscheut, zur Glaubensverweigerung zurückzukehren, wie er es verabscheut, ins Feuer geworfen zu werden."**
>
> **(Sammlung Muslim)**

1. Anteilnahme an den Mitmenschen und ihren Angelegenheiten anstatt Gleichgültigkeit ihnen gegenüber,
2. Befähigung, den eigenen islamischen Standpunkt auch gegen Widerstände zu wahren,
3. kritische Einstellung zu herrschenden Systemen,
4. Aufmerksamkeit gegenüber Anzeichen gesellschaftlicher Polarisierungen,
5. Angstfreiheit in konfrontativen Situationen,
6. vorbereitet sein auf Konflikte jeder Art,
7. Ersatz der Defensivhaltung durch eine Haltung der offensiven Initiative (Proaktivität),
8. Verzicht auf Machtstreben und gesunde Distanz zu Machthabern.

Literatur

Aebli, Hans
Zwölf Grundformen des Lernens, Stuttgart 1991
Ahmad, Anis
Muslim Women and Higher Education, Islamabad 1982
Ahmad, Khurshid
Education and the muslim world - recommendations of the four world conferences on islamic education, Leicester und Islamabad 1995
'Ali, 'Abdullah Yusuf
The meaning of the glorious Qur'an - text, translation and commentary, Lahore 1934
al-Alwani, Taha Jabir
Ijtihad, Herndon VA 1993
Ansari, Zafar Afaq (Ed.)
Qur'anic Concepts of Human Psyche, Islamabad und Lahore 1992
Bandura, A.
Social foundations of thought and action, New Jersey 1985
Behr, H.
Akhlâq, München 1995
ders.
Islam und Schule - Verfassungsrechtliche Aspekte aus pädagogischer Sicht mit Schwerpunkt Bayern, Zulassungsarbeit an der Ludwig-Maximilians-Universität München 1992
Bellmann, Dieter
Ibn al-Waschschâ's *Das Buch des buntbestickten Kleides,* Leipzig und Weimar 1984
Berlyne, D. E.
Conflict, arousal and curiosity, New York 1960
Die Bibel
Einheitsübersetzung der Heiligen Schrift, Psalmen und Neues Testament, ökumenischer Text, Gesamtausgabe, Stuttgart 1980
Cowan, J. M.
The Hans Wehr Dictionary of Modern Written Arabic, New York 1976
v. Denffer, Ahmad
Der Koran - Die heilige Schrift des Islam in deutscher Übertragung, Islamabad und München 1996
ders. (Hrsg.)
Allahs Gesandter hat gesagt..., Hadithzusammenstellung, Lützelbach 1984
ders. (Hrsg.)
Al-Nawawî: *Vierzig Hadithe,* Hadithzusammenstellung, Leicester 1979
Eggersdorfer, Franz Xaver
Allgemeine Theorie des Schulunterrichts, München 1928
Falaturi, Abdoldjavad
Zur Interpretation der kantischen Ethik im Lichte der Achtung, Inaugural-Dissertation, Rheinische Friedrich-Wilhelms-Universität Bonn 1965
ders. (Hrsg.)
Der Islamische Orient - Islam: Raum-Geschichte-Religion, Bd. 1, Köln 1990

ders. und Udo Tworuschka
Der Islam im Unterricht, Braunschweig 1992
Fowler, James
Die sieben Stufen des Glaubens, in: Psychologie heute, Juni 1984
Fraas, Hans-Jürgen
Religiöse Erziehung und Sozialisation im Kindesalter, Göttingen 1978
Ghifari, Noor Muhammad
Ibn Jamâ'ah's *The memoir of the listener and the speaker in the training of teacher and student,* Islamabad 1991
Guitton, Jean und Grichka und Igor Bogdanov
Gott und die Wissenschaft, München 1996
Hassan, Hamid Hussein
Right to Social Security, International Islamic University Islamabad 1995
Heckhausen, H.
Motivation: Kognitionspsychologische Aufspaltung eines summarischen Konstrukts, in: Psychologische Rundschau 28, 1977
Heitmeyer, Wilhelm
Verlockender Fundamentalismus - Türkische Jugendliche in Deutschland, Frankfurt a.M. 1997
Heller, Kurt
Intelligenz und Begabung, München und Basel 1976
Herbst, Thomas
Terminologie der Sprachbeschreibung, Ismaning 1991
Iqbal, Muhammad Zafar
Teachers' Training - The Islamic Perspective, Islamabad 1996
Kahya, Esin
al-'Itaqi's *The Treatise on Anatomy of the Human Body and Interpretation of Philosophers,* Islamabad 1990
Keller, Noah Ha Mim
Ahmad ibn Naqib al-Misri's *'Umdatus-Sâlik - The Reliance of the Traveller - text, translation, commentary,* Abu Dhabi 1991
Khan, Muhammad Muhsin
Sahih al-Bukhari, Hadithkompendium Bd. 1-9, Islamische Universität Medina 1391 n.H.
Kreuder, Thomas
Der orientierungslose Leviathan, Marburg 1992
Makarenko, A.S.
Ausgewählte pädagogische Schriften, Paderborn 1969
Ma'sumi, M. Saghir Hasan
Imam Razi's' *Ilm al-Akhlaq,* Islamabad 1985
Maunz-Dürig
Grundgesetz Kommentar, Loseblattsammlung Beck, München 1991
Mears, Idris (Ed.)
Imam Malik's *al-Muwatta,* Cambridge 1982
Meder, T.
Die Verfassung des Freistaates Bayern, Handkommentar, Stuttgart, München und Hannover 1992

Mistu, Muhyiddin (Hrsg.)
Muhammad ibn Ahmad adh-Dhahabi's *Kitâb al-kabâ'ir wa tâbi'în al-mahârim,* Damaskus 1984
Oerter, Rolf und Leo Montada
Entwicklungspsychologie, München und Weinheim 1987
Oser, Fritz und A. Bucher
Wenn zwei das gleiche Gleichnis hören..., Theoretische und empirische Aspekte einer strukturgenetischen Religionsdidaktik, in: Zeitschrift für Pädagogik, Jahrgang 33, 1987 Nr. 2
Penrice, John
A Dictionary and Glossary of The Koran, (New Edition), London and Dublin 1979
Piaget, Jean
Le jugement moral chez l'enfant, Paris 1932
Prasodjo, Sudjoko
Profil Pesantren, Laporan Hasil Penelitian Pesantren al-Falak dan Delapan Pesantren Lain di Bogor, Lembaga Penelitian, Pendidikan dan Penerangan Ekonomi dan Sosial (LP3ES), Jakarta 1982
al-Qaradawi, Yusuf
Islamic awakening between rejection and extremism, Herndon VA 1991
Schneewind, Beckmann und Engfer
Eltern und Kinder, Stuttgart 1983
Schreiner, Stefan (Hrsg.)
Johann Gottfried Eichhorns Übersetzung von Ibn Tufails *Hajj ibn Jaqzan* - der Naturmensch, Leipzig und Weimar 1983
Shad, 'Abdur Rahman
Riyâdus-Sâlihîn, Hadithzusammenstellung nach Imam an-Nawawî, Lahore 1984
Siddiqi, 'Abdul Hamid
Sahih Muslim, Hadithkompendium Bd. 1-4, Lahore 1972
ders.
Selection from Hadith, Lahore und Kuwait 1979
The Islamic Foundation & Institute of Policy Studies
Education and the Muslim World, Recommendations of the Four World Conferences on Islamic Education, Leicester und Islamabad 1995